Kohlhammer

KinderStärken

Hrsg. von Petra Büker

Die Autorinnen

Ursula Carle ist Professorin für Grundschulpädagogik (i.R.) an der Universität Bremen. Ihre Arbeitsschwerpunkte sind Schul- und Unterrichtsentwicklung im Kontext jahrgangsübergreifenden Lernens, Übergänge und Inklusion.

Jana Herding ist wissenschaftliche Mitarbeiterin an der Universität Paderborn im Arbeitsbereich Grundschulpädagogik und Frühe Bildung. Ihre Forschungsschwerpunkte bilden die Übergänge in der Grundschule, insbesondere zur weiterführenden Schule aus der Sicht von Kindern.

Autorin der nicht anders gekennzeichneten Teile der Kapitel 1-4 ist Ursula Carle. Die Beiträge von Jana Herding sind entsprechend gekennzeichnet. Alle weiteren Texte wurden gemeinsam verfasst.

Ursula Carle, Jana Herding

Von der Grundschule in die Sekundarstufe

Übergänge ressourcenorientiert gestalten

Verlag W. Kohlhammer

Dieses Werk einschließlich aller seiner Teile ist urheberrechtlich geschützt. Jede Verwendung außerhalb der engen Grenzen des Urheberrechts ist ohne Zustimmung des Verlags unzulässig und strafbar. Das gilt insbesondere für Vervielfältigungen, Übersetzungen, Mikroverfilmungen und für die Einspeicherung und Verarbeitung in elektronischen Systemen.

Die Wiedergabe von Warenbezeichnungen, Handelsnamen und sonstigen Kennzeichen in diesem Buch berechtigt nicht zu der Annahme, dass diese von jedermann frei benutzt werden dürfen. Vielmehr kann es sich auch dann um eingetragene Warenzeichen oder sonstige geschützte Kennzeichen handeln, wenn sie nicht eigens als solche gekennzeichnet sind.

Es konnten nicht alle Rechtsinhaber von Abbildungen ermittelt werden. Sollte dem Verlag gegenüber der Nachweis der Rechtsinhaberschaft geführt werden, wird das branchenübliche Honorar nachträglich gezahlt.

Dieses Werk enthält Hinweise/Links zu externen Websites Dritter, auf deren Inhalt der Verlag keinen Einfluss hat und die der Haftung der jeweiligen Seitenanbieter oder -betreiber unterliegen. Zum Zeitpunkt der Verlinkung wurden die externen Websites auf mögliche Rechtsverstöße überprüft und dabei keine Rechtsverletzung festgestellt. Ohne konkrete Hinweise auf eine solche Rechtsverletzung ist eine permanente inhaltliche Kontrolle der verlinkten Seiten nicht zumutbar. Sollten jedoch Rechtsverletzungen bekannt werden, werden die betroffenen externen Links soweit möglich unverzüglich entfernt.

1. Auflage 2023

Alle Rechte vorbehalten
© W. Kohlhammer GmbH, Stuttgart
Gesamtherstellung: W. Kohlhammer GmbH, Stuttgart

Print:
ISBN 978-3-17-038468-2

E-Book-Formate:
pdf: ISBN 978-3-17-038469-9
epub: ISBN 978-3-17-038470-5

Inhaltsverzeichnis

Vorwort der Herausgeberin	**9**

Problemaufriss und Einführung in den Band	**11**
Übergänge in gestuften und gegliederten Schulsystemen	12
Zur Argumentationslogik des Bandes	16

1	**Übergang in die Reformbaustelle Sekundarstufe I**	**18**
1.1	Kampf um Bildungsgerechtigkeit – Kristallisationspunkt Übergang	19
1.2	Theoretische Einordnung der institutionellen Wirkmechanismen am Übergang in die Sekundarstufe	50
1.3	Die Sicht der Kinder auf das Schulsystem (Jana Herding)	61
1.4	Zusammenfassung Kapitel 1	73

2	**Übergänge mitten in einer virulenten Entwicklungsphase der Kinder**	**75**
2.1	Die 10- bis 12-Jährigen auf dem Weg ins Erwachsenwerden	76
2.2	(Retro-)Perspektive Erwartungen und Bewältigungsstrategien von Viert- und Fünftklässler*innen (Jana Herding)	96

2.3	Zusammenfassung Kapitel 2	105

3	**Inklusion am Übergang in die Sekundarstufe I**	**108**
3.1	Inklusion – der Heterogenität der Kinder gerecht werden	109
3.2	Übergänge in die Sekundarstufe in Baden-Württemberg unter dem Fokus Inklusion	116
3.3	Übergänge in die Sekundarstufe in Bremen unter dem Fokus Inklusion	125
3.4	Übergänge in die Sekundarstufe in Brandenburg unter dem Fokus Inklusion	130
3.5	Übergänge in die Sekundarstufe in Nordrhein-Westfalen unter dem Fokus Inklusion (Jana Herding)	135
3.6	Übergangsprozess zweier Mädchen mit sonderpädagogischen Unterstützungsbedarf im Bereich Lernen – ein Fallvergleich (Jana Herding)	140
3.7	Zusammenfassung Kapitel 3	150

4	**Die Zukunftsaufgabe: Die Ressourcen der Kinder und Eltern stärken**	**152**
4.1	Die Rechte des Kindes im Schulsystem stärken	153
4.2	Wirkungen institutioneller Bedingungen auf übergangsrelevante personale Ressourcen und Fördermöglichkeiten	160

4.3	Phasen des Übergangs aus der Retrospektive der Kinder (Jana Herding)	172
4.4	Eltern am Übergang von der Grundschule in die weiterführende Schule unterstützen	184
4.5	Curriculare und pädagogische Anschlussfähigkeit vertikal und horizontal	198
4.6	Zusammenfassung Kapitel 4	208
5	**Den Übergang in die Sekundarstufe ressourcenorientiert gestalten: Fazit**	**211**

Abbildungs- und Tabellenverzeichnis   **214**

Literaturverzeichnis   **216**

Vorwort der Herausgeberin

Das Kind als Gestalter und als kompetenter Akteur seiner Lebens- und Bildungsbiografie: Diese im Sozial-Konstruktivismus verankerte Sicht auf das Kind steht aktuell im Fokus pädagogischer, psychologischer und soziologischer Diskurse sowie in Bildungsplänen für Kinder im Elementar- und Grundschulbereich. Kinder verfügen für die Gestaltung ihrer pluralen, komplexen Lebenswelten über enorme Stärken, die es durch Familie, Peers sowie pädagogische Fach- und Lehrkräfte als kompetente Mit-Akteure zu erkennen und zu stärken gilt: Diese Grundidee wird in der Fachbuch-Reihe KinderStärken aufgegriffen und entlang der Lebensspanne von der Geburt bis zum Übergang in die weiterführende Schule in zehn Bänden kritisch und differenziert beleuchtet. Ein interdisziplinäres Autorenteam, bestehend aus Expertinnen und Experten aus dem Bereich der Früh-, Elementar- und Grundschulpädagogik sowie der Entwicklungspsychologie, widmet sich in jeweils einem Band ausführlich einer spezifischen Lebensspanne, wissenschaftlich fundiert und nah an der pädagogischen Praxis. Der vorliegende Band 10 der Reihe thematisiert den Übergang von der Grundschule in die weiterführende Schule im selektiven deutschen Bildungssystem, welches als solches Kinder, Eltern und Lehrkräfte vor besondere Herausforderungen stellt.

Seit mehr als 100 Jahren existieren Bestrebungen, den institutionellen Übergang von der Grundschule in die Sekundarstufe sozial gerechter zu gestalten. Doch bis heute gibt es noch keine Chancengleichheit und Bildungsgerechtigkeit für jedes Kind. Wie lässt sich dies erklären? Der Band liefert mit Hilfe einer politiktheoretischen institutionenhistorischen Analyse ein äußerst vielschichtiges und zugleich genaues Bild über die wirkmächtigen Ursachen des Selektionsproblems, identifiziert aber auch Bedingungsfaktoren für erreichte Fortschritte. Diese greifen die Autorinnen auf und erarbeiten auf sehr systematische Weise Anregungen und Ansatzpunkte für eine an den Bedürfnissen, Kompetenzen und Interessen der Kinder orientierten, Ressourcen nutzenden Gestaltung des Übergangs. Dabei werden aktuelle entwicklungs- und sozialisationstheoretische Perspektiven ebenso einbezogen wie Fragen der Inklusion und der Kooperation mit Eltern. Eine weitere Besonderheit des Bandes ist der konsequente Einbezug der Sichtweisen von Viert- und Fünftklässler*innen, die sie kurz vor bzw. nach ihrem erlebten Übergang im Rahmen einer qualitativen Kinderstudie geäußert haben. Dabei vermögen die Kinder selbst wertvolle Vorschläge für den Umgang mit übergangsbedingten Herausforderungen zu geben. Ursula Carle als ausgewiesene Expertin für Grundschulpädagogik und Übergangsfragen und Jana Herding als junge, auf das Forschen mit Kindern spezialisierte Wissenschaftlerin gelingt auf diese Weise eine einzigartige Kombination aus interdisziplinärer theoretischer Fundierung und empiriegestützten Akteursperspektiven, die dem Facettenreichtum des Grundschulübergangs auf ganz besondere Weise gerecht wird. Sowohl für wissenschaftlich Interessierte, für Studierende und für Lehrkräfte der Primar- und Sekundarstufe eröffnet der Band aktuelles Fachwissen, spannende Diskussionsimpulse und neuartige Ansatzpunkte für eine verbesserte Übergangsgestaltung, die auch eine institutionenkritische Reflexion mit Kindern einschließt.

Petra Büker
Paderborn, im Sommer 2022

Problemaufriss und Einführung in den Band

Was verstehen wir unter einer ressourcenorientierten Gestaltung des institutionalisierten Übergangs von der Grundschule in die Sekundarstufe? Die Überschrift des Bandes kann durchaus missverstanden werden, wenn die pädagogische Intention und das systemische Verständnis ungeklärt bleiben. In diesem Buch untersuchen wir, wie die Stärken aller Grundschulkinder als kompetente Gestalter*innen ihrer Lebens- und Bildungsbiografie am Übergang von der Grundschule in die Sekundarstufe zur Geltung kommen können. Denn Kinder besitzen unterschiedliche und vielfältige personale und soziale Ressourcen, die sie gerade in hoch emotional aufgeladenen Lebensphasen wie den Übergängen nutzen und dadurch weiterentwickeln. Ob, wie und inwieweit Kinder ihre Ressourcen einsetzen, ist zwar geprägt durch ihre Erfahrungen, aber keine rein individuelle Angelegenheit, sondern hängt stark davon ab, welche Bedingungen ihnen ihr soziales Umfeld und das Schulsystem zur Verfügung stellen.

Übergänge in gestuften und gegliederten Schulsystemen

Anders als beim Übergang von der Familie in die Kindertageseinrichtung (als nicht verpflichtend zu besuchende Bildungsinstitution) gibt für den Übergang in Schulen das Schulsystem an erster Stelle den Rahmen vor. Schulsysteme sind entweder gestuft oder gegliedert aufgebaut. Zum Beispiel hat Italien ein gestuftes Schulsystem[1]. Hier besuchen alle Schüler*innen nach der fünfjährigen Primarschule ohne jede Auslese eine dreijährige Mittelschule, die mit einer Abschlussprüfung abschließt. Für die Einschreibung in eine Schule der Oberstufe hat der Abschluss der Mittelschule keine ausschließende Bedeutung. Alle Schüler*innen wählen nach ihren Interessen und multiplen Begabungen aus dem Bildungsangebot der Oberstufe. Alle Schulen der Oberstufe ermöglichen einen Abschluss mit Hochschulreife, einige zudem einen Berufsabschluss. Die personalen Ressourcen der Kinder sind in allen Schulstufen

---

1 Da in Italien das Schulsystem durch den italienischen Staat einheitlich geregelt ist, kann die deutschsprachige Seite der Landesverwaltung Südtirol einen Einblick geben: https://www.provinz.bz.it/bildung-sprache/deutschsprachige-schule/schueler-eltern/mittelschule.asp. Schulsysteme in Europa siehe: European Commission/EACEA/Eurydice (2018), Grafik S.12 Online verfügbar unter: https://eacea.ec.europa.eu/national-policies/eurydice/sites/eurydice/files/the_structure_of_the_european_education_systems_201819_schematic_diagrams_-_final_report.pdf. **Zugriff am 10.01.2022**

Ausgangspunkt für die individuelle Förderung, auf die jedes Kind einen Anspruch hat. Es ist Aufgabe der Schule, sich auf die heterogenen Lernvoraussetzungen der Schüler*innen einzulassen und den Unterricht adaptiv zu gestalten. Die Kinder und Jugendlichen bekommen viel Zeit und Unterstützung, um ihre individuellen Fähigkeiten in der Schulzeit zu entwickeln, Begabungen und Interessen zu erkennen und auszubauen. Sonderschulen und Sonderklassen an Regelschulen wurden 1977 gesetzlich abgeschafft.

Schulsysteme in Skandinavien bestehen aus einer gemeinsamen Grundschule, die 9–10 Jahre dauert. Eine Vorschulklasse kann vorgeschaltet sein. Danach wählen die Schüler*innen nach Schulleistung und Neigung eine weiterführende Oberstufe mit der Möglichkeit, einen Abschluss zu erwerben, der zu einem Studium führt oder alternativ auf eine Berufsausbildung vorbereitet. Die Gliederung des Schulwesens beginnt also erst nach der 10. Klasse. Mit dem Abschlusszeugnis der zehnjährigen Grundschule wird die Zugangsvoraussetzung für die berufliche oder die studienvorbereitende weiterführende Schule erworben (vgl. Eacea & Euridice 2021). Nur in Norwegen wurden 1992 bereits die Sonderschulen aufgelöst. Heute werden hier fast alle Kinder gemeinsam unterrichtet, nur wenige zeitweise in separierten Gruppen. In Schweden gibt es spezialisierte Sonderschulklassen, die an die Grundschulen angegliedert sind (vgl. Schumann 2010).

Im gegliederten Schulwesen in Deutschland teilen sich die Wege der Schüler*innen bereits nach der vier- oder sechsjährigen Grundschule, der Schulform, die alle Kinder besuchen müssen, in verschiedene Schularten. Hauptschulen, aber auch Gemeinschaftsschulen, Gesamtschulen oder Oberschulen, soweit regional vorhanden, können von jedem Kind angewählt werden. Für die Realschule und das Gymnasium sind bestimmte Voraussetzungen wie eine Grundschulempfehlung oder ein bestimmter Notendurchschnitt in den sog. Hauptfächern der Grundschule erforderlich. Trotz einer gewissen Durchlässigkeit und diversen Möglichkeiten, nach einem Hauptschulabschluss weitere Bildungsgänge anzuschließen, ist die Festlegung nach der Grundschule für den weiteren Bildungsweg prägend. Die Idee hinter dem gegliederten Schulwesen ist in Deutschland die frühe Einteilung der Kinder in möglichst schulleistungshomogene Gruppen, um den Kindern effektiver gerecht zu werden. Es zeigt sich aber, dass Kinder aus bildungsferneren und sozial unterprivilegierten Schichten dabei systematische Benachteiligungen erfahren. Der Anteil der Kinder, die Sonderschulen besuchen, nimmt bei steigender Akzeptanz von Inklusion unter den herrschenden schulstrukturellen Bedingungen kaum ab (vgl. Hollenbach-Biele & Klemm 2020).

Ein Forschungsdesiderat bleibt die systematisch vergleichende Erfassung des Übergangs im gegliederten Schulsystem von der Grundschule in die Sekundarstufe I aus Sicht aller an diesem beteiligten relevanten Akteure. Dies ist jedoch für eine Optimierung der Übergangsgestaltung und der darin eingelagerten Prozesse der ko-konstruktivistischen Begleitung wie auch der institutionenübergreifenden Kooperation von hoher Bedeutung (vgl. Seifert & Wiedenhorn 2018). Insbesondere qualitative Studien, die den selektiven Übergangsprozess von der Grundschule in die Sekundarstufe im Längsschnitt sowie vor allem reflektiert aus Sicht der Kinder selbst rekonstruieren, bilden weithin ein Forschungsdesiderat im Kontext der Übergangsforschung (vgl. Büchler 2018; Seifert & Wiederhorn 2018), auch wenn in diesen Band bereits erste Stellungnahmen von Kindern aus einer laufenden umfangreichen Untersuchung eingehen.

Einblick in die KINDER-Studie

In der perspektiven- und methodentriangulierten Übergangsstudie *SUrPriSe*, angesiedelt im Arbeitsbereichs Grundschulpädagogik und Frühe Bildung der Universität Paderborn mit Prof. Dr. Petra Büker als Projektleitung und Jana Herding als Projektkoordination, werden die Sichtweisen von Kindern, Eltern, Grund- und Sekundarstufenlehrkräften sowie Schulleitungen in *Teilstudien* und im Rahmen quantitativer und qualitativer Erhebungen erfasst und verglichen. Das Akronym *SUrPriSe* steht daher für: *Sicht-*

weisen auf den *Übergang r*eflektieren: von der *Primarstufe zur Sekundarstufe.* Langfristiges Ziel der Übergangsstudie ist zum einen die Erkenntnisgewinnung im Sinne von Grundlagenforschung mit Blick auf verschiedene übergangsbeteiligte Akteure, zum anderen wird auch im Sinne von Handlungsforschung ein Beitrag zur Qualitätsentwicklung des Übergangs auf weiterführende Schulen angestrebt.

Daher liegt der Fokus der in diesen Band in kleinen Ausschnitten einfließenden Aspekte aus der Teilstudie KINDER auf der Perspektive der Kinder selbst und auf ihrem individuellen Erleben des Übergangsprozesses in die weiterführende Schule.

Zum Zeitpunkt der Veröffentlichung dieses Bandes beinhaltet die Teilstudie KINDER u. a. die Sichtweisen von N = 36 Viertklässler*innen und N = 20 Fünftklässler*innen, die in vier Städten im Bundesland Nordrhein-Westfalen im Zeitraum von Dezember 2018 bis März 2019 (1. Erhebungsphase vor dem Übergang) und November 2019 bis Dezember 2019 (2. Erhebungsphase nach dem Übergang im Sommer 2019) in einem qualitativ längsschnittlichen Design von Jana Herding befragt wurden. Für den vorliegenden Band wurden daraus gezielt Ergebnisse ausgewählt, um die theoretischen Ausführungen der vier Hauptkapitel durch die Aussagen der Kinder anzureichern und auf diese Weise eine Perspektivenerweiterung zu erreichen. Dazu wurden ausgewählte qualitative Daten entlang der strukturierenden qualitativen Inhaltsanalyse (vgl. Mayring 2010, vgl. Kuckartz & Rädiker 2022) und in transitionstheoretischer Rahmung (vgl. Griebel & Niesel 2018) ausgewertet und für den Band aufbereitet. Ein Einblick in die theoretische und methodische Basis der längsschnittlichen KINDER-Studie erfolgt in Kapitel 1.3.

Problemaufriss und Einführung in den Band

Zur Argumentationslogik des Bandes

Es drängt sich die Frage auf, warum sich in Deutschland die Idee des gegliederten Schulwesens durchgesetzt hat, das dem Übergang von der Grundschule in die Sekundarstufe bis heute eine exkludierende Funktion zuweist und damit Kinder in der selbstbestimmten Entwicklung ihrer Ressourcen einschränkt. Zum Verständnis der Beständigkeit dieser Funktion des Schulsystems über mehr als 100 Jahre lohnt es sich, den historischen Pfad genauer anzuschauen und Einblick in die Wirkweisen des Systems zu nehmen, welches die Sekundarstufe zur Dauerbaustelle gemacht hat (▶ Kap. 1). Wie Kinder, überwiegend aus einer gymnasialen Bildungsperspektive, sich heute mit strukturellen Fragen am Übergang in die Sekundarstufe auseinandersetzen, zeigt beispielhaft ein Ausschnitt aus der KINDER-Studie von Jana Herding und rundet das Kapitel 1 ab.

Trotz des engen Rahmens, der durch die rechtlichen Regelungen am Übergang von der Grundschule in die Sekundarstufe vorgegeben ist, aktiviert und motiviert der bevorstehende Übertritt in eine neue Schule die Kinder schon lange vorher. Woran liegt das? Was treibt sie an? Unter sozialisationstheoretischer Perspektive (▶ Kap. 2) zeigt sich, welche Anforderungen der Übergang gerade in dieser Phase ihres Lebenslaufs an die immer noch stark in ihre Familie eingebundenen Kinder selbst stellt und wie sie diese bewältigen. Durch Ausschnitte aus der längsschnittlichen Untersuchung von Jana Herding kommen auch hierzu Kinder selbst zu Wort, und zwar sowohl vor als auch nach dem erlebten Übergang.

Kapitel 3 (▶ Kap. 3) stellt die Frage nach Einflussmöglichkeiten von Eltern am Übergang unter den heute gegebenen Bedingungen. Dabei wird präzisiert, was bereits im historischen Überblick zur Entwicklung der heutigen Übergangsbedingungen angeklungen ist: Obwohl alle Bundesländer am gegliederten Schulsystem festhalten, gibt es gravierende Unterschiede, die sich auch deutlich auf die Inklusionskapazität der Sekundarstufe I auswirken. Mit welchen Regelungen sind Eltern und Kinder konkret konfrontiert? Und wie stellt sich das Übergangsverfahren dar, wenn Kinder Anspruch auf sonderpädagogische Unterstützung haben? Vier sehr unterschiedliche Länderregelungen, die zumindest grob das im Jahr 2020 vorhandene Spektrum repräsentieren, werden kurz vorgestellt. Deutlich wird vor allem, mit was Eltern jeweils konfrontiert sind, wenn sie sich am Übergang in die Sekundarstufe I für ihr Kind engagieren. Hierzu bringen Beispiele aus der Untersuchung von Jana Herding die Sicht von zwei Mädchen mit sonderpädagogischem Unterstützungsbedarf im Bereich Lernen ein.

Kapitel 4 (▶ Kap. 4) fügt die beteiligten Systemebenen zusammen und stellt die Frage nach den Zukunftsaufgaben und den Einflussmöglichkeiten unter den heute gegebenen Bedingungen. Dabei werden auch die personalen Ressourcen der Kinder nochmal – jetzt aus der Perspektive der pädagogischen Psychologie – in den Blick genommen und der Frage nachgegangen, wie diese mit den institutionellen Bedingungen interagieren. Fünftklässler*innen – aus der Untersuchung von Jana Herding – reflektieren hilfreiche Faktoren in ihrem eigenen Übergangsprozess und geben damit Empfehlungen für eine gute Übergangspraxis.

Eltern kommen in ihrer Rolle als Anwalt ihres Kindes am Übergang immer wieder in Dilemma-Situationen. Ansprechpartner*innen für sie sind in erster Linie die Grundschule und die weiterführenden Schulen. Es werden Ideen entwickelt, wie Eltern unterstützt werden können.

Schließlich spielt der Kernprozess von Schule, der Unterricht, für gelingende Übergänge eine wichtige Rolle, wie bereits die Ausschnitte aus den Kinderinterviews zeigen. Es werden Möglichkeiten aufgezeigt, wie der Übergang durch die Gestaltung von Lernprozessen unterstützt werden kann.

Im Abschlusskapitel (▶ Kap. 5) kommen die Verantwortlichkeiten der Kultusministerien ins Spiel, wenn Empfehlungen für eine Beschleunigung des Schulsystemwandels mit Blick auf die Stärkung der Ressourcen der Kinder herausgearbeitet werden.

1

Übergang in die Reformbaustelle Sekundarstufe I

Während die Primarstufe als erste Stufe des Schulwesens in Deutschland seit der Weimarer Republik von relativ hoher struktureller Kontinuität geprägt ist, stellt die Sekundarstufe mit ihrer Gliederung in verschiedene Schularten eine permanente Reformbaustelle dar. Mit der Vielgliedrigkeit ist die frühe Zuweisung von Bildungswegen und damit auch von Bildungschancen verbunden. Der Übergang von der Grundschule in eine der weiterführenden Schulen stellt also für die Kinder wichtige Weichen für ihre weitere Bildungslaufbahn. Problematisch ist daran vor allem die statistisch bis heute nachweisbare Kopplung von sozialer Herkunft und Zuweisung zu einer bestimmten Schulart, der entgegenzuwirken versucht wird. Zeigt doch die Institutionenhistorie, dass die Kernprobleme dieses institutionellen Übergangs sich seit über 100 Jahren hartnäckig halten, auch wenn durch die meisten Reformen punktuelle Verbesserungen erfolgt sind. Die damit zusammenhängenden historisch gewachsenen schulstrukturellen Fragen werden in diesem Kapitel aufgefächert. Aber warum erfolgt der Wandel so langsam? Welche gesellschaftlichen Konflikte verhindern eine Weiterentwicklung? Welche Vorstellungen haben die Eltern und Kinder in Bezug auf ihre Position im Schulsystem? Auch diese Fragen werden in diesem Kapitel bearbeitet. Was das für Kinder und Eltern heute konkret bedeutet, wird in späteren Kapiteln aufgegriffen.

1.1 Kampf um Bildungsgerechtigkeit – Kristallisationspunkt Übergang

Am Übergang in die Sekundarstufe wird für die Kinder eine zentrale Entscheidung für ihren künftigen Bildungsweg getroffen. Das ist nicht in allen Bildungssystemen der Fall, sondern nur, wenn es sich um ein gegliedertes Schulwesen handelt. In Deutschland sind die Kinder mit dieser weitreichenden Entscheidung besonders früh konfrontiert, wenn sie bereits nach der vierten Klasse von der Grundschule in eine der weiterführenden Schularten wechseln. Besonders problematisch wirken die Übergangsentscheidungen vor dem Hintergrund eines ethischen Verständnisses von Bildungsgerechtigkeit, weil sie im statistischen Ergebnis eine deutliche Kopplung von sozialem Status und zugewiesener Schulart spiegeln. Dieses Problem existiert seit es institutionalisierte Bildung für Kinder gibt. Im Folgenden wird die historische Entwicklung des deutschen Schulsystems dargestellt. Es werden Phasen identifiziert, die sich jeweils durch ein bestimmtes Merkmal auszeichnen. Dabei liegt der Fokus auf der historischen Entwicklung der Übergänge in die weiterführenden Schulen und somit auf der Frage, wie sich im gegliederten Schulsystem die Bildungsgerechtigkeit entwickelt hat.

1.1.1 Vor mehr als 100 Jahren: Investition in Schulen und eine Grundschule für alle

Primar- und Sekundarstufe des deutschen Bildungswesens heutiger Prägung sind ein Resultat des Bildungskompromisses zu Beginn der Weimarer Republik. Um die Jahrhundertwende zum 20. Jahrhundert war im Kaiserreich die Alphabetisierung der Bevölkerung und die Umsetzung der Schulpflicht zwar weitgehend gelungen, jedoch blieben die strukturell verankerten ungleichen Chancen bestehen, da sich die Struktur des Bildungswesens nur langsam weiterentwickelte und diese Entwicklung durch den Ersten Weltkrieg unterbrochen wurde.

Durch das rasante Anwachsen der Zahl schulpflichtiger Kinder herrschte um 1900 in den öffentlichen Schulen Platzmangel und Lehrermangel. Die Lehrerausbildung wuchs in der Folge rapide. In den Städten und insbesondere an ihren Rändern in entstehenden neuen Wohngebieten wurden unter Einbezug von Pädagogen und Medizinern[2] große Schulgebäude errichtet (bis zu 2000 Schüler*innen), die mit Gaslicht und später mit elektrischem Licht und mit Dampfheizung, fließendem Wasser und Telefon ausgestattet waren. Sie konnten Spezialräume für Fachunterricht, Vorbereitung und Lagerung von Lehr-, Anschauungs- und Verbrauchsmaterial, eine Turnhalle, Duschen, eine Aula und teils einen Schulgarten, einen Spielplatz sowie in der Regel eine Schuldienerwohnung vor-

---

2 Zum damaligen Zeitpunkt hatten nur wenige Frauen Zugang zur Lehrerausbildung und zum Medizinstudium, an preußischen Universitäten überhaupt erst ab Wintersemester 1908/09. (vgl. https://www.digitales-deutsches-frauenarchiv.de/akteurinnen/allgemeiner-deutscher-lehrerinnen-verein-adlv, https://geschichte.charite.de/aeik/index.html)

1.1 Kampf um Bildungsgerechtigkeit – Kristallisationspunkt Übergang

weisen. Schulhygiene erhielt eine hohe Aufmerksamkeit, da man in den großen Einrichtungen eine höhere Infektionsgefahr erwartete. Nach Geißler (2013, S. 229) unterstützten Baden, Bayern, Hessen, Sachsen und Württemberg die Gemeinden beim Schulbau besonders wirksam. Die Ausstattungsqualität der Schulen und die Schüler*innenzahl pro Klasse (zwischen 39 und 67 Kinder, vgl. ebd. 231f.) variierten zwischen den Städten erheblich. Es gab dennoch auch weiterhin Schulen in Behelfsbauten oder in angemieteten Räumen. Auch in den neuen Volksschulen waren Jungen- und Mädchenklassen baulich (einschließlich Schulhof) getrennt. Während in den Städten Volksschulen Klasse 1 bis 8 umfassten, gab es auf dem Land nach wie vor auch 6- bis 7-jährige Volksschulen.

Auch der Übergang der Kinder unterschied sich um 1900 abhängig vom soziokulturellen Einzugsgebiet deutlich. In wohlsituierten Gebieten mit hohem Beamtenanteil wechselten in der Regel nach dem vierten Volksschuljahr deutlich mehr als ein Drittel der Kinder in die schulgeldpflichtigen und nicht abiturberechtigten mittleren und die ebenfalls schulgeldpflichtigen höheren Lehranstalten (vgl. Geißler 2013, S. 231). Das Problem der sozioökonomischen Selektion am Übergang wurde zunehmend Gegenstand öffentlicher Kritik. In Preußen wurde ab 1910 die schulgeldfreie voll ausgebaute Mittelschule mit Klasse 1–9 die Regel. In einigen Städten entstanden um 1910 Sammelschulhäuser, in denen Volksschule, Mittelschule und Hilfsschule nebeneinander untergebracht waren. 1914, mit Beginn des Ersten Weltkriegs, brachen der Ausbau der Schulen und die Reformen im Bildungswesen ab.

Nach dem ersten Weltkrieg und der Gründung der Weimarer Republik am 9. November 1918 wurden die Leitungen der meisten Unterrichtsministerien der Länder und alle Verwaltungsebenen der Schulaufsicht erstmals überwiegend mit Lehrern besetzt. Im Deutschen Lehrerverein waren etwa 75 % aller Volksschullehrer organisiert und fordern die »Einheitsschule vom Kindergarten bis zur Hochschule und in ihr das unbeschränkte Recht jedes Kindes auf Bildung und Erziehung nach Maßgabe seiner Fähigkeiten und seines Bildungswillens, ohne Rücksicht auf Vermögen, Stand und

1 Übergang in die Reformbaustelle Sekundarstufe I

Glauben« (Schulforderungen des Deutschen Lehrervereins nach Geißler 2013, S. 384). Darüber hinaus sei eine oberste Reichsschulbehörde zu schaffen. Man wollte also eine reichsweite Angleichung der bisher landesspezifischen Schulsysteme. Im Weimarer Schulkompromiss wurde schließlich die nur vierjährige Grundschule für alle Kinder festgelegt und 1920 durch das Reichsgrundschulgesetz auf Reichsebene für alle Länder besiegelt. Alle weiteren Regelungen variieren weiterhin bis heute zwischen den Ländern. Das Schaubild (▶ Abb. 1) zeigt die zentralen Änderungen im Aufbau des Schulwesens ohne Berücksichtigung der Variationen.

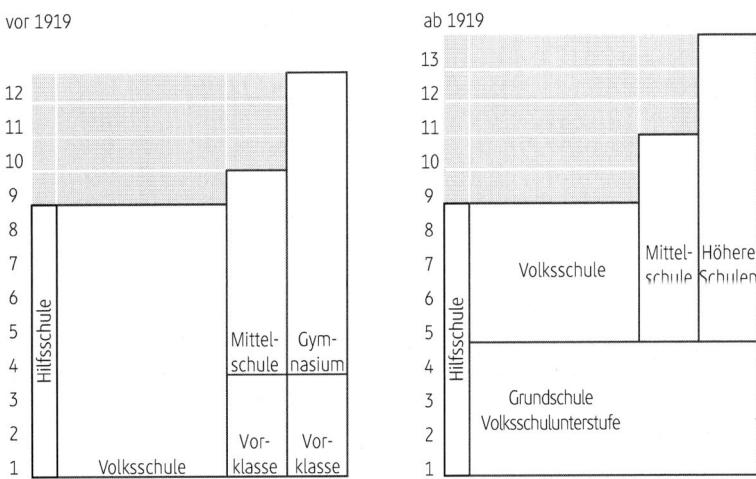

Abb. 1: Vereinfachte Darstellung der Schulstruktur vor 1919 und nach 1919 (eigene Darstellung U. Carle)

Waren die Schullaufbahnen vor der Weimarer Republik im Deutschen Kaiserreich noch weitgehend durch die Herkunft des Kindes festgelegt und wurden die Schulkarrieren für die meisten Kinder am Schulanfang bereits entschieden, so verlagerte sich die Schullaufbahnentscheidung nun formal in die vierte Klasse der Grundschule. Trotz des Reichsgrundschulgesetzes, welches die Vierjäh-

1.1 Kampf um Bildungsgerechtigkeit – Kristallisationspunkt Übergang

rigkeit der Grundschule festschrieb, setzte sich die Arbeitsgemeinschaft sozialdemokratischer Lehrer (AsL) weiterhin für eine achtjährige Grundschule ein, an die eine vierjährige Pflichtoberschule anschließen sollte (vgl. Hackl 1990, S. 94ff.). Fast überall blieb die vierjährige Grundschule jedoch eine Art Unterstufe der Volksschule, im gleichen Gebäude und ohne eigene Schulleitung. Auch die Abschaffung der bestehenden dreijährigen Vorschulen bzw. Vorklassen, insbesondere an Gymnasien[3], traf auf Widerstand und dauerte mehr als 10 Jahre (vgl. Carle 2000, S. 200f.). Speziell ausgebildete Grundschullehrkräfte gab es noch nicht.

Die Höheren Schulen waren je nach Standort unterteilt in neunjährige Gymnasien, die zur Hochschulreife führten, und in sechsjährige Schulen, die zur Mittleren Reife führten. Bei den Mittelschulen gab es nach wie vor auch nach 1919 Rektoratsschulen, die einen Wechsel ins Gymnasium ermöglichten, Bürgerschulen, die auf einen kaufmännischen Beruf vorbereiteten, sowie spezielle Mädchenschulen. Darüber hinaus entwickelten sich Aufbauschulen, die zu einem mittleren Abschluss und zur Hochschulreife führten, wodurch die Chancengerechtigkeit gefördert werden sollte.

Wenn auch die äußere Schulreform mit Gründung der Grundschule den Einheitsschulgedanken bedingt durch gravierenden konservativen Widerstand nur bruchstückhaft und lediglich für die ersten vier Schuljahre umsetzen konnte, so gewann doch – gestützt durch die schulorientiert besetzten Stellen in der Schulaufsicht – das reformpädagogische Denken allmählich Einfluss auf Teile aller Schularten. Es veränderte sich der Unterrichtsstil weg vom Dozieren hin zum gemeinsamen Arbeiten, auch in den Höheren Schulen. Fragen der Leistungsbeurteilung wurden pädagogisch

---

3 Eltern, die aufgrund ihrer Schichtzugehörigkeit erwarteten, dass ihr Kind ein Gymnasium besuchen wird, konnten bis zur Gründung der Grundschule als Schule für alle Kinder das Kind in eine solche kostenpflichtige Vorschule statt in die Volksschule einschulen.

diskutiert, Prüfungs- und Versetzungsbestimmungen geändert. In Preußen wurde die Erteilung des Reifezeugnisses seit 1926 an die Gesamtreife der Schüler*innenpersönlichkeit gekoppelt (vgl. Geißler 2013, S. 484).

Der soziokulturellen Durchlässigkeit[4] standen aber weiterhin die mangelnde Lehrmittelfreiheit und die Schulgeldpflicht an den Höheren Schulen entgegen, die jedoch durch unterschiedliche Regelungen auf Landesebene oder kommunal sozial ein wenig abgefedert wurden. Mit der Weltwirtschaftskrise 1929 fielen diese Regelungen teilweise dem öffentlichen Sparzwang zum Opfer. Die Zulassungsbedingungen für die höheren Schulen wurden, außer zunächst in Preußen, durch das Aufnahmeverfahren und die Erhöhung des Schulgeldes verschärft. Geißler (2013, S. 529) berichtet, dass in Baden 1931 und in Sachsen 1932 sogar Aufnahmesperren für die höhere Schule angeordnet wurden, weil ca. 15% eines Altersjahrgangs in die überfüllte höhere Schule wechselten. Im Zentralblatt für die gesamte Unterrichtsverwaltung in Preußen wurde demgegenüber zur gleichen Zeit darauf hingewiesen, dass besonders befähigte Schüler*innen im Rahmen der verschärften Begabtenauslese nicht aufgrund ihrer sozioökonomischen Herkunft benachteiligt werden sollen. Die Entscheidung traf ein Ausschuss, der die Leistungen der Grundschulzeit berücksichtigte. Es wurde verdeutlicht, dass die Kooperation zwischen Grundschule und weiterführender Schule die Basis für einen gelingenden Übergang sei (vgl. Ministerium für Wissenschaft, Kunst und Volksbildung 1931, S. 67f.). Durch verschärfte Versetzungsbestimmungen in den höheren Schulen und ein Zeugnis der Mittleren Reife für alle, die nach der 10. Klasse eine Schule abgeschlossen hatten, versuchte man die höhere Schule unattraktiver zu machen. Neben den oben genannten führten nun auch die zehnklassige gehobene Volksschule sowie die zwei- bis dreijährigen Fachschulen zur Mittleren Reife.

---

4 Der Begriff der Chancengleichheit wurde erst seit den 1960er Jahren verwendet (vgl. Rolff 2016, S. 14).

1.1 Kampf um Bildungsgerechtigkeit – Kristallisationspunkt Übergang

Die Koppelung von sozialer Herkunft und Schulkarriere stellte sich dennoch am Ende der Weimarer Republik derart dar: Wohlhabende Eltern ermöglichten Jungen und Mädchen den Abschluss der höheren Schule, gegebenenfalls mit privater Lernhilfe. Das Abitur gehörte in diesen Kreisen weiterhin zur schichtspezifischen Lebensausstattung. Bereits für mittelständische Familien verursachte die Finanzierung des Besuchs der höheren Schule für ein Kind deutliche Einschränkungen im Familienhaushalt, war aber, sofern noch Freiplätze oder Zuschüsse beantragt werden konnten, zumindest möglich. In Arbeiterhaushalten, die von Arbeitslosigkeit bedroht waren, bestand kaum eine Chance, dass die Familie einem Kind den Besuch der höheren Schule finanzieren konnte. Eine wesentliche Errungenschaft der Weimarer Republik war es jedoch, dass die Zuteilung im gegliederten Schulsystem nicht mehr am Schulanfang stattfand, sondern erst nach der vierjährigen Grundschule.

Zusammenfassung

Die Weimarer Republik knüpft an die Errungenschaften des Bildungswesens vor dem ersten Weltkrieg an und treibt etwa zehn Jahre lang die Reformvorhaben weiter voran, deren Ziel vor allem die bessere schulische Bildung breiter Bevölkerungsschichten war. Diesem Ziel ist das Bildungswesen in der Weimarer Republik deutlich nähergekommen, auch wenn die Einheitsschule – etwa in Form der achtjährigen Grundschule – nicht mehrheitsfähig war. Es entstand dennoch mit dem Weimarer Schulkompromiss ein in seiner Zeit pädagogisch und schulstrukturell fortschrittliches Reformwerk, dessen Entwicklungen und Kompromisse bis in die heutige Zeit hineinwirken. Wir wissen heute, dass zehn Entwicklungsjahre nicht ausreichen, um ein Schulsystem durch eine äußere und eine innere Schulreform derart umzustrukturieren, dass es auch massive Krisen überstehen kann. Das trifft umso mehr zu, wenn mit der Umstrukturierung auch althergebrachte Privilegien auf Chancenzuweisung gekippt werden sollen – existieren doch neben den progressiven auch die konservativen Kräfte gesellschaftlich weiter. Mit der gravierenden allgemeinen Verunsicherung der Bevölkerung durch die Weltwirtschaftskrise 1929 gewannen konservative Kräfte an Einfluss und versuchten das Rad rückwärts zu drehen, indem sie den Zugang zu höheren Schulen nach der Grundschule drastisch zu reduzieren versuchten (vgl. Verband Deutscher Hochschulen/Deutscher Philologenverband 1931). Die Problematik, dass wirtschaftliche und/oder politische Krisen zu Rückschritten führen, zieht sich bis heute durch die Entwicklung des deutschen Schulsystems und kristallisiert sich noch immer am Übergang zwischen Primar- und Sekundarbereich heraus. Gleichwohl hat die grundlegende Veränderung der Schulstruktur in der Weimarer Republik zu einer neuen Stabilität geführt, die auch die Zeit des Nationalsozialismus überstanden hat, wie das folgende Kapitel zeigt.

1.1.2 Der Übergang in den Sekundarbereich im Nationalsozialismus

Mit der Machtübernahme der NSDAP wurden in kürzester Zeit die Lehrerorganisationen aufgelöst und ihr Vermögen beschlagnahmt. Sozialdemokratisch orientierte Schulaufsichtsbeamt*innen wurden in den einstweiligen Ruhestand versetzt. Reformpädagogisch orientierte Schulleiter*innen sowie Lehrer*innen, die ihre pädagogische Position verteidigten oder die sich gegen die NSDAP exponiert hatten, wurden entlassen. So wechselte das NS-Regime beispielsweise in Preußen bis 1934 bereits 16 % der Direktorenstellen im höheren Schulwesen aus, in Thüringen wurde etwa 10 % der Volksschullehrerschaft entlassen oder versetzt. Betroffen sind auch die Leitung und Lehrende der Lehrerbildungseinrichtungen. Alle Lehrer*innen, die im Schuldienst verblieben, mussten sich mit einer Verpflichtungserklärung zum NS-Staat bekennen (vgl. Geißler 2013, S. 548ff.). Die Pädagogik vom Kinde aus wurde verworfen, aber dennoch methodisch daran angeknüpft, um die Kinder und Jugendlichen zu gewinnen. Lehrmittel, auch Fibeln, überarbeitete man im Sinne der

1.1 Kampf um Bildungsgerechtigkeit – Kristallisationspunkt Übergang

nationalsozialistischen Erziehung. Die Lernschule sollte durch eine Charakterschule abgelöst werden. Sie wurde auch inhaltlich zunehmend völkisch und militaristisch ausgerichtet. So lehrte man etwa im Naturkundeunterricht, dass auch der Mensch dem Gesetz der Auslese unterläge.

Zwar wurde vom Reichsministerium für Wissenschaft, Erziehung und Volksbildung 1935 auch eine »endgültige Schulreform« angekündigt, die das Schulsystem vereinfachen sollte, dann aber nicht umgesetzt. Vorgeschlagen hatten einzelne Landesschulbehörden und der nationalsozialistische Lehrerverband aus Hamburg eine Verlängerung der Grundschuldauer auf sieben Jahre mit anschließender dreijähriger Mittelschule und darauf aufbauender höherer Schule. Die Ministerien aus Bayern und Württemberg hingegen forderten eine Verkürzung der Grundschuldauer auf drei Jahre (vgl. Geißler 2013, S. 589). Es blieb bei der vierjährigen Grundschule und dem weit verzweigten Angebot verschiedener Schularten, um zur Mittleren Reife oder zum Abitur zu gelangen. Die akademisch gebildeten Eliten erhielten die Zusicherung, dass körperlich und geistig gut entwickelte Kinder bereits nach drei Grundschuljahren in eine grundständige Höhere Schule wechseln könnten. 1938 wurde im Reichs-Schulpflichtgesetz die Dauer des Volksschulbesuchs auf acht Jahre festgesetzt. 1941 kam nach dem Anschluss Österreichs nach österreichischem Vorbild eine weitere Schulart für begabtere Volksschüler*innen hinzu, die als Hauptschule bezeichnet wurde. Ab dem 5. Schuljahr verfolgte sie anspruchsvollere Lernziele als die Volksschuloberstufe. An den höheren Schulen wurde schließlich die Schulzeit auf 12 Jahre verkürzt. Die regelhaft höhere Schule wurde die Oberschule (▶ Abb. 2). Nur wenige Gymnasien blieben als Geste gegenüber der konservativen Tradition erhalten.

Die Oberschulaufnahme nach der Grundschule erfolgte auf der Basis eines Gutachtens der Grundschule und einer schriftlichen, mündlichen sowie körperlichen Eignungsprüfung. War das Ergebnis nicht gänzlich ungenügend, konnten sich die Schüler*innen im kommenden Jahr nochmals bewerben. Es gab aber nach wie vor auf Antrag Freiplätze, Geschwister- und sonstige Ermäßigungen.

1 Übergang in die Reformbaustelle Sekundarstufe I

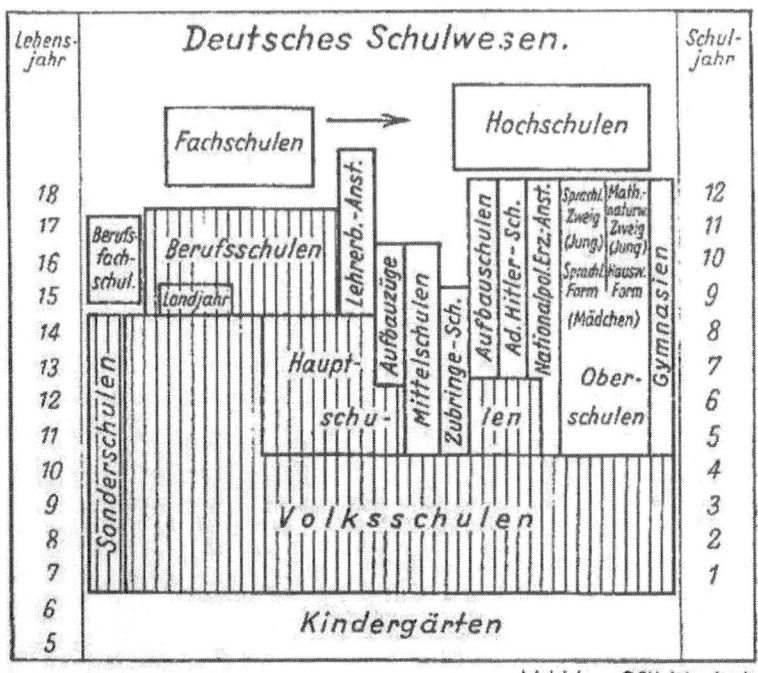

Abb. 2: Deutsches Schulwesen im Nationalsozialismus (Quelle: Geißler 2013, S. 557; Original: Hehlmann 1941, S. 67)

Durch dieses Verfahren wurde die soziale Auslese jedoch nicht überwunden, da die Schulgeldpflicht für die höhere Schule erhalten blieb. Im Krieg verschärfte sich die Situation durch Mangel an Räumen, Personal, Heizmitteln und Lehr- und Lernmitteln drastisch. Der Unterricht kam stellenweise ganz zum Erliegen.

Zusammenfassung

Im NS-Staat veränderte sich das Schulsystem in seinem Aufbau abgesehen von einer geringfügigen weiteren Ausdifferenzierung kaum. Es kamen die Hauptschule und spezifisch parteipolitisch ausgerichtete Schulen hinzu. Am Übergang von der Grundschule in die Sekundarstufe blieben die Probleme der (sozialen) Auslese weiter bestehen. Durch die Siegermächte wurde gerade diese Auslesefunktion des gegliederten Schulsystems in den verschiedenen Besatzungszonen auch mit demokratischen Perspektiven konfrontiert, wodurch sich zunächst Möglichkeiten für Reformen ergaben, wie das folgende Kapitel erläutert.

1.1.3 Gestuftes oder gegliedertes Schulsystem? (1945–1951)

Nach dem Zweiten Weltkrieg und der bedingungslosen Kapitulation Deutschlands nahmen die Siegermächte auch Einfluss auf die Struktur des Schulsystems und die institutionell verankerten Übergänge. Am stärksten ist der Einfluss durch die USA und die Sowjetunion.

Bereits im Frühsommer 1946 wurde im Verwaltungsgebiet der sowjetischen Besatzungsmacht das Gesetz zur Demokratisierung der deutschen Schule erlassen. Es sah einen radikalen Umbau des Schulsystems vor, insbesondere sollte die Zuweisung in verschiedene Schulen nach der Grundschulzeit entfallen. An die Stelle des auslesenden dreigliedrigen Schulsystems sollte eine in aufbauenden Stufen organisierte Einheitsschule entstehen: auf die achtjährige Primarstufe sollte für alle Kinder die weiterführende Schule folgen. Dieses System wurde auch in der 1949 gegründeten DDR mit der zunächst achtjährigen polytechnischen Oberschule aufrechterhalten.

Die USA zogen nach, indem Präsident Harry S. Truman unter Vorsitz des Bildungsexperten George F. Zook eine Expertenkommission einsetzte, die dem Alliierten Kontrollrat als oberste Besatzungsbehörde Vorschläge für die Demokratisierung des deutschen Schulwesens unterbreiten sollte. In der »Kontrollratsdirektive Nr. 54: Grundprinzipien für die Demokratisierung des Bildungswesens in Deutschland (1947)« wurde u. a. als Richtlinie für alle Besatzungszonen festgelegt, dass für die Pflichtschulzeit alle Schulen ein zusammenhängendes Bildungssystem darstellen sollten und zwar ohne unterschiedliche Wege und Abschlüsse (Michael & Schepp 1993, 233f.). Der Kommission ging es vor allem um Chancengleichheit im Bildungswesen als Basis für Demokratisierung. So heißt es zum dreigliedrigen Bildungssystem mit der frühen Zuweisung von Bildungschancen: »Dieses System hat bei einer kleinen Gruppe eine überlegene Haltung und bei der Mehrzahl der Deutschen ein Minderwertigkeitsgefühl entwickelt, das jene Unterwürfigkeit und jenen Mangel an Selbstbestimmung möglich machte, auf denen das autoritäre Führerprinzip gedieh« (Zook-Report 1946, S. 19; Übersetzung: Lange-Quassowski)[5]. Die Umsetzung der Direktive sollte durch die Bundesländer, die bereits eingerichtet worden waren, erfolgen. Dann würden alle Kinder bis zum Ende der Pflichtschulzeit (damals war das das 8. Schuljahr) eine gemeinsame Schule besuchen. Damit gäbe es keinen institutionellen Übergang mehr innerhalb der Pflichtschulzeit, der Lebenschancen vorbestimmt.

Doch zuerst in den südlichen Bundesländern, bis 1949 auch im Norden, wurden Bildungspolitiker*innen mit sozialistischen Positionen, wie die Befürwortung einer Einheitspflichtschule, im Rahmen von Koalitionsregierungen durch konservative Bildungspolitiker*innen ersetzt. Diese vertraten die biologistische Position, dass das deutsche Schulsystem aus begabungstheoretischer Sicht einer Einheitsschule überlegen sei.

»Nicht in Zweifel steht so, dass eine in der jeweils nachwachsenden Generation gesamtgesellschaftlich angenommene, statische, naturgegebene Verteilung von weitgehend ›umweltstabilen‹ Begabungen Schulformen erforderlich mache, die dieser Verteilung qualitativ im Bildungskonzept und quantitativ in der Bildungsbeteiligung entsprechen. Um die jeweilige Begabung zur Entfaltung zu bringen, sei die Entscheidung über den Verbleib in der Volksschule oder den Wechsel auf die höhere Schule ›rechtzeitig‹, möglichst früh zu treffen« (Geißler 2013, S. 716).

---

5 Siehe auch: https://www.bpb.de/gesellschaft/bildung/zukunft-bildung/229702/schulgeschichte-nach-1945 (Edelstein und Veith)

1.1 Kampf um Bildungsgerechtigkeit – Kristallisationspunkt Übergang

Dieser Position der Befürwortung einer frühen Chancenzuweisung für die Kinder, der linke Politiker*innen auch damals vehement widersprachen, kann heute evidenzbasiert mit internationalen Vergleichsstudien widersprochen werden.

»Alle Schülerinnen und Schüler – ganz gleich, ob mit oder ohne Migrationshintergrund oder aus günstigen oder ungünstigen sozioökonomischen Verhältnissen – würden zudem davon profitieren, wenn weniger stark von Praktiken Gebrauch gemacht würde, die dazu führen, dass Schüler auf verschiedene Bildungsgänge oder Schultypen verteilt werden, vor allem wenn dies schon in den ersten Jahren des Sekundarbereichs geschieht. Diese Praktiken führen häufig zu Unterschieden in Bezug auf Umfang und Niveau des Naturwissenschaftsunterrichts, den Schülerinnen und Schüler mit unterschiedlichem Hintergrund erhalten« (OECD 2016, S. 8).

Bereits 2003 wiesen Baumert und Artelt darauf hin, dass das Zeitfenster für schulische Interventionen zum Ausgleich herkunftsbedingter Leistungsunterschiede umso kürzer werde, je früher Schüler*innen auf unterschiedliche Bildungsgänge verteilt würden. Sie stellten weiter fest, dass eine solche frühe Zuweisung dazu führe, dass die sozialen Disparitäten der Bildungsbeteiligung zunehmen (vgl. Baumert & Artelt 2003, S. 190). Dennoch argumentiert demgegenüber Lehmann (2011) in einem Gutachten für die Konrad-Adenauer-Stiftung, dass mit Blick auf die Daten innerdeutscher Schulleistungsvergleiche kein Zusammenhang zwischen längerer Grundschulzeit und geringeren sozialen Disparitäten der Bildungsbeteiligung bestehe.

»Nach gegenwärtigem Stand der Erkenntnis gibt es also keinen triftigen empirischen Beleg dafür, dass eine sechsjährige Grundschule für eine benennbare Schülergruppe Vorteile bietet, es sei denn für diejenigen, die aus unklaren Gründen in einen ihrem Potential nicht entsprechenden Bildungsgang geraten sind« (Lehmann 2011, S. 108).

Geißler (2013, S. 718) hat die Programmatiken der wichtigsten Parteien um 1950 ausgewertet: Die CDU hielt eine Strukturreform nicht für notwendig, man möchte sozial schwächeren Schichten jedoch bessere Bildungsmöglichkeiten bieten. Die FDP tritt vor allem für die wiederzugewinnende wirtschaftliche Leistungsfähigkeit ein. Die SPD kämpft (gleichzeitig) für die mindestens sechsjährige Grundschulpflicht.

Das höhere Schulwesen, insbesondere das Gymnasium, wurde und wird bis heute nicht infrage gestellt, wohl aber die Länge der Grundschulzeit (vier oder sechs Jahre). Die sechsjährige Grundschule erhielt 1950 in Bremen rechtliche Gültigkeit und wurde erst mit dem Bremer Schulgesetz von 1975 wieder abgeschafft, indem Klasse 5 und 6 zu einer Orientierungsstufe zusammengefasst wurden. 1948 wurde die sechsjährige Grundschule in Schleswig-Holstein und 1949 in Hamburg verankert und 1950 jeweils wieder abgeschafft. Berlin führte zunächst die achtjährige Grundschule ein, diese wurde jedoch unter einer konservativen Regierungskoalition 1951 auf sechs Jahre reduziert. Die Überzeugung, dass der Zugang zum Gymnasium streng reglementiert werden müsse, da nur ein geringer Anteil der Schülerschaft geeignet sei, ein Gymnasium zu durchlaufen, hielt sich damals bis heute hartnäckig und beeinflusste die Zuweisung der Schüler*innen am Übergang in die Sekundarstufe massiv.

Zusammenfassung

Nach Kriegsende waren die vier alliierten Besatzungsmächte bestrebt, in Deutschland auch über eine Neuausrichtung des Bildungswesens die Demokratisierung voranzutreiben. Insbesondere sollte die Dreigliedrigkeit und die damit verbundene frühe und in besonderem Maße soziale Auslese am Übergang in die Sekundarstufe durch eine achtjährige Pflichtschule ersetzt werden. Dies gelang nur auf dem Gebiet der DDR. Da in den übrigen Zonen die Umsetzung in die Hände der Bundesländer gegeben wurde, war die Ausführung der Idee von der politischen Couleur der jeweiligen Landesregierung abhängig. Das setzt sich bis heute fort. Zentrale Überzeugungsfiguren sind zum einen ein statischer Begabungsbegriff und zum anderen die Vorstellung, dass die so begriffene, nur wenig beeinflussbare Begabung in der Schülerschaft normalverteilt sei. Dies bedinge, dass nur eine geringe Zahl an Schüler*innen das Gymnasium erfolgreich besuchen könne. In den folgenden Jahren lassen sich nicht nur eine getrennte Entwicklung insbesondere zwischen Ost- und Westdeutschland erkennen, sondern mit Blick auf Bildungsgerechtigkeit auch unterschiedliche Gewichtungen zwischen Nord- und Süddeutschland. Ein Wandel des Begabungsbegriffs auch in der BRD deutet sich an, setzt sich aber nicht durch, wie das folgende Kapitel zeigt.

1.1.4 Übergänge im gegliederten Schulwesen in den 1950er Jahren

Mit der Gründung der DDR und der BRD im Jahr 1949 entwickelten sich die Schulsysteme getrennt. Die Folgezeit war geprägt durch die politische Gegensätzlichkeit, die gegenseitige Abgrenzung der beiden Staaten und der dahinterstehenden Besatzungsmächte. Auch die Gestaltung des Schulsystems wurde Gegenstand des kalten Krieges. Die westlichen Bundesländer mit dem dreigliedrigen Schulsystem hatten es in dieser Situation schwer, den Gedanken der Einheitsschule weiterzuverfolgen.

Im Folgenden wird vor allem die Situation in der BRD beleuchtet, da nur hier die Problematik des frühen Übergangs weiterwirkte. In der BRD existierten zunächst kaum eigenständige Grundschulen, sondern achtjährige (später neunjährige) häufig nach Konfession und Geschlecht getrennte Volksschulen. Nach der 4. Klasse wechselte ein kleiner Teil der Kinder in ein Gymnasium altsprachlichen, neusprachlichen oder naturwissenschaftlichen Typs. Die Auslese war nach wie vor schon am Übergang streng. Von den Gymnasiasten erreichte dennoch nur etwa die Hälfte das Abitur, die meisten verließen das Gymnasium ohne Abschluss nach der 8., 9. oder 10. Klasse (vgl. Geißler 2013, S. 797). Um die Abgänge ohne Abschluss zu vermeiden und die Übergänge ins Gymnasium von Anfang an weiter zu reduzieren, wurden alternativ selbstständige Mittelschulen gebaut. Ziel war es, die

1 Übergang in die Reformbaustelle Sekundarstufe I

Schüler*innen nach der vierten Klasse in ihren Begabungen entsprechende Schulen zu sortieren, sodass die sogenannten praktisch Begabten in der Volksschule blieben. In ländlichen Gebieten ohne eigene Mittelschule wurden in die Volksschule integrierte Mittelschulklassen eingerichtet. In Berlin und Bremen entstanden zudem an die sechsjährige Grundschule anschließende Technische Oberschulen, die die Klassen 7 bis 10 umfassten, sowie parallel dazu Gymnasien der Kurzform. Darüber hinaus gab es eine Reihe weiterer Differenzierungen und Unterschiede zwischen den Bundesländern. Es entstand in der BRD ein unübersichtliches, länderspezifisches Schulsystem, welches einen Wechsel zwischen den Schularten ebenso erschwerte wie einen Wechsel zwischen den Bundesländern.

Mit dem Düsseldorfer Abkommen der Kultusministerkonferenz (KMK 1955), welches 1957 in Kraft trat, einigten sich die Bundesländer auf eine gemeinsame Grundstruktur des Schulwesens sowie auf die vierjährige gemeinsame Unterstufe. Des Weiteren wurde die Vereinheitlichung der Bezeichnungen Mittelschule für alle Schulen des mittleren Schulwesens und Gymnasium für alle Schulen, die zur Hochschulreife führen, festgelegt. Alle Schuljahre wurden nun in sämtlichen Schularten von 1 bis 13 durchgezählt. In Berlin und Bremen galt weiter die sechsjährige Grundschule, sodass die weiterführende Schule mit dem 7. Schuljahr startete. Entsprechend legte das Düsseldorfer Abkommen fest, dass Gymnasien der Langform Klasse 5 bis 13 und Gymnasien der Kurzform (ohne altsprachlichen Typ) Klasse 7 bis 13 führen. Das Düsseldorfer Abkommen brachte für die Gymnasien eine gewisse Vereinheitlichung der möglichen Typen und ihres Sprachenangebots. Durch diese Vereinheitlichung wurden Schulversuchsmöglichkeiten eingeschränkt, bestehende Sonderformen durften aber weitergeführt werden. Abschlüsse, sowohl der Schulen als auch der Lehrer*innenbildung, wurden nun zwischen den Ländern gegenseitig anerkannt.

Der Deutsche Gewerkschaftsbund setzte sich seit 1954 u. a. auch nach dem Düsseldorfer Abkommen dafür ein, dass das deutsche

1.1 Kampf um Bildungsgerechtigkeit – Kristallisationspunkt Übergang

Schulwesen eine organische Einheit mit einer gestuften (nicht gegliederten) Struktur wird und die höhere Schule den Charakter einer Standesschule ablegt. Das Bildungswesen müsse die soziale und wirtschaftliche Problematik berücksichtigen. Die SPD (1959) hingegen verwarf mit dem Godesberger Programm 1959 ihre schulstrukturellen Ziele fast vollständig.

Weiterhin bleibt jedoch das schulpädagogische Verständnis im Norden liberaler und reformorientierter, während im Süden eine strengere Schulleistungsorientierung und eine bekenntnisorientierte Erziehung vorherrschte. Auf diese Weise wollte man im Norden auch die frühe Auslese abmildern und richtete in Niedersachsen und Hessen Schulversuche mit einer Förderstufe zwischen Grundschule und Klasse 7 der weiterführenden Schule ein. So wurde es auch 1959 vom Deutschen Ausschuss[6] gefordert, um die Auslese nach der Grundschulzeit hinauszuschieben. Aufgrund der Möglichkeit der Lang- oder Kurzform der Gymnasien war der Schulversuch im Kontext des Düsseldorfer Abkommens möglich. Das Modell wurde im ›Kalten Krieg‹ von Gegnern ebenso als sozialistisch angefeindet wie die in der Tradition der Einheitsschule stehenden und weiter existierenden Schulen, z. B. die Fritz-Karsen-Schule in Berlin und die Albert-Schweizer Schule in Hamburg. Geißler (2013, S. 809) schreibt, dass es im Bundesgebiet drei Dutzend Schulen gab, die, wie die beiden genannten Schulen, die Schüler*innen zu den Abschlüssen der 9. und 10. Klasse führten sowie zum Abitur.

Deutliche Auswirkung auf die wirtschaftlichen, gesellschaftlichen und schulpolitischen Entwicklungen hatte der sog. Sputnik-Schock als Reaktion darauf, dass die Sowjetunion 1957 den ersten Erdsatelliten (Sputnik 1) erfolgreich ins Weltall schoss. Der Westen sah sich gezwungen nachzuziehen und sah zunehmend auch einen

---

6 Der Deutsche Ausschuss für das Erziehungs- und Bildungswesen in der BRD war am 22.9.1953 vom Bundesinnenministerium und von der Kultusministerkonferenz als staatlich unabhängiges Expertengremium berufen worden. Er löste sich am 1.7.1965 auf.

erheblichen Nachholbedarf im Bildungsbereich. Gleichzeitig stellte der Deutsche Ausschuss für das Bildungs- und Erziehungswesen in seinem »Rahmenplan zur Umgestaltung und Vereinheitlichung des allgemeinbildenden öffentlichen Schulwesens« fest, die Grundschule habe eine pädagogische Haltung und unterrichtliche Verfahren gewonnen, »die zwar der weiteren Ausgestaltung und Festigung, aber keiner grundsätzlichen Wandlung mehr bedürfen« (1959, S. 23). Der statische Begabungsbegriff[7] war jedoch gesellschaftlich noch fest etabliert. So schrieb der Sozialanthropologe Karl Valentin Müller (1950a, S. 362; zit. n. Drewek 1989, S. 208): »unser Ausleseapparat – insonderheit die Schule – siebt im Wesentlichen sachgerecht, d. h. er verhindert im großen und ganzen das große Heer der deutlich Minderbegabten am sozialen Aufstieg ...«.

Die Wissenschaftliche Forschung und Lehre wies bereits zu dieser Zeit über die veraltete Reifungs- und Begabungstheorie hinaus und widersprach entschieden der Vorstellung, dass Begabung statisch, d. h. anlagebedingt und durch Bildung nicht veränderbar sei. So sah Heinrich Roth (1952) Begabung als dynamisch, stark umweltvermittelt und damit sehr viel stärker pädagogisch beeinflussbar: »Wie viel mehr dürfen wir dann mit Recht annehmen, daß wir es bei den Begabungen mit seelisch geistigen Energien zu tun haben, bei denen es wesentlich auf die Umwelt ankommt, ob und wie sie sich zu Leistungen ausformen« (Roth 1952, S. 398). Eigentlich hätte diese Auseinandersetzung um den Begabungsbegriff zu einschneidenden Veränderungen an den Übergängen in die Sekundarstufe führen müssen, doch diese Diskussion flammte erst Ende des nächsten Jahrzehnts richtig auf.

Zusammenfassung

Die 1950er und frühen 1960er Jahre sind gekennzeichnet durch die Konsolidierung des Schulwesens in der BRD auf Basis der Schule in

---

7 Ein Vertreter dieser Position ist Karl Valentin Müller. Zur differenzierten Darstellung siehe Drewek 1989.

der Weimarer Republik und vor dem Hintergrund veralteter Reifungs- und Begabungstheorien. Damit setzten sich konservative Kräfte mit ihren Bildungsvorstellungen durch und schrieben u. a. die vierjährige Grundschule fest. Am Ende der 1950er Jahre hatte das Schulsystem in der BRD den erwarteten Entwicklungsschwung der ersten Nachkriegsjahre, wie er von der Zook-Kommission intendiert war, weitgehend verloren. Deutlich wird die unterschiedliche Entwicklung des Schulsystems in den verschiedenen Bundesländern und somit die Notwendigkeit der Abstimmung, die mit dem Düsseldorfer Abkommen teilweise gelingt.

Man ließ jedoch nicht davon ab, dass die Auslese nach der Grundschulzeit gestützt auf einen statischen Begabungsbegriff und die Vorstellung, Begabungen seien in der Bevölkerung normalverteilt, über Bildungschancen und Lebenswege entscheiden. Die Zugänge zum Gymnasium wurden folglich weiter verschärft. Die reformpädagogische Idee, dass jede Schule auf die Kinder eingehen und diese gemäß ihren Voraussetzungen individuell fördern solle, verbreitete sich kaum. Stattdessen galt die gegliederte Struktur des Schulwesens als Setzung. Die Optimierung des Übergangs nach der Grundschule galt nur der passenden Zuweisung zwischen Kind und Schulart. Trotz strenger Auslese am Übergang verließ Ende der 1950er Jahre allerdings noch immer die Mehrzahl der Gymnasiasten das Gymnasium ohne Abschluss. Die neue Lösung, die im nächsten Kapitel vorgestellt wird, hieß mehr Durchlässigkeit.

1.1.5 Durchlässigkeit – Übergänge im Zeichen der Reformen der 1960er bis Ende der 1980er Jahre

Im Jahr 1964 wurde im Rahmen des Hamburger Abkommens (KMK 1964) bundesweit für die gemeinsame Unterstufe die Bezeichnung Grundschule wieder eingeführt, für die auf die Grundschule aufbauenden Schulen die Bezeichnungen Haupt- und Realschule sowie Gymnasium. Zudem heißt es in §4, Abs. 4: »Ein für alle Schüler gemeinsames 5. und 6. Schuljahr kann die Bezeichnung ›Förder- oder Beobachtungsstufe‹ tragen.«

Mehr Durchlässigkeit sollten Realschulen der Aufbauform bringen, die Hauptschüler*innen einen Wechsel bis nach Klasse 7 ermöglichen, ohne dass eine Fremdsprache vorausgesetzt wird. Im Anschluss an die Realschule war der Besuch der Klasse 11 und 12 an einer Fachoberschule möglich, die mit mindestens einer Fremdsprache zur Fachhochschulreife führt. Mit dem Abschluss einer Berufsaufbauschule nach dem Hauptschulabschluss in Verbindung mit einer Berufsausbildung konnte ein Jahr der Fachoberschule anerkannt werden.

Gymnasien der Normalform konnten nun neun oder sieben Klassen führen. Für Hauptschüler*innen wurden Aufbaugymnasien angeboten, die spätestens an Klasse 7 anschließen, wobei keine Fremdsprachenkenntnis vorausgesetzt wurde. Für Realschulabsolvent*innen schloss das Gymnasium in Aufbauform an die 10. Klasse an und setzt eine Fremdsprache voraus. Erst ab Klasse 11 gliederte sich das Gymnasium in verschiedene gymnasiale Schultypen. Nach §15, Abs. 1 des Hamburger Abkommens sollten Härtefälle bei Übergängen durch Übergangshilfen gemildert werden.

Mit dem Hamburger Abkommen wurden zahlreiche neue Übergangsmöglichkeiten zwischen den verschiedenen Schularten eingeführt, um so die Bedeutung der Schulwahlentscheidung nach der Grundschule für den Werdegang des Kindes zu entschärfen. Darüber hinaus wurden Abendschulen, Kollegs etc. eingerichtet, die es ermöglichten, einen Schulabschluss nachzuholen. Jedoch alle Übergänge, mit Ausnahme des Übergangs von der Grundschule in die Hauptschule, setzten eine bestandene Aufnahmeprüfung voraus. Alternative Bildungswege wurden institutionalisiert, aber der Zugang weiter reglementiert. Dennoch waren die strukturellen Veränderungen so massiv, dass sie in der Bevölkerung eine bildungspolitische Diskussion über neue Möglichkeiten entfachten. Sie wurde angeheizt durch scharfe Kritik an der Leistungsfähigkeit des Deutschen Bildungswesens. So schnitten die deutschen Schüler*innen im Rahmen der 1963 durchgeführten und 1964 veröf-

1.1 Kampf um Bildungsgerechtigkeit – Kristallisationspunkt Übergang

fentlichten ersten internationalen Mathematikstudie (FIMS) nur mittelmäßig ab[8] (vgl. van Ackeren 2002). Zur gleichen Zeit veröffentlichte der Pädagoge Picht (1964), der von 1953 bis 1963 Mitglied im Deutschen Ausschuss für das Erziehungs- und Bildungswesen war, zuerst drei Artikel in Fachzeitschriften und schließlich sein Buch »Die Deutsche Bildungskatastrophe«. Er schätzte die Bundesrepublik Deutschland im internationalen Konkurrenzkampf aufgrund des zu niedrigen Bildungsstands als nicht konkurrenzfähig ein. Insbesondere sah er das gegliederte Schulwesen als untauglich an. Er fordert eine gerechtere Verteilung der Bildungschancen. Kinder würden zu früh eingeteilt und zugewiesen. Kritik am Bildungssystem der Bundesrepublik Deutschland übte auch Ralf Dahrendorf (1965, S. 14ff.). Der bildungsökonomischen Begründung Pichts stellte er eine demokratisch-emanzipatorische Begründung seiner Forderungen gegenüber und forderte zusätzlich das Recht auf Bildung.

Deutlich wurde, dass allein mit den im Hamburger Abkommen beschlossenen Maßnahmen der deutsche Bildungsnotstand nicht behoben werden konnte, auch wenn die frühe Auslese etwas abgemildert wurde.

Nachfolgeeinrichtung des Deutschen Ausschusses für das Bildungswesen, der sich am 1.7.1965 aufgelöst hatte, wurde nun der Deutsche Bildungsrat, der 1965 auf fünf Jahre eingerichtet und 1970 um fünf Jahre verlängert wurde. Das Gremium war unterteilt in Bildungskommission und Regierungskommission. Die Bildungskommission erarbeitete Pläne, Vorschläge und Empfehlungen für die Reform des Bildungswesens. Erst nach Beratung mit der Regierungskommission wurden diese dann den jeweiligen Vertragsschließenden (z. B. den Bundesländern) als Gutachten vorgelegt (vgl. Böttcher 1990, S. 29). Die Bildungskommission veröffentlichte 16 Gutachten zur Reform des Schulwesens, die fast alle auch die Problematik der Auslese an den Übergängen, insbesondere zwischen Grundschule und Sekundarstufe, tangierten. Sie

---

8 An FIMS beteiligten sich nur die Länder Hessen und Schleswig-Holstein.

1 Übergang in die Reformbaustelle Sekundarstufe I

»gipfeln inhaltlich im Strukturplan von 1970 (Deutscher Bildungsrat 1970), in dem die Grundzüge eines modernen Bildungswesens in einer demokratischen Industriegesellschaft umrissen werden« (Leschinsky 2005, S. 823). Die Vorschläge umfassten außer dem Gutachten »Begabung und Lernen«, u. a. die Einrichtung von Gesamtschulen und von Ganztagsschulen zur Förderung behinderter und von Behinderung bedrohter Kinder. Aufgegriffen wurde der Vorschlag des Deutschen Ausschusses, eine Förderstufe (Klasse 5 und 6) zu etablieren, um mehr Durchlässigkeit zu ermöglichen. Erst danach sollte die Zuweisung zu einer der Schularten des gegliederten Schulsystems manifestiert werden. Mit dem Vorschlag, Gesamtschulen zunächst als Schulversuch einzurichten, wurde der gleitende Übergang vom gegliederten zu einem gestuften Bildungswesen intendiert. Die Curricula der Sekundarstufe I für die unterschiedlichen Schulformen[9] sollten auch über die Förderstufe hinaus angeglichen werden, um die horizontale Durchlässigkeit im Schulsystem zu erhöhen. Es kam jedoch auch hier wieder zu politischen Interventionen. So lehnten die konservativ regierten sog. B-Länder[10] den Umbau des Schulsystems hin zu einem gestuften Bildungswesen ab. Beispielsweise wurden in Bayern nur fünf integrierte Gesamtschulen im Rahmen des Schulversuchs eingerichtet, in Nordrhein-Westfalen waren es hingegen 32 Schulen[11]. Zudem kristallisierte sich heraus, dass die zur Verfügung gestellte Finanzierung für die Veränderungen nicht ausreiche. Es gelang nicht Finanz- und Bildungsplanung aufeinander abzustimmen.

---

9 Hier ging es explizit um die Curricula für Klasse 5 bis 10, und zwar für Hauptschule, Realschule, Gymnasium und Gesamtschule.

10 Als A-Länder werden die sozialliberal oder sozialdemokratisch regierten Bundesländer bezeichnet, als B-Länder die konservativ regierten.

11 Nach Ablauf des Schulversuchs wurden die Gesamtschulen, z. B. in Bayern und Baden-Württemberg, als Schulen der besonderen Art weitergeführt. In NRW wurden die Gesamtschulen als eigenständige Schulart den anderen Schulen gleichgestellt. 2018/19 gab es in NRW 340 öffentliche Gesamtschulen. In Bayern werden sie in der Statistik nicht aufgeführt.

1.1 Kampf um Bildungsgerechtigkeit – Kristallisationspunkt Übergang

Dennoch wurde der selektionsorientierte Charakter des Schulsystems zumindest aufgeweicht. Die Aufnahmeprüfungen, wie sie an den weiterführenden Schulen außer der Hauptschule bestanden, wurden durch Grundschulempfehlungen ersetzt. In etlichen Ländern wurde die schulformunabhängige Orientierungsstufe eingeführt, wodurch zwar ein weiterer Schulwechsel für die Kinder hinzukam, die Schullaufbahnentscheidung dort für die Kinder jedoch später erfolgte. Es wurde auch an der curricularen Angleichung gearbeitet. Jedoch mahnte noch 1997 die Bund-Länder-Kommission für Bildungsplanung und Forschungsförderung in ihrem Gutachten zur Vorbereitung des Programms »Steigerung der Effizienz des mathematisch-naturwissenschaftlichen Unterrichts« (BLK 1997), dass die fachliche Anschlussfähigkeit der Curricula und mithin auch des Unterrichts zwischen den verschiedenen Schulstufen (und Schularten) noch nicht gegeben sei. Immerhin wurde die Schulzeit an Hauptschulen auf neun Jahre und landesspezifisch unterschiedlich auf zehn Jahre (Realschulabschluss) verlängert. In der Zeit zwischen 1952 und 1990 hat sich der Anteil der Schüler*innen, die auf ein Gymnasium, eine Gesamtschule oder eine Mittelschule wechselten, fortlaufend erhöht, nämlich für das Gymnasium von 15 % auf 30 % der Schülerschaft, für die Realschule von 7 % auf 29 % und für die Gesamtschule von 0 % auf 7 % (vgl. Statista 2008).

Dem gegliederten Schulsystem in der BRD stand in der DDR zunächst die achtjährige und seit 1959 vermehrt die zehnklassige allgemeinbildende polytechnische Oberschule gegenüber, die im Rahmen einer umfassenden Schulreform 1970 zum Regelfall wurde. Die beiden Schulsysteme werden in den folgenden beiden grob vereinfachten Abbildungen (▶ Abb. 3 und ▶ Abb. 4) dargestellt.

1 Übergang in die Reformbaustelle Sekundarstufe I

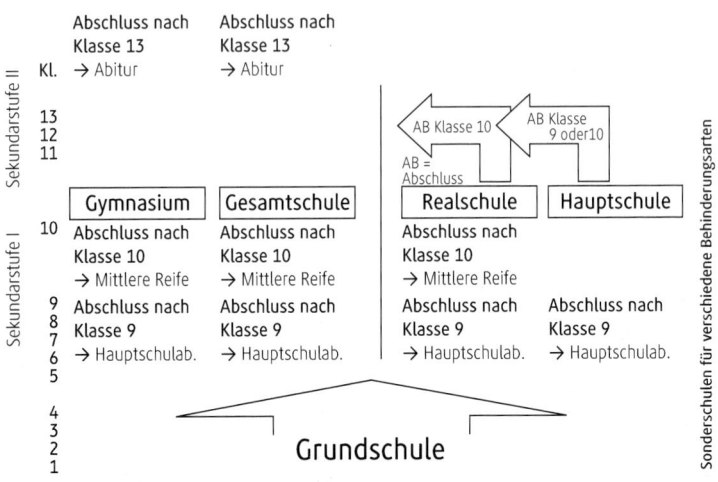

Abb. 3: Schulsystem BRD Ende der 1980er Jahre, (vereinfachte und ergänzte Darstellung nach: Gemeinfrei, https://commons.wikimedia.org/w/index.php?curid=355890)

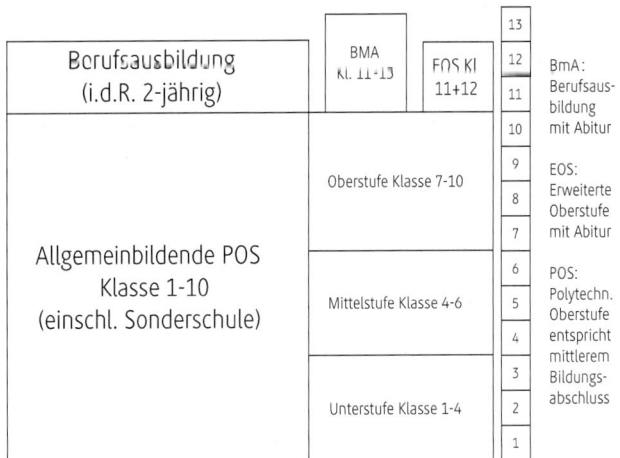

Abb. 4: Schulsystem der DDR (vereinfachte Darstellung nach: Staatliche Zentralverwaltung für Statistik, Mai 1989; Datei Schulesystem_DDR.png von SEBWebDi, Gemeinfrei, https://commons.wikimedia.org/w/index.php?curid=11929032

1.1 Kampf um Bildungsgerechtigkeit – Kristallisationspunkt Übergang

Zusammenfassung

20 Jahre, geprägt von teils hartem politischem Ringen um die zentralen strukturellen Merkmale des Schulsystems in der BRD, bewirkten für den Übergang von der Grundschule in die Sekundarstufe einige Veränderungen, die jedoch in den Bundesländern unterschiedlich aussahen. Grob kann konstatiert werden, dass die südlichen konservativ regierten Länder sich gegen Entwicklungen stellten, die einen Wandel vom dreigliedrigen zum gestuften Schulsystem hätten vorbereiten können, wie etwa die schulartunabhängige Förderstufe mit Klasse 5 und 6. Der Deutsche Bildungsrat hatte die Einrichtung von Schulversuchen zur integrierten Gesamtschule empfohlen. Diese wurden jedoch nur zu einem sehr geringen Teil in konservativ regierten Ländern eingerichtet. Auch die Zugänge zum Gymnasium wurden in den konservativ regierten Ländern stärker reglementiert als in anderen Bundesländern. Insgesamt kam in allen Bundesländern die angestrebte Anschlussfähigkeit der Bildungsinhalte, sowohl quer zu den weiterführenden Schularten als auch vertikal zwischen aufeinander folgenden Schularten, nur ansatzweise voran.

1.1.6 Das Zusammentreffen von zwei unterschiedlichen Schulsystemen seit 1990

Der Beginn der 1990er Jahre war geprägt durch die Folgen der Erweiterung der Bundesrepublik um die neuen Bundesländer. Schulstrukturell handelte es sich um eine spannende Zeit, traf doch das gegliederte Schulsystem der BRD mit dem gestuften System der DDR zusammen. Auch der Bildungsstand und die Erfahrung der Elterngeneration, die den Wandel miterlebte, unterschied sich zwischen den neuen und den alten Bundesländern. So war in den neuen Bundesländern der zehnjährige Polytechnische Abschluss Standard, an den sich für ca. 20 % der Schüler*innen die zweijährige Erweiterte Oberschule anschloss, die zum Abitur führte (nach Klasse 12). Demgegenüber hatten in den alten Bundesländern zu

1 Übergang in die Reformbaustelle Sekundarstufe I

Beginn der 1990er Jahre die meisten Eltern das gegliederte Schulsystem in den 1970er bzw. frühen 1980er Jahren durchlaufen, ca. 41 % mit Hauptschulabschluss, ca. 28 % mit einem mittleren Abschluss und ca. 27 % mit Hochschulzugangsberechtigung (Abitur nach Klasse 13) (vgl. Statista 2008). Es war absehbar, dass die Hauptschule im Kontext der Schulstrukturdebatte in den neuen Bundesländern keine Chance hatte. Drewek (2013, S. 518) interpretierte für Berlin:

> »Das Ausmaß der Wahl von Gymnasien nach dem Mauerfall in Ost-Berlin dokumentiert in erster Linie den im DDR-System historisch erzeugten Bildungsstau, mit Blick auf die Hauptschule aber auch die von Anfang an vollkommen aussichtslose Position dieser Schulform nicht allein in Ost-Berlin, sondern in den Neuen Ländern überhaupt.«

Im Transformationsprozess gestaltete sich das Schulwesen der DDR nach Einrichtung der neuen Bundesländer jeweils nach dem Vorbild desjenigen westdeutschen Referenzlandes, welches bei der Errichtung der Schulbürokratie und der neuen Schularten behilflich war. Aus der Einheitsschule entstand eine gegliederte Schule. In Thüringen und Sachsen – wie in den meisten neuen Bundesländern – wurden Haupt- und Realschule allerdings nicht mehr getrennt ausgewiesen (Sachsen: »Mittelschule«, Thüringen: »Regelschule«). In Sachsen-Anhalt schuf man eine solcherart vereinte Schule zusätzlich zur Dreigliederung, die sogenannte »Sekundarschule«. Aus dem Rahmen fällt bis heute Brandenburg mit einer sechsjährigen Grundschule und einem flächendeckenden Netz an Gesamtschulen neben dem Gymnasium und der Realschule (vgl. Melzer & Adomat 1998, S. 42).

Vieles deutet darauf hin, dass es sich bei der Veränderung des Schulsystems in den neuen Bundesländern eher um einen Reflex auf den schnellen Zusammenschluss handelte. So stellt Granzow (1997, S. 116) aus einem anderen Kontext heraus ebenfalls mit Blick auf Berlin fest:

> »Im Zusammenhang mit dem Lehreraustauschprogramm entsteht der Eindruck, dass die mit der radikalen Umgestaltung des Ostberliner Schulwe-

1.1 Kampf um Bildungsgerechtigkeit – Kristallisationspunkt Übergang

sens verbundenen grundlegenden Strategiefragen gesamtdeutscher Bildungs- und Schulentwicklung durch die politischen und administrativen Entscheidungsträger der Stadt nicht ausreichend antizipiert bzw. überhaupt wahrgenommen wurden. Darauf deutet hin, dass weder eine Analyse der Ausgangslage vorlag noch ernstzunehmende Warnungen von anerkannten Wissenschaftlern vor den Folgen der kritiklosen Übernahme des westlichen Schulmodells im Ostteil ernstgenommen wurden oder dem enormen Zeitdruck bei der Vereinigung zum Opfer gefallen sind.«

Die frühe Auslese am Übergang zur Sekundarstufe wurde folglich kaum diskutiert. Die Übernahme der sechsjährigen Grundschule in ganz Berlin und in Brandenburg sowie die Einrichtung von schulformunabhängigen Orientierungsstufen nach der vierjährigen Grundschule in Sachsen-Anhalt und in Mecklenburg-Vorpommern (bis Schuljahr 2005/2006) zeigen aber, dass das Ausleseproblem durchaus erkannt wurde und Wege zum Gegensteuern gesucht wurden. In Sachsen-Anhalt schaffte man die Orientierungsstufe sieben Jahre später nach dem Regierungswechsel durch die CDU-FDP-Regierung wieder ab. In den drei Bundesländern mit sechsjährigem gemeinsamem Lernen (Berlin, Brandenburg, Mecklenburg-Vorpommern) wurde die Möglichkeit eingeräumt, bereits nach Klasse 4 in ein Gymnasium zu wechseln: in Berlin in sogenannte Grundständige Gymnasien, in Mecklenburg-Vorpommern in Sport- bzw. Musikgymnasien, in Brandenburg in Leistungs- und Begabungsklassen. Bis heute halten alle anderen Bundesländer an der vierjährigen Grundschule fest, an deren Ende die Entscheidung für eine Schulart des gegliederten Schulsystems folgen muss.

Die Transformation des DDR-Schulsystems fiel zeitlich zusammen mit einer gravierenden Abnahme der Hauptschüler*innen in den alten Bundesländern. Dadurch wurden Veränderungen angestoßen, die Hauptschulen in andere Schularten zu überführen. Während längeres gemeinsames Lernen mit einer sechsjährigen Grundschule, z. B. in Hamburg 2010, durch Volksentscheid verhindert wurde, erfuhr die ebenfalls kritisch betrachtete Stadtteilschule (Fusion von Haupt- und Realschule) eine Duldung. Was in Hamburg Stadtteilschule und in Bremen Oberschule heißt, wird in

1 Übergang in die Reformbaustelle Sekundarstufe I

anderen Bundesländern häufig *Gemeinschaftsschule* genannt. In Baden-Württemberg gehört z. B. bei einem beträchtlichen Teil der Gemeinschaftsschulen auch eine Grundschule (Primarstufe) dazu. 2013 forderte der Landes-Handwerks-Präsident Joachim Möhrle die CDU in Baden-Württemberg auf, »die Ideologie über Bord zu werfen und Schulfrieden zu schließen«, indem sie auf den grünroten Kurs eines zweigliedrigen Schulsystems einschwenkt (dpa 19.11.2013).

Ein weiterer Impuls für die Umgestaltung des Schulsystems in den Bundesländern ist die UN-Behindertenrechtskonvention. Die Umstrukturierung der Schularten in der Sekundarstufe I in Verbindung mit der Verpflichtung ein inklusives Schulsystem aufzubauen, führte überall zu mehr oder weniger gravierenden Schulreformen. In Bremen stehen zum Beispiel nach der vierjährigen Grundschule die neunjährige Oberschule oder das achtjährige Gymnasium zur Wahl, wobei die Plätze im Gymnasium beschränkt sind (▶ Kap. 3.3). Beide Schularten können alle allgemeinbildenden Schulabschlüsse ermöglichen. In beiden Schularten gibt es kein »Sitzenbleiben«, lediglich das letzte Schuljahr vor Beginn der gymnasialen Oberstufe kann wiederholt werden. Strukturell wird in Bremen Inklusion durch Zentren für unterstützende Pädagogik (ZuP) und Regionale Beratungs- und Unterstützungszentren (ReBUZ) durch spezielle Fachleute fundiert. Die Schulreform konnte wegen des gleichzeitig beschlossenen Schulfriedens gedeihen, der jene Parteien, die nicht hinter der Reform stehen, zur Loyalität verpflichtet und bis heute gilt. 2019 wurde die Zweigliedrigkeit evaluiert:

> »Die Oberschule hat sich als zweite weiterführende Schulart neben dem Gymnasium etabliert und verzeichnet seit der Schulreform insgesamt betrachtet eine stabile Nachfrage. Rund 70 Prozent der Erstwunschanmeldungen an den weiterführenden Schulen richten sich auf den Besuch einer Oberschule, 30 Prozent auf das Gymnasium« (Maaz et al. 2019, S. 217).

In den meisten Bundesländern besteht außerdem das gegliederte Sonderschulwesen für die Sekundarstufe I weiter, wobei die Sonderschulen auch den Support für Kinder mit einer Behinderung im Regelschulwesen übernehmen.

Auf Bundesebene wurde an der Idee anschlussfähiger Bildungskonzeptionen weitergearbeitet, indem das 1997 von der Bund-Länder-Kommission für Bildungsplanung (BLK) und Forschungsförderung im Kontext von TIMSS angestoßene Programm »Steigerung der Effizienz des mathematisch-naturwissenschaftlichen Unterrichts« (BLK 1997) umgesetzt wurde. Das Gutachten der Expertengruppe unter Vorsitz von Jürgen Baumert für die Einrichtung des Modellversuchs basiert auf einem Allgemeinbildungsbegriff, der alle Bildungsbereiche einbezieht und nicht auf die unmittelbare Verwertbarkeit des Gelernten zielt:

> »Die Expertengruppe ist der Überzeugung, daß eine Allgemeinbildungskonzeption, die einerseits der Unbestimmtheit zukünftiger Lebenssituationen und Anforderungen und der Anschlußfähigkeit erworbenen Wissens für Weiterlernen Rechnung trägt und andererseits das Recht des Schülers auf Lernen in sinnstiftenden Kontexten als Regulativ im Auge behält, eine Basis bildet, von der aus sich Zielperspektiven für die allgemeinbildende Schule und auch den mathematisch-naturwissenschaftlichen Unterricht konkretisieren lassen« (BLK 1997, S. 10).

Im Gutachten ist konzeptionell nicht mehr von Schularten, sondern von Schulstufen die Rede. Angeregt wird für den Modellversuch, Pilotschulen aus allen Schularten einzurichten. 2004 folgen KMK-Bildungsstandards, die auf Abschlüsse und nicht auf Schularten bezogen sind. Vom Grundsatz her ist der entworfene Modellversuch und das daran anschließende SINUS-Transferprogramm (vgl. Baptist & Raab 2007) auch geeignet, die horizontale Durchlässigkeit im Schulsystem zu erhöhen.

Diesem Lichtblick stehen auch Bestrebungen gegenüber, die die Selektionsfunktion der Schule stark gewichten. Dazu gehört, dass Prüfungen für die Übergänge zwischen Grundschule und Sekundarstufe I eine hohe Bedeutung zugewiesen werden, um schulleistungsbasierte Übergangsempfehlungen ausstellen zu können.

Welche Regelung am Übergang von der Grundschule in die Sekundarstufe gilt, ist zwischen den Bundesländern im Jahr 2020 noch nicht einheitlich geregelt und stetig in der Diskussion. Folgende Bedingungen gelten im Jahr 2020: Grundlage für die Übergangsempfehlung der Grundschule sind die Noten sowie weitere Faktoren mit einer angenommenen Vorhersagekraft für das Bestehen in der empfohlenen Schulart, wie das Arbeitsverhalten und die Leistungsentwicklung. Beratungsgespräche zwischen Eltern, Kindern und Lehrkräften sind zumeist verbindlich. Die Entscheidung bleibt jedoch in 2020 in allen Bundesländern, außer in Bayern, Brandenburg und Thüringen[12], bei den Eltern. Eine Untersuchung anhand der Daten des »National Educational Panel Study« (NEPS) zeigte, dass die Verbindlichkeit der Grundschulempfehlung die Effekte der sozialen Herkunft auf den schulischen Werdegang nicht verändert (vgl. Esser & Hoenig 2018). Eine andere Studie mit den gleichen Daten findet demgegenüber nach Kontrolle allein der Noten und des Geschlechts eine Verstärkung der Herkunftseffekte mit der Verbindlichkeit der Grundschulempfehlung. Das bedeutet, dass bei gleicher Benotung und gleichem Geschlecht für die Grundschulempfehlung die soziale Herkunft die ausschlaggebende Rolle spielt (vgl. Buchholz et al. 2017, S. 84). Aus keiner der beiden Studien lässt sich jedoch schließen, dass eine strengere Auslese den Schulerfolg erhöht.

Zusammenfassung

Seit den 1990er Jahren sind als Impulse für die Umgestaltung der Struktur des Schulwesens vor allem die Transformationsprozesse nach dem Anschluss der DDR an die BRD und die UN-Behindertenrechtskonvention zu nennen. Das Gesamtschulsystem der DDR wurde aufgelöst und in das dreigliedrige Schulsystem der BRD zu überführen versucht. In diesem Kontext gab es auch Bestrebungen zum längeren gemeinsamen Lernen sowie zur Verschmelzung von Haupt- und Realschule und zur Erweiterung des Ausbaus Inklusi-

---

12 In Bayern, Brandenburg und Thüringen haben die Eltern ein Vetorecht bei der Schulartzuweisung durch die Grundschule.

1.1 Kampf um Bildungsgerechtigkeit – Kristallisationspunkt Übergang

ver Schulen auch auf die Sekundarstufe I[13]. In elf Bundesländern[14] wurde ein zweigliedriges Schulsystem etabliert, welches nach der Grundschule parallel aus Gesamtschule (Gemeinschaftsschule, Oberschule, Stadtteilschule o. a.) und Gymnasium besteht. Als Kompromiss wurde überall das Gymnasium beibehalten, teilweise jedoch kapazitätsbegrenzt und nicht mehr privilegiert ausgestattet. Damit bleibt für Eltern zwar eine wesentliche Möglichkeit der sozialen Abgrenzung durch die Schulwahl weiterhin bestehen. Wo sich jedoch die Gesamtschule (o. a.) mit gymnasialer Oberstufe etablieren konnte, wird sie von immer mehr Eltern angewählt. Fünf Bundesländer haben hingegen eine drei- oder mehrgliedrige Schulstruktur, z. B. in Niedersachsen bestehend aus Hauptschule, Realschule, Oberschule, kooperativer Gesamtschule, integrierter Gesamtschule und Gymnasium.[15] Im Kontext der schulstrukturellen Veränderungen gab es im Anschluss an TIMSS schulartübergreifende, stufenbezogene fachliche Qualitätsentwicklungsprozesse.

Es lässt sich also feststellen, dass am Übergang von der Grundschule in die Sekundarstufe I zumindest in elf Bundesländern die Reduktion von Drei- auf Zweigliedrigkeit mehr Übersichtlichkeit für die Übergangsentscheidung mit sich bringt. Nach wie vor geht jedoch der Übergang von der Grundschule in die Sekundarstufe in fünf Bundesländern mit einer Selektion in drei und mehr Schularten einher.

Zudem tritt auch nach dem zuletzt betrachteten 30-jährigen Entwicklungsabschnitt der (generelle) selektive Grundtenor des deutschen Bildungswesens immer wieder hervor, sei es bei der Debatte um die Verbindlichkeit der Grundschulempfehlung oder um

---

13 Zum Übergang in die Sekundarschule unter Berücksichtigung von Inklusion siehe exemplarisch vertiefend Kapitel 3 dieses Bandes.
14 Zweigliedrig (Stand 2020) sind: Berlin, Hamburg, Bremen, Rheinland-Pfalz, Schleswig-Holstein, Brandenburg, Mecklenburg-Vorpommern, Saarland, Sachsen, Sachsen-Anhalt, Thüringen.
15 Drei- oder mehrgliedrig (Stand 2020) sind: Baden-Württemberg, Bayern, Hessen, Niedersachsen, Nordrhein-Westfalen.

die Gewichtung von Prüfungen und Übergängen im Kontext der Schulschließungen und -öffnungen im Rahmen der COVID-19-Pandemie. Welche Wirkmechanismen zu einer so langfristigen Stabilität der schulischen Auslesemechanismen führen, die vor allem an den Übergängen im gegliederten Schulsystem deutlich werden, wird im folgenden Kapitel untersucht.

1.2 Theoretische Einordnung der institutionellen Wirkmechanismen am Übergang in die Sekundarstufe

Der kurze geschichtliche Abriss hat gezeigt: Vielfältige Wirkmechanismen führen dazu, dass die institutionelle und rechtliche Gestaltung der Übergänge in die Sekundarstufe einen regulierenden Einfluss auf die Bildungschancen der Kinder hat. Verschiedene Maßnahmen wiederholten sich, die geeignet waren, Kindern aus bildungsferneren und ärmeren Familien den Eintritt in das Gymnasium zu verwehren und so den Weg zu einer akademischen Karriere zu versperren. Argumentiert wurde mit mangelnder Begabung, nicht ausreichenden Noten und mit nicht vorhandener Lernunterstützung aus dem proletarischen Elternhaus sowie mit geringen Chancen, die Anforderungen des Gymnasiums erfüllen zu können. Der geschichtliche Abriss hat aber auch verdeutlicht: Bereits in der Weimarer Republik gab es eine starke Gegenbewegung, die gleiche Bildungschancen für alle forderte und konkrete Vorschläge vorlegte. Ein solcher Vorschlag war und ist die Forderung vom gegliederten Schulsystem abzugehen und wie in fast allen Ländern der Welt auch in Deutschland ein gestuftes System einzuführen. Das gelang in der DDR, nicht jedoch in der BRD. In den Ländern der BRD entstanden, auch durch den Druck von außen, Ansätze, um die Auslese und ihre Folgen abzumildern: die schulformunabhängige Förderstufe (Klasse 5 und 6), Möglichkeiten,

1.2 Theoretische Einordnung der institutionellen Wirkmechanismen

über den »zweiten Bildungsweg« das Abitur zu erreichen, sowie die Einrichtung von Gesamtschulen mit und ohne gymnasialer Oberstufe. Insbesondere mit dem in Deutschland spät einsetzenden Wandel des statischen Begabungsbegriffs hin zu der Annahme, dass Begabung entwicklungsfähig und anpassungsfähig sei, veränderte sich auch der Blick auf die Auslese am Übergang. Die historische Entwicklung der Schule und somit die Entwicklung der Gestaltung des Übergangs von der Grundschule in die Sekundarstufe verlief in Wellenbewegungen mit Fortschritten und Rückschritten. Es lässt sich jedoch über eine lange Zeit betrachtet eine Richtung erkennen: mehr Bildungschancen für alle.

Die Beschreibung des historischen Wandels hat zudem verdeutlicht, dass mit einer Veränderung der Schnittstelle zwischen Grundschule und Sekundarstufe allein noch kein kurzfristig durchschlagender Erfolg in die eine oder in die andere Richtung erzielt werden kann. Das zeigte sich sowohl bei Versuchen, die Übergänge ins Gymnasium zu verengen, um mehr Kindern den Zugang zu verwehren, als auch bei Versuchen, die möglichen Wege zum Abschluss zu diversifizieren. Als Folge der geringen Anwahl der Hauptschule werden Haupt- und Realschulen zusammengefasst, ohne von der Mehrgliedrigkeit des Schulsystems Abstand zu nehmen. Analysen der Wirkung dieser Veränderungen auf die Gerechtigkeit der Bildungschancen liegen noch nicht vor.

Der lange Weg der schulstrukturellen Veränderung in Deutschland hat jedoch, so viel steht fest, fast immer beschränkenden oder öffnenden Einfluss auf den Übergang für die Kinder von der Grundschule in die Sekundarstufe mit sich gebracht.

1.2.1 Pfadabhängigkeit der Entwicklung des Schulsystems und der Übergänge

Warum Veränderungen im Schulwesen und somit des Übergangs so lange dauern, wird auch damit begründet, dass institutionelle Entwicklungen pfadabhängig sind. Das heißt, die Institutionenhistorie gibt Normen im Sinne von Begrenzungen vor, innerhalb derer die Entwicklung sich zunächst bewegt. Erst wenn es gelingt, diese Grenzen zu überschreiten, und dadurch neue Wege möglich werden, besteht die Chance, dass sich das Schulsystem nachhaltig verändert (vgl. Blanck et al. 2013, S. 269ff.). Solche Überschreitungen waren z. B. der Report of the United States Education Mission to Germany (Zook Report 1946), die Empfehlungen der Bildungskommission mit dem Strukturplan für das Bildungswesen (Deutscher Bildungsrat 1970) und der Beitritt der Deutschen Demokratischen Republik zur Bundesrepublik Deutschland (1990).

Institutionelle Wandlungsprozesse – so auch im schulischen Bereich – werden heute nicht mehr als zielgerichtet steuerbar angesehen (vgl. Carle 2000). Vielmehr wirkten auch bei der Veränderung des Übergangs von der Grundschule in die Sekundarstufe verschiedene Einflüsse. Beschrieben wurden

- sich allmählich durchsetzende Ideen (z. B. dass Begabung entwicklungsfähig und anpassungsfähig sei),
- erweiterte Handlungsmöglichkeiten (z. B. durch Steigerung der Qualität des Unterrichts),
- der Entwicklung angepasste Normen und Unterstützungsangebote (meist im Rahmen von Schulversuchen und Einflussnahme auf die Lehrerbildung),
- übernationale Rechtsvorschriften oder Übereinkommen (z. B. UN-Behindertenrechtskonvention 2008; vgl. Blanck et al. 2013).

Durch diese Einflüsse wurden Veränderungen angestoßen und vorangetrieben. Dabei wirken in einer globalisierten Welt auch internationale Einflüsse indirekt auf die Bildungssysteme und führen langfristig zu einer Angleichung, zum Beispiel durch

- internationale Vergleichsstudien, die zu vergleichbaren Messungen gelangen sollten,
- länderübergreifenden Austausch und
- Medienberichte über Schulsysteme anderswo.

1.2 Theoretische Einordnung der institutionellen Wirkmechanismen

Würden nur diese internationalen Einflüsse wirken, so hätte Deutschland schon nach dem Zweiten Weltkrieg von der frühzeitigen Zuweisung der Kinder zu Haupt- und Realschule sowie Gymnasium Abstand genommen und eine Gesamtschule bis zur Klasse 8 eingeführt. Stattdessen werden bis heute die meisten Schüler*innen in Deutschland je nach Schulleistung nach Klasse 4 (in Berlin und Brandenburg auch nach Klasse 6) getrennten Schulen zugeordnet. Außerhalb Europas sind nach aktuellem Kenntnisstand keine weiteren Länder bekannt, die so verfahren, in Europa lediglich Österreich. Aber auch dort gibt es, ähnlich wie in Deutschland, immer mehr Initiativen für andere, nicht zuweisende Strukturen.

Aus *funktionalistischer Sicht* kann sich ein Schulsystem nicht unabhängig von anderen Bereichen der Gesellschaft entwickeln. So wirken z. B. in Veränderungsprozessen gleichermaßen Wirtschaftlichkeitsüberlegungen. Ein Grund für Veränderungsvorhaben war, dass sich die auslesenden Schulsysteme in internationalen Schulleistungsvergleichen nicht als vorteilhafter erwiesen haben. Wirtschaftliche und technologische Entwicklungen stellen höhere Ansprüche an die beruflichen Qualifikationen und erfordern folglich eine gute Schulbildung. Die bisherigen *Kosten-Nutzen-Einschätzungen* der maßgeblichen politischen Akteur*innen in Bezug auf die Selektion an der Schwelle zur Sekundarstufe werden dadurch infrage gestellt. Gegenbewegungen versuchen das System zu stabilisieren, indem sie es nicht grundsätzlich kritisieren, sondern vorschlagen, das Problem durch kleine Veränderungen anzugehen, die jedoch ebenfalls wieder Gegenbewegungen hervorrufen. So war man bestrebt, besondere Härten am Übergang aufzulösen, indem die Eltern entscheiden, welche Schule ihr Kind nach der Grundschule besuchen soll. Das Schulsystem wurde nicht verändert. Die Entscheidung über die Bildungskarriere des Kindes verlagert sich lediglich stärker in die Familie[16]. Nun sind es vor allem die Gymna-

---

16 Welche Probleme dadurch aufgeworfen werden, wird in den folgenden Kapiteln noch aus Kinder- und Elternperspektive sowie aus der Perspektive verschiedener Theorien beleuchtet.

sien, die sich gegen die Entscheidung durch Elternwillen stark machen. Haben sich doch die »höheren« Schulen im Sekundarbereich über Jahrzehnte darauf eingestellt, dass sie ein Recht auf Zuweisung ausgelesener Kinder haben. Entsprechend ist der Unterricht und das System der Leistungsbewertung aufgebaut, welches auch den Eltern bekannt ist. Der Bildungsforscher Klaus Klemm beschreibt das mit der Metapher: »Wer aufsteigt, schafft das Tal nicht ab« (Klemm 2018). Auch wenn eine positive Kosten-Nutzen-Einschätzung für die Wahl des Gymnasiums ins Wanken gerät, bleibt die gesellschaftlich stabilisierende Funktion des Übergangs im gegliederten Schulsystem bestehen. Solche Wirkungen bezeichnet man auch als funktionalistische Reproduktionsmechanismen (vgl. Blanck et al. 2013, S. 272).

Demgegenüber würde man in einer *machttheoretischen Analyse* danach fragen, welche langfristig aufgebauten institutionellen Arrangements im Interesse mächtiger Akteursgruppen liegen und wie diese ihren Einfluss zum Erhalt des Status Quo, also des gegliederten Schulsystems, geltend machen. Deutlich wurde das im Wandel des Schulsystems immer dann, wenn die Schule für alle Kinder auf sechs, acht oder zehn Jahre ausgedehnt werden sollte. Es musste gegen starken Widerstand aus jener Elternschaft, die vornehmlich das Gymnasium als gegebenen Schulort ihrer Kinder ansieht, gehandelt werden, was zu verschiedenen Kompromissen führte. Nirgendwo gelang es das Gymnasium abzuschaffen oder für alle Kinder zu öffnen. Aus machttheoretischer Perspektive besteht hier nur dann Aussicht auf Veränderung, wenn sich die schulbezogenen Machtverhältnisse ändern, z. B. wenn die Lobby des Gymnasiums an Einfluss verliert, etwa weil immer mehr Eltern als Alternative für ihr Kind eine Gesamtschule wählen und angesichts positiver Erfahrungen für diese Entscheidung in ihrem Umfeld werben. Eine ähnliche Wirkung haben Langformschulen, die von Klasse 1 bis Klasse 10 oder Klasse 13 reichen, wenn sie nachweisen können, dass viele Kinder auch erwartungswidrig höhere Schulabschlüsse erreichen (vgl. Stähling & Wenders 2021). Der Zusammenhang zur Kosten-Nutzen-Einschätzung wird hier deutlich.

1.2 Theoretische Einordnung der institutionellen Wirkmechanismen

Die Macht derjenigen Eltern, die glauben, ihr Kind profitiere von Übergangsentscheidungen, wirkt jedoch nicht unmittelbar und nicht unabhängig von weiteren Einflussfaktoren. Wie die historische Analyse zeigte, hatte es auch einen Einfluss, welche Partei die Kultusministerin oder den Kultusminister und die politischen Spitzenbeamt*innen im Kultusministerium stellte. Helbig und Nikolai (2015) haben den Wandel der Schulsysteme in den deutschen Bundesländern seit 1949 anhand von Indikatoren statistisch ausgewertet. Sie kommen zu dem Ergebnis, dass »eine starke Parteibindung schulrechtlicher Reformen im Hinblick auf die Etablierung von Gesamtschulen und der Etablierung längeren gemeinsamen Lernens« deutlich ist, bei anderen Aspekten jedoch weniger auffällt (Helbig & Nikolai 2015, S. 307). Demnach gelingt es in längerfristig SPD-regierten Bundesländern eher Gesamtschulen und Formen des längeren gemeinsamen Lernens zu etablieren als in längerfristig CDU-regierten Bundesländern.

Legitimationstheoretisch wird danach gefragt, wodurch sich das Denken und Handeln von Personen legitimiert. So wird z. B. untersucht, durch welche Denk- und Handlungsweisen sich die Akzeptanz der Übergangsregelungen speist. Angenommen wird, dass die Stabilität der Institution Übergänge von ihrer sozialen Bindungskraft abhängt (▶ Tab. 1). So werde das Denken und Handeln von Akteur*innen »durch soziale Erwartungen, Verhaltensregeln und Handlungslogiken geprägt« (Blanck et al. 2013, S. 272). Diese seien in Institutionen angelegt. Sie verdichten sich allmählich zu umfangreichen Realitätsdeutungen. Diese werden immer selbstverständlicher und schließlich nicht mehr hinterfragt. Das Tradierte ist vertraut, die jeweilige *Regelung der Übergänge* wird als angemessen betrachtet.

Für eine Reform der Übergänge von der Grundschule in die Sekundarstufe lassen sich diese vier verschiedenen Sichtweisen hinsichtlich ihrer Wirkungen wie folgt zusammenfassend beschreiben:

Über die in der Typologie genannten Erklärungsansätze für den Wandel des Schulsystems und der Übergänge hinaus gibt es weite-

Tab. 1: Mechanismen der Reproduktion des gegliederten Schulsystems und seiner Übergänge (In Anlehnung an die Typologie nach Mahoney 2000; vgl. Blanck et al. 2013, S. 273)

	Kosten-Nutzen der Übergangsregelung	Funktion der Übergänge im System	Machtausübung einflussreicher Akteure	Akzeptanz der Regelung der Übergänge
Reproduktionsmechanismen	Auslese am Übergang schützt vor Überbelegung der Gymnasien. Das verhindert gleichzeitig, dass zusätzlicher Förderunterricht erforderlich wird, erspart der »höheren« Schicht die Auseinandersetzung mit anderen Schichten, etc.	Auslese am Übergang stabilisiert das gegliederte Schulsystem. Dieses hat mit der Allokationsfunktion eine wichtige gesellschaftliche Aufgabe.	Presse- und Lobbyarbeit: Politische Argumentation, dass Ende Klasse 4 bereits deutlich sei, wer welcher Schulart zugewiesen gehöre. Bei Einführung einer längeren Grundschulzeit wird mit der Wahl von Privatschulen gedroht.	Tradierung eines statischen Begabungsbegriffs und der Überzeugung, dass durch zielgenaue Zuweisung der Kinder zu passenden Schularten alle Kinder am besten gefördert würden.
Erschütterungen	Kosten des gegliederten Systems erweisen sich als zu hoch im Verhältnis zum Nutzen.	Neue Anforderungen des Gesamtsystems führen dazu, dass die Allokationsfunktion an Bedeutung verliert.	Es gewinnen andere Akteure an Macht und nehmen Einfluss auf das Schulsystem oder die Einzelschule, um sich für Langformschulen einzusetzen.	Die schulleistungsbezogene Zuweisung der Kinder zu Schularten erweist sich mit anderen Entwicklungen, z. B. mit Inklusion, als nicht vereinbar.
Triebkräfte	Es entsteht erhöhter Wettbewerbsdruck, z. B. international ist ein Anstieg pädagogisch-didaktischer Kompetenzen im System erkennbar.	Das Gesamtsystem ändert sich in Richtung einer solidarischen Gesellschaft.	Schule ohne Auslese wird zum Mainstream.	Es zeigen sich Veränderungen der Wertvorstellungen und Überzeugungen der beteiligten Akteure.

re. Zwei dieser sollen im Folgenden kurz angerissen werden, der *konflikttheoretische* sowie der *sozioökonomische* Erklärungsansatz.

1.2.2 Konflikttheoretische Erklärungen

Mit der Pfadabhängigkeit lassen sich Entwicklungen im Schulsystem nur teilweise erklären. Offen bleibt z. B., warum bestimmte Veränderungen zu schulkriegsähnlichen Zuständen führen, andernorts aber ohne große Widerstände eingeführt werden können. Mit Blick auf die Übergänge von der Grundschule in die Sekundarstufe zeigen sich Konflikte, die sich seit der Weimarer Republik bis heute durchziehen. Auf der einen Seite gibt es die Annahme, »dass die herrschenden Klassen ihre Macht in der Moderne über das Bildungssystem vererben, die sie in der Vormoderne über die Standesordnung sicherten« (Helbig & Nikolai 2015, S. 293). Auf der anderen Seite soll soziale Ungleichheit verringert werden. Der Konflikt zeigt sich, z. B. noch 1952 ganz offen, wenn der sozialdemokratische hessische Kultusminister schreibt, dass Einigkeit darüber bestehe, dass ein akademisches Proletariat verhindert werden müsse, die Aufnahmeprüfungen ins Gymnasium jedoch gerecht zu erfolgen hätten[17]. Konflikttheoretisch ist davon auszugehen, dass Versuche, das Schulsystem zugunsten von mehr sozialer Gleichheit zu verändern, Widerstände der höheren Schichten nach sich ziehen, z. B. beim gescheiterten Versuch 2010 in Hamburg, die Grundschulzeit zu verlängern. Zeigen sich keine Reaktanzen, dann wird davon ausgegangen, dass den höheren Schichten »eine gesetzlich

---

17 Metzger (1952, S. 30ff.) in einem offenen Brief an die Gesellschaft für Bürgerrechte: »Darüber daß die Entstehung eines ›akademischen Proletariats‹ in Deutschland verhindert werden muß, besteht allenthalben Einigkeit. [...] Die Einsichtigen wußten allerdings auch, daß man den Zustrom zu den Universitäten und Hochschulen nicht dadurch regulieren kann, daß man unter den Abiturienten eine Auslese trifft. Die Maßnahmen müssen bereits zu einem sehr viel früheren Zeitpunkt einsetzen. [...] Die Prüfenden haben aber die Pflicht, sich nach besten Kräften zu bemühen, nach einem wenn auch strengen, so doch vor allem gerechten Maßstab zu urteilen (wobei die Voraussetzung der verschiedenen Art – soziale Lage, Milieu, Wohnverhältnisse usw. – die bei den Schülern gegeben sind, selbstverständlich berücksichtigt werden müssen).«

verankerte Hintertür für ihre Statusreproduktion gewährt« wurde (Helbig & Nikolai 2015, S. 294). Beispiele sind die Einführung der sechsjährigen Grundschule und gleichzeitig die Möglichkeit nach der 4. Klasse auf ein grundständiges Gymnasium zu wechseln bzw. die großzügige Genehmigung von Privatschulen. Damit einmal erreichte Kompromisse nicht durch die nächste Regierung rückgängig gemacht werden können, wurde z. B. in Bremen und in Baden-Württemberg nach einer schulstrukturellen Veränderung ein langjähriger Schulfrieden geschlossen.

1.2.3 Sozioökonomische Erklärungsansätze

Sozioökonomische Erklärungsansätze zur sozialen Ungleichheit[18] fragen nach den sozialen und ökonomischen Hintergründen für Bildungsentscheidungen. Sie gehen also davon aus, dass die Herkunft der Schüler*innen Einfluss auf deren Bildungskarriere nimmt.

Unterschieden werden primäre und sekundäre Herkunftseffekte. Primär beeinflussen Eltern durch die direkte und indirekte Förderung der Kinder deren Voraussetzungen für schulische Erfolge. Sekundär beeinflusst die Informiertheit der Eltern über schullaufbahnbezogene Möglichkeiten deren Entscheidungen für die Laufbahn des Kindes ebenso wie Überlegungen, welche Bildungsentscheidung sich langfristig für das Kind lohnt. Hier spielt die persönliche Erfahrung der Eltern eine wichtige Rolle, aber auch die Erfahrung des sozialen Netzwerks, in dem sich die Familie bewegt. Becker und Lauterbach schätzen ein, dass der sekundäre Herkunftseffekt sich bedeutsamer erweist als der primäre: »Somit beruhen zentrale soziale Mechanismen der Bildungsungleichheit

---

18 »›Soziale Ungleichheit‹ liegt dann vor, wenn Menschen aufgrund ihrer Stellung in sozialen Beziehungsgefügen von den ›wertvollen Gütern‹ einer Gesellschaft regelmäßig mehr als andere erhalten.« (Hradil 2001, S. 30)

auf schichtspezifischen Bildungsentscheidungen . . .« (Becker & Lauterbach 2016, S. 15). Für die Eltern stellen auch die Zeugnisnoten und die Grundschulempfehlung eine bedeutsame Informationsquelle dar. So ist die Übergangsentscheidung der Eltern von vielfältigen Faktoren und Erwägungen abhängig.

Becker und Lauterbach (2016, S. 16f.) verwenden die Paneldaten des Konstanzer Forschungsprojekts »Bildungsverläufe in Arbeiterfamilien« (Fauser et al. 1987) für ihre empirischen Analysen. Sie belegen, dass Eltern aus der Oberschicht generell das Gymnasium für ihre Kinder auswählen. Eltern aus den Mittelschichten entscheiden sich unter Berücksichtigung des erwarteten Bildungserfolgs des Kindes eher für das Gymnasium oder eine Realschule. Eltern aus der Unter- oder Arbeiterschicht wählen ebenfalls die Realschule, die Hauptschule wird jedoch nicht generell ausgeschlossen. Deutlich wird, dass es bei diesen Entscheidungen für eine bestimmte Schullaufbahn des Kindes auch darum geht, ob ein sozioökonomischer Status gewahrt werden, also ein sozialer Abstieg verhindert werden muss. Allerdings stehen Familien der Oberschicht andere Möglichkeiten zur Verfügung, das eigene Kind beim avisierten Besuch des Gymnasiums zu unterstützen, sei es persönlich oder durch Nachhilfeunterricht, als Familien aus der Mittel- oder der Unterschicht. Solche Abwägungen spielen für die Bildungsgangentscheidung der Eltern eine wichtige Rolle. Kritisch ist anzumerken: Wenn diese Untersuchungen vornehmlich die Perspektive der Eltern beleuchten, so vernachlässigen sie die frühe sozialisatorische Wirkung der Schulklasse auf die Kinder als Hauptakteure des Übergangs (▶ Kap. 4.3).

1.2.4 Fazit der wissenschaftlichen Interpretationen zum hundertjährigen Reformprozess des institutionellen Übergangs nach der Grundschule

Seit mehr als 100 Jahren gibt es Bestrebungen, den institutionellen Übergang von der Grundschule in die Sekundarstufe sozial gerech-

1 Übergang in die Reformbaustelle Sekundarstufe I

ter zu gestalten. Was könnte dazu geführt haben, dass sich die Entwicklung zu mehr Chancengleichheit und Bildungsgerechtigkeit nun schon so lange hinzieht? Anhand verschiedener Erklärungsmodelle wurde versucht, die Institutionenhistorie zu hinterfragen. So wurde die Pfadabhängigkeit des Wandlungsprozesses beleuchtet und insbesondere unter machttheoretischer Perspektive analysiert. Es konnten die widerstrebenden Kräfte der Beharrung und der Reform gegenübergestellt betrachtet werden. Konflikttheoretisch wurde auf die Härte der Auseinandersetzungen der verschiedenen Positionen Bezug genommen und mit sozioökonomischen Erklärungsansätzen gezeigt, warum insbesondere privilegierte Schichten ihre Position verteidigen, wenn diese auf Abgrenzung zu nichtprivilegierten Schichten beruht. Es zeigte sich, dass sich im Laufe der Geschichte durchaus eine positiv gerichtete Bilanz ausmachen lässt, auch wenn die Entwicklung vor und zurück verläuft und dadurch sehr langsam wirkt. Um die Rückschritte zu begrenzen, erscheint es erfolgversprechend, das jeweils politisch Erreichte durch parteiüberschreitende Vereinbarungen zu befrieden.

Fundierte und nachvollziehbare Analysen gesellschaftlich so stark verfestigter Strukturen und dahinter liegender Denkweisen und Wertvorstellungen sind den am Übergang involvierten Akteur*innen nur schwer zugänglich, soweit der Erfahrungshintergrund fehlt. Sie gelingen jedoch vor dem Hintergrund theoretischer Grundlagen und mit der Analyse eröffnen sich politische Einflussmöglichkeiten. So zeigte sich, dass durch die Zunahme von Gesamtschulen bzw. Gemeinschaftsschulen – und damit die Zunahme von Erfahrungsmöglichkeiten in Bezug auf längeres gemeinsames Lernen – auch in der Bevölkerung ein Wertewandel eintritt. Pfadabhängigkeit bedeutet demnach, dass der Pfad nicht statisch zu sehen ist, sondern dass er die Entwicklung in der Gesellschaft abbildet. So deutet es sich bereits an, dass die Fokussierung auf die Wahl des Gymnasiums allmählich auch in bildungsnahen Schichten abnimmt, wenn auch in Gesamtschulen bzw. Gemeinschaftsschulen das Abitur möglich ist (▶ Kap. 3).

1.3 Die Sicht der Kinder auf das Schulsystem (Jana Herding)

Die wichtigsten Akteur*innen des Übergangs sind die Kinder selbst. Um einen Einblick in die Perspektiven von Kindern auf das Schulsystem zu geben, werden in diesem Kapitel Ausschnitte aus Interviews mit Kindern vorgestellt. Es handelt sich um ausgewählte Ergebnisse der eingangs vorgestellten längsschnittlichen Befragung von Viert- und Fünftklässler*innen aus der Teilstudie KINDER des SUrPriSe-Projektes[19] (▶ Problemaufriss und Einführung in den Band). Dabei zeigt sich, dass tradierte Strukturen auch die Sicht der Kinder prägen und zu pragmatischen Überlegungen und Entscheidungen beitragen. Um die Perspektiven der befragten Kinder im gesamten Band besser einordnen zu können, folgt zunächst eine kurze Einführung in die theoretische Basis und die Methodik der Untersuchung.

1.3.1 Einblick in die theoretische Basis und Methodik der längsschnittlichen Befragung von Viert- und Fünftklässler*innen zum Übergang

Aus kindheits- und anerkennungstheoretischer Sicht[20] bedarf es im Bereich des Grundschulübergangs weiterer wissenschaftlicher Untersuchungen aus der reflektierten Sicht von Kindern selbst (vgl. Storck 2015; Seifert & Wiedenhorn 2018). Forschungsmethodologischen Begründungslinien zufolge führt die Vernachlässigung der Kinderperspektive zu blinden Flecken (vgl. Heinzel 2012; Büker, Hüpping & Fernhomberg 2021). Die KINDER-Studie greift die-

---

19 Die in diesen Band einfließende längsschnittliche KINDER-Studie des SUrPriSe-Projektes wurde von Jana Herding durchgeführt.
20 Ausführlicher in Band 1 (Büker 2015a) der Reihe KinderStärken; Bühler-Niederberger 2019; Büker et al. 2018.

ses Forschungsanliegen auf. Kinder werden als Experten in ihrem subjektiv erlebten Übergangsprozess begleitet: von der Orientierungsphase vor dem Schulwechsel bis hinein in die Anpassungsphase nach dem erlebten Wechsel. Dafür wurden im Rahmen einer längsschnittlichen Untersuchung in zwei Erhebungsphasen sowohl die Zeit vor dem Übergang (Zeitraum von Dezember 2018 bis März 2019) als auch retroperspektiv nach dem Übergang im Sommer 2019 (hier im Zeitraum November 2019 bis Dezember 2019) gemeinsam mit den Kindern differenziert in den Blick genommen.

In diesen Band fließen die Sichtweisen von insgesamt 36 Viert- (18 Mädchen und 18 Jungen) und dann 20 Fünftklässler*innen (11 Mädchen und 9 Jungen) auf ihren Übergangsprozess ein. Dabei wird ihre je aktuelle Auseinandersetzung sowie Bewältigung von schulischen und außerschulischen Anforderungen u.a. vor dem Hintergrund des transitionstheoretischen Ansatzes (vgl. Griebel & Niesel 2018)[21] auf der individuellen, interaktionalen und kontextuellen Ebene des Übergangs nachvollzogen.

In der ersten Erhebungsphase kommen die 36 Viertklässler*innen aus insgesamt fünf vierten Klassen aus vier unterschiedlichen Grundschulen vier verschiedener Kreise des Bundeslandes Nordrhein-Westfalen[22]. Alle vier Grundschulen bieten die Klassen 1 bis 4 im offenen Ganztag an und sind Schulen des gemeinsamen Lernens[23]. Die Auswahl der befragten Kinder erfolgte willkürlich, in enger Abstimmung und im Einverständnis mit den bereitwilligen

---

21 Ausführlicher in Band 3 (Niesel & Griebel 2015) und 5 (Eckerth & Hanke 2015) der Reihe KinderStärken.
22 Es handelte sich um zwei Gemeinschaftsgrundschulen, eine katholische Grundschule und ein Grundschulverbund. Zur Erläuterung: In NRW wird zwischen Bekenntnisgrundschulen und Gemeinschaftsgrundschulen unterschieden. Zum Erhalt von Standorten kleiner Grundschulen können sich mehrere Grundschulen in NRW zu einem Grundschulverbund zusammenschließen.
23 An »Schulen des gemeinsamen Lernens« werden in NRW Kinder mit und ohne sonderpädagogischen Unterstützungsbedarf gemeinsam unterrichtet.

1.3 Die Sicht der Kinder auf das Schulsystem (Jana Herding)

Kindern sowie deren Eltern. Es gelang immerhin 20 der ursprünglich 36 Kinder bis in die fünfte Klasse hinein zu begleiten. In der zweiten Erhebungsphase besuchen von diesen 20 Fünftklässler*innen 17 Kinder ein Gymnasium, 2 Kinder eine Realschule und ein Kind eine Hauptschule. Kinder, die ein Gymnasium besuchen sind also deutlich überrepräsentiert[24].

Um Prozesse der sozialen Wirklichkeit aus Sicht der Untersuchten erforschen zu können (vgl. Abel, Klees-Möller & Treumann 1998, S. 162), werden bei der Datenerhebung subjektive Sichtweisen der beteiligten Viert- und Fünftklässler*innen fokussiert. Die drei verwendeten Erhebungsmethoden werden im Folgenden kurz skizziert.

Um zunächst einen Einblick in ganz unvoreingenommene Gedanken von 10-Jährigen in ihrer jeweiligen Situation zu bekommen und sie zur Selbst-Reflexion anzuregen, wurden im Rahmen der längsschnittlichen Untersuchung, unter besonderer Berücksichtigung der internationalen ethischen Standards der Kinderforschung (vgl. Bertram et al. 2015, S. 18) sogenannte »*Gedankenhöhlen-Monologe*« (Kruse 2014, S. 18) als vergleichende Methode des »Lauten Denkens« (Bortz & Döring 2006371) durchgeführt. Methodisch handelt es sich bei den Gedankenhöhlen-Monologen um ein in der Literaturdidaktik entwickeltes Unterrichts- und Erhebungsverfahren (vgl. Kruse 2014, S.18), bei dem die Kinder im Anschluss an Rezeptionsphasen von Literatur in ein Diktiergerät sprechen und dabei ihre Rezeptionseindrücke und weiterführenden Gedanken monologisch fixieren. Dafür sind sie allein in einem abgeschiedenen, gemütlichen Raum (= »Höhle«). Die Kernidee der Methode wurde hier auf die subjektive Auseinandersetzung mit dem Übergang übertragen, sowohl perspektivisch vor dem Schulwechsel (»*Wenn*

---

[24] Im Landesdurchschnitt erhielt knapp die Hälfte der Grundschüler*innen eine Gymnasialempfehlung (https://www.schulministerium.nrw/system/files/media/document/file/quantita_2020.pdf, S. 42). Die Entwicklung der Ursprungsstichprobe der KINDER-Studie war bei Beginn in Klasse 4 nicht absehbar und ist nicht beabsichtigt.

ich an meinen Wechsel auf die weiterführende Schule im nächsten Sommer denke, dann . . .«) als auch retroperspektiv nach dem Schulwechsel (*»Wenn ich heute an den Wechsel von meiner Grundschule auf meine neue Schule zurückdenke, dann . . .«).* Zusätzlich wurden in der KINDER-Studie weiterführende dialogische Leitfadeninterviews (Hopf 2009, S. 349) mit den 36 Viertklässler*innen prospektiv vor dem Übergang als auch mit den 20 Fünftklässler*innen derselben Stichprobe retroperspektiv drei Monate nach dem erlebten Schulwechsel durchgeführt. Eingebettet in die prospektiv geführten Interviews erstellten die Kinder sogenannten »Wunsch-Sonnen« und »Sorgen-Wolken« mit Blick auf die weiterführende Schule, die dann als inhaltlicher Anknüpfungspunkt in den retroperspektiven Interviews erneut zum Einstieg betrachtet und bewertet wurden.

Die langfristige Begleitung dieser Kinder und der mehrfache persönliche Dialog ermöglichte es, differenzierter herauszufinden, wie jedes Kind im Einzelnen mit dem Schulwechsel umgeht und welche individuellen Ressourcen es zur positiven Übergangsbewältigung im eigenen Kontext nutzt. Es folgt nun ein Einblick in ausgewählte Ergebnisse aus der KINDER-Studie[25], die in einem ersten Auswertungsschritt entlang der strukturierenden qualitativen Inhaltsanalyse (vgl. Mayring 2010; vgl. Kuckartz & Rädiker 2022) in transitionstheoretischer Rahmung (vgl. Griebel & Niesel 2018) ausgewertet wurden. Weitergehende Auswertungen und detailliertere Analysen sind im Rahmen des Promotionsvorhabens von Jana Herding derzeit laufend.

---

25 Beim Umgang mit den Ergebnissen muss u. a. berücksichtigt werden, dass diese keine verallgemeinernden Schlussfolgerungen mit Blick auf alle potenziellen Viert- bzw. Fünftklässler*innen und deren Sichtweisen zulassen. Diese würden weiterführender, größer angelegter Folgestudien bedürfen.

1.3 Die Sicht der Kinder auf das Schulsystem (Jana Herding)

1.3.2 Sichtweisen von Kindern auf die Relevanz von Schulstrukturen

Um das oben genannte Forschungsinteresse noch genauer einzugrenzen, interessiert in diesem Kapitel, welche Sichtweisen Kinder vertreten, die eine »klassische Schulform« besuchen und für die ein Wechsel nach der vierten Klasse auf eine neue weiterführende Schule des gegliederten deutschen Schulsystems der vermeintlich selbstverständliche Bildungsweg ist. Es stellt sich daher konkreter die Frage, ob sich diese Kinder für eine weitreichende schulstrukturelle Reform hin zu einem länger gemeinsamen Lernen in allen Schulen aussprechen würden, die nicht ihrem eigentlichen Erfahrungshorizont entspricht. Die insgesamt 36 Viert- und dann 20 Fünftklässler*innen wurden daher in beiden Erhebungsphasen der längsschnittlichen Untersuchung in den Interviews vor und nach dem Übergang u. a. dahingehend zur Reflexion angeregt, welche Relevanz sie (zunächst perspektivisch als auch dann rückblickend) ihrem Übergang nach der Grundschule auf eine neue weiterführende Schule zuschreiben. Darüber hinaus wurden sie in beiden Erhebungsphasen gebeten, am Beispiel des schwedischen Schulsystems, in dem die Kinder 10 Schuljahre lang die gleiche Schule besuchen[26], zu reflektieren, welche Vor- und Nachteile ein solches Schulsystem aus ihrer Sicht hätte. In der rückblickenden Befragung nach dem erlebten Übergang sollten sich die Kinder in einer informellen Abstimmung abschließend begründet zu der Frage positionieren, ob man von heute an auch in jeder Schule Deutschlands von Klasse 1 bis 10 gemeinsam lernen sollte.

In diesem Kapitel wird entlang der transitionstheoretischen Rahmung besonders auf den ökosystemischen Ansatz Urie Bronfenbrenners (1981) rekurriert (ausführlich in ▶ Kap. 2.2 in diesem Band). Dementsprechend erhielten die befragten Kinder zunächst einen Reflexionsanlass, um diejenigen Systemebenen mit Blick auf

---

26 In Schweden besuchen die Kinder nach der einjährigen Vorschulklasse eine neunjährige Grundschule.

1 Übergang in die Reformbaustelle Sekundarstufe I

die Makroebene zu hinterfragen, in denen sie selbst sich alltäglich bewegen. Dazu sollten sie die Relevanz der ihnen gesellschaftlich gesetzten Strukturen und Normen hinsichtlich des Übergangs von der Grundschule in eine weiterführende Schule erörtern.

Daran anknüpfend wurden die Kinder dann dazu aufgefordert, ihre eigenen Systemebenen mit einem für sie fremden Exosystem[27] in Relation zu setzen. Genauer sollten sie sich mit dem nicht gegliederten schwedischen Schulsystem im länger gemeinsamen Lernen von Klasse 1 bis 10 auseinanderzusetzen, um dann in einem zweiten Schritt die möglichen Funktionen des schwedischen Schulsystems zum eigenen Schulsystem im Pro-/Contra-Vergleich in Bezug zu setzen.

Die folgenden Auszüge aus ersten Ergebnissen der KINDER-Studie fokussieren insbesondere die gemachten rückblickenden Aussagen der Kinder, die sowohl in der ersten, aber auch in der zweiten Erhebungsphase in ihren Reflexionen über die Schulstrukturen angesprochen und damit wiederkehrend thematisiert wurden. Gleichzeitig wird bei der zweiten rückblickenden Erhebungsphase deutlich, dass die Kinder die erlebte Grundschulzeit nun in einen bewusst konkreten Vergleich mit der neuen weiterführenden Schule setzen können. Somit haben die folgend abgebildeten Aussagen der Kinder im Prinzip eine höhere Bedeutungskraft, zum einen durch die im längsschnittlichen Vergleich doppelte bzw. erneute Thematisierung, aber auch durch den nicht mehr nur hypothetisch gedachten, sondern bereits erlebten Vergleichsmaßstab beider Schulformen.[28]

---

27 Bronfenbrenner unterscheidet in seinem Werk von 1981 zwischen Mikro-, Meso-, Exo- und Makrosystem. Später ergänzt er das Chronosystem (Bronfenbrenner 1986). Ein Exosystem stellt einen Lebensbereich dar, den das Kind nicht direkt gestalten kann (▶ Abb. 5).

28 Eine ausschließliche Betrachtung der perspektivischen Reflexionen der Viertklässler*innen zur Relevanz des Grundschulübergangs ist im Jahrbuch Grundschulforschung Band 25 (Ogrodowski 2021, S. 133-138) zu finden.

1.3 Die Sicht der Kinder auf das Schulsystem (Jana Herding)

Relevanz des Grundschulübergangs aus Sicht der Fünftklässler*innen

Mit Blick auf die Relevanz des Grundschulübergangs aus Kindersicht lassen sich zwei Hauptargumente in den Begründungsstrukturen der Kinder herausarbeiten:

- zum einen die bewusste Bedeutung des Grundschulübergangs für den weiteren Lern- und Bildungsweg (vgl. im Folgenden Ron, Ruven und Merle) sowie
- zum anderen die Bedeutung des Grundschulübergangs für die personale Weiterentwicklung (vgl. im Folgenden Pia, Merle und Leonie).

»Kannst du dir vorstellen, warum du jetzt nach der Grundschule auf eine neue Schule wechseln musstest?« - ausgewählte Sichtweisen der Fünftklässler*innen

».. . Weil man auf den Grundschulen nicht Abitur machen kann. Und man dann hier hier halt kein Studium machen kann, . . . und dann halt keinen Job kriegt.« *Ron aus H., Fünftklässler eines Gymnasiums*

».. . Halt, man fängt nen neuen Lebensraum an. Halt Grundschule ist so die Kindersache und so ganz normal. . . . Und dann, wenn man auf die andere Schule kommt, dann fühlt man sich irgendwie älter und da sind die Sachen extra dafür da – zum Beispiel für Informatik gibt es extra Informatiklehrer. Und dann wird mehr fortgeschritten.« *Ruven aus H., Fünftklässler eines Gymnasiums*

».. . Ja irgendwie schon, weil es ist halt schon so, dass man halt jetzt so wie so ne Phase überstanden hat. So sich von was Altem zu trennen und mit Neuem anzufreunden. Und das ist halt schon so wie so ein großer Schritt.« *Pia aus B., Fünftklässlerin eines Gymnasiums*

».. . Um mehr zu lernen, und weil irgendwann muss man ja auch arbeiten gehen. Und um selbstständiger zu werden. Und um zu lernen, dass man manches auch alleine machen muss. Und auch in der Schule gibt es ja oftmals Situationen, wenn man so total frustriert ist, und ich glaube das ist bei der Arbeit auf jeden Fall nicht anders ((lacht)). . .« *Merle aus S., Fünftklässlerin eines Gymnasiums*

1 Übergang in die Reformbaustelle Sekundarstufe I

».. . Ja das man einfach, da kann man sich halt, wenn es davor nicht so gut geklappt hat, dann kann man sich ein neues Ziel setzen auf der neuen Schule. Da mach ich jetzt, da strenge ich mich jetzt mehr an.« *Leonie aus H., Fünftklässlerin eines Gymnasiums*

Vor- und Nachteile eines möglichen Schulsystems im länger gemeinsamen Lernen aus Sicht der Fünftklässler*innen

Auch aus dem Pro-/Contra-Vergleich eines möglichen Schulsystems im länger gemeinsamen Lernen von Klasse 1 bis 10 gegenüber dem ihnen vertrauten Schulsystem (mit dem Übergang nach der vierten Klasse) lassen sich wesentliche Hauptargumente der Kinder herausarbeiten. Die genannten Nachteile überwiegen hier für eine solche Veränderung eindeutig. Somit stimmen in der rückblickenden Befragung 16 der 20 Kinder eindeutig gegen eine Veränderung unseres deutschen Schulsystems hin zu einem länger gemeinsamen Lernen an allen Schulen. Drei der 20 Kinder sprechen sich eindeutig für eine solche Veränderung aus, ein Kind bleibt zwiegespalten.

Als Hauptargument für ein verändertes Schulsystem, in dem von Klasse 1 bis 10 länger gemeinsam gelernt wird, wird von den Kindern betont, dass sowohl auf interaktionaler als auch kontextueller Ebene *Gewohntes länger beibehalten* werden kann, insbesondere im Hinblick auf Freund*innen, Lehrkräfte, den Klassenraum, den Schulhof und den Schulweg.

*Vorteile eines möglichen Schulsystems im länger gemeinsamen Lernen aus Sicht der Fünftklässler*innen*

»Weil man dann die meisten kennt und sich nicht neu wieder einfinden muss. Und man auch keine, also immer wieder neue Klassenräume kriegt und so. Und man den Unterrichtsstoff eigentlich auch schon ganz gut kennt. Und man halt, ja man sich halt keine neuen Freunde suchen muss.« *Hannah aus H., Fünftklässlerin eines Gymnasiums*

»Ja, weil dann hat man halt wieder den Schulhof, den schönen. Und die Lehrer bleiben auch gleich. Und man hat halt länger die alten Freunde.

1.3 Die Sicht der Kinder auf das Schulsystem (Jana Herding)

Und ja, ich fänds halt schöner, wenn man dann da ist, wo man davor war, weil man sich dann so schnell woanders dran gewöhnen muss.« *Lena aus B., Fünftklässlerin eines Gymnasiums*

»Also ich würde eigentlich dafür stimmen, weil ich dann noch den gleichen Schulweg habe. Dann wäre der Schulhof bestimmt auch viel größer. Und wir hätten die ganzen Freunde auch noch quasi sehr in der Nähe, weil die ja noch alle in einer Klasse sind. Also ich würde wirklich dafür stimmen.« *Maja aus H., Fünftklässlerin eines Gymnasiums*

Somit wird die mit einer solchen Veränderung verbundene *soziale* als auch *strukturelle Kontinuität* als wesentlicher Vorteil der Kinder gesehen, die vermeintlich fließendere und entspanntere Übergangsprozesse erwarten lässt.

Die dem gegenüberstehenden Hauptargumente gegen ein verändertes Schulsystem der 16 bzw. 17 weiteren befragten Kinder lassen sich insbesondere in folgenden Punkten zusammenfassen:

- fehlende Möglichkeit, Veränderungen auf der interaktionalen als auch kontextuellen Ebenen zu erfahren und grundsätzlich »Neues« kennenzulernen (vgl. im Folgenden Merle, Tino und Linus)
- fehlende Möglichkeit, schulische Übergangserfahrungen überhaupt sammeln zu können, die einen auf der individuellen Ebene stärken und somit in anderen Übergangssituationen genutzt werden können (vgl. im Folgenden Merle)
- schlechtere Möglichkeit, Lern- und Bildungsprozesse der Grundschule (= gelernte »Grundsachen«, vgl. im Folgenden Lisa) angemessen auf einer weiterführenden Schule fortsetzen zu können
- höheres Konfliktpotential unter den Schüler*innen durch zahlenmäßig und in Bezug auf die Altersspanne größere Schülerschaft in einer Schule mit Klasse 1–10 (vgl. im Folgenden Ron und Lia)

1 Übergang in die Reformbaustelle Sekundarstufe I

Nachteile eines möglichen Schulsystems im länger gemeinsamen Lernen aus Sicht der Fünftklässler*innen

»Ich finde, wenn man auf eine neue Schule geht, hat man auch nochmal so ne neue Erfahrung gesammelt, weil es nochmal was anderes ist. Und sagen wir mal, wenn man jetzt 10 Jahre zusammen auf eine Schule geht, nach der Schule müsste man ja trotzdem ein Studium machen, oder irgendwie was anderes machen. Und dann ist es ja auch was Neues. Ich glaube, wenn man das als Kind schon mal gehabt hat, dann ist das einfacher nachher.« *Merle aus S., Fünftklässlerin eines Gymnasiums*

»Joa, also ich find's auch besser ne Grundschule zu haben, weil ich glaub, ja da lernt man halt nur die Sachen, die Grundsachen sag ich mal so.« *Lisa aus S., Fünftklässlerin eines Gymnasiums*

»Dann würde ich dagegen stimmen, weil du willst ja auch neue Kinder kennenlernen. Also so wie ich, eine neue Schule will ich kennenlernen. Und deswegen neue Kinder, damit du auch mit den anderen Freunden spielst, neuen Unterricht und alles.« *Tino aus H., Fünftklässler eines Gymnasiums*

»Weil man, wenn man die ganze Zeit in der gleichen Schule ist, ändert sich nichts. Und wenn du jetzt die Schule wechselst, dann hast du halt Vorteil, dass, zum Beispiel wie bei mir, da hat sich der Schulweg gekürzt. Also bei vielen, also bei fast allen aus meiner Klasse hat sich der Schulweg gekürzt.« *Linus aus B., Fünftklässler eines Gymnasiums*

»Nachteile? Hat das, dass die Schule dann sehr groß sein muss und dann auch viel viel mehr Krawallmacher auf der Schule sind, als wenn man das hier, als wenn man hier Krawallmacher auf der Schule hat.« *Ron aus H., Fünftklässler eines Gymnasiums*

»Weil wenn man eine 1 bis 10, eine ganze Schule hätte, dann wären die Erstklässler so klein und die Zehntklässler so groß. Und das find ich nicht so gut.« *Lia aus L., Fünftklässlerin einer Hauptschule*

Die von diesen Kindern geäußerten Nachteile einer solchen Veränderung können somit gleichzeitig als Vorteile unseres derzeitigen Schulsystems hervorgehoben werden. Es wird aus Sicht der

1.3 Die Sicht der Kinder auf das Schulsystem (Jana Herding)

übergangserfahrenen Fünftklässler*innen deutlich, dass sie das ihnen bekannte *diskontinuierliche* deutsche Schulsystem eindeutig als Chance und dankbare Abwechslung wahrnehmen, zum einen um sich auf der individuellen Ebene persönlich weiterzuentwickeln, aber zum anderen auch um sich auf der interaktionalen als auch kontextuellen Ebene den sozialen als auch bildungsbezogenen Herausforderungen zu stellen und sich stärkenorientiert in einer neuen Umgebung zurechtzufinden und einzuleben.

Gleichzeitig werden aber aus den Reflexionen der Viert- als auch Fünftklässler*innen bestimmte *Normalvorstellungen* hinsichtlich eines klassischen Lern- und Bildungswegs in Deutschland deutlich, die hier für die befragten Kinder scheinbar einen Orientierungsmaßstab bei dieser Einschätzung geben:

Normalvorstellungen als vermeintlicher Orientierungsmaßstab

»Ja, wenn man so aufwächst, sag ich mal, dann ist das normal.« *Lisa aus S., Viertklässlerin*

»Weil man einfach mal in eine neue Schule mal muss. Auf einer neuen Schule. Wegen, auf der Grundschule will man nicht immer bleiben.« *Lia aus L., Fünftklässlerin einer Hauptschule*

»Also ich glaube so viele Vorteile hätte das gar nicht. Ich glaube, die Schweden kennen das ja nur so. Und wir Deutschen kennen das ja auch nur, nach der vierten eine neue Schule. Und die kennen dann auch nur, von der ersten bis zur zehnten war das glaub ich, die gleiche Schule.« *Lisa aus S., Fünftklässlerin eines Gymnasiums*

Diskussion zu den Kinderperspektiven auf zwei Schulsysteme

Die Tatsache, dass in dieser KINDER-Studie ausschließlich Kinder befragt wurden, die den für Deutschland üblichen klassischen Schulweg gehen und nach der vierten Klasse auf eine neue weiterführende Schule gewechselt sind, setzt somit dem ökosystemischen Ansatz nach Bronfenbrenner (1981) zufolge eine vergleichsweise ähnliche lokale Schulsituation aller Kinder auf der

Exosystem-Ebene voraus. Demnach ist dieser Bildungsweg für diese Kinder eben der »normale« und ein verändertes Schulsystem wäre mit ihren bekannten »Normen« nicht vereinbar. So lässt sich eine einsozialisierte Annahme von sogenannten »Normallebensläufen« (Kohli 1985) vermuten. Es bleibt aber die Frage offen, inwieweit die Begründungsstrukturen der befragten Kinder auch anders ausfallen bzw. sich verschieben würden, wenn beispielsweise Kinder befragt werden, die bereits eine Schule im länger gemeinsamem Lernen besuchen und somit andere »Normalvorstellungen« für den eigenen Bildungsweg gegeben wären.

Nichtsdestotrotz zeigen auch die hier (nur) 20 befragten Kinder den eindeutigen oben beschriebenen Meinungskonsens auf Makrosystem-Ebene, obwohl sie aus insgesamt vier verschiedenen Befragungsorten aus Nordrhein-Westfalen stammen, in unterschiedlichen Sozialisationskontexten aufwachsen und somit ihre eigenen Mikro-, Meso- und Exosysteme mitbringen.

Gleichzeitig können die in dieser qualitativen KINDER-Studie gewonnenen Ergebnisse selbstverständlich nicht generalisiert werden, denn insbesondere die starke Vertretung der weiterführenden Schulform des Gymnasiums muss als Einflusskomponente bedacht werden, sodass es umfassenderer Forschungen bedarf, die auch weitere Sozialisations- und verschiedene Schulkontexte auf allen Ebenen differenzierter in den Blick nehmen.

Abschließend kann aber festgehalten werden, dass die Kinderstimmen der qualitativen KINDER-Studie gezeigt haben, dass bereits Viert- und Fünftklässler*innen durchaus eine konkrete Vorstellung über die Relevanz unseres Schulsystems für ihren künftigen Werdegang haben und dezidiert dazu in der Lage sind, über Vor- und Nachteile schulstruktureller Veränderungen zu reflektieren und eine Dekonstruktion der Normalität von Übergängen anzustoßen (vgl. Walther & Stauber 2007; Ogrodowski 2021, S. 133f.). Im Bereich der Schule und Bildung sollte daher den Sichtweisen von Kindern systematischer nachgegangen und mehr Beachtung geschenkt werden.

1.4 Zusammenfassung Kapitel 1

Die verschiedenen theoretischen Zugänge haben es ermöglicht, die historischen Befunde zu analysieren und nach Erklärungen zu suchen. So konnte die Beschreibung der institutionellen Hintergründe für die heutige Übergangssituation ansatzweise aufgeschlossen und interpretiert werden. Erst hierdurch wurde die Vielschichtigkeit des Selektionsproblems am Übergang von der Grundschule in die Sekundarstufe deutlich. Was bisweilen wie ein unüberwindbares Bollwerk gegen gleiche Bildungschancen aussah, zeigt sich durch die mehrperspektivische Analyse sehr viel freundlicher. Sichtbar wird auch, dass erreichte Fortschritte auf vielfältige Weise zustande kommen. Das ist ein wichtiger Hinweis für die ressourcenorientierte Gestaltung eines Übergangs der Kinder, der immer noch viele, institutionell verankerte, soziale Ungerechtigkeiten birgt.

Es ist jedoch damit zu rechnen – das haben nicht zuletzt die Zitate aus der KINDER-Studie von Jana Herding gezeigt –, dass der persönliche Erfahrungshorizont eine hohe Bedeutung hat. Anzunehmen ist, dass die meisten Erwachsenen und Kinder sich im Wesentlichen für ein »weiter so« aussprechen würden, wenn man sie nach Veränderungswünschen hinsichtlich grundsätzlicher Strukturen des Schulsystems fragt. Deshalb ist es bedeutsam, dass sowohl die Kinder als auch die Eltern die Chancen, die ihnen der Übergang nach der Grundschule bietet, kennen und nutzen können. Die notwendigen Informationen dazu schließen zunächst die Kenntnis der nachfolgenden Schularten und der konkreten Schulen ein. So konnte empirisch fundiert gezeigt werden, dass mit der Zunahme von Gesamtschulen und Gemeinschaftsschulen deren Bekanntheitsgrad steigt und die Anwahl dieser Schulen zunimmt. Zum Wohle der Kinder kann jedoch nicht auf deren flächendeckende Verfügbarkeit gewartet werden. Ebenso wichtig ist es deshalb ebenso über die vielfältigen Wege durch das gegliederte Schulsystem zu informieren, um die vorhandene Durchlässigkeit besser nutzbar zu machen.

1 Übergang in die Reformbaustelle Sekundarstufe I

Der Kampf für die Chancengleichheit im Bildungswesen und für die Restrukturierung der bestehenden institutionellen Barrieren gehört nicht zum Handlungsraum der konkreten Übergangssituation des Kindes. Vielmehr handelt es sich hier um die schulpolitische Ebene, die Eltern und Kind in der Übergangssituation selbst zunächst nur indirekt durch ihre Schulwahl und die Kommunikation mit anderen Eltern und Kindern beeinflussen können. Gleichwohl sollten Eltern und Kinder ihre Rechte am Übergang wahrnehmen. Im Sinne der Kinderrechte sind Kinder an allen sie betreffenden Entscheidungen zu beteiligen. Das heißt auch, dass Kinder in der Grundschule befähigt werden sollten, über die Gestaltung des Schulsystems zu reflektieren und ihre Meinung einzubringen. Zudem ist es die Aufgabe der Schule, am Wandel der Werthaltungen mitzuwirken, die für ein Schulsystem ohne Auslese notwendig sind. In einer inklusiven Grundschule erwerben Kinder und Eltern Erfahrungen, die auch für die Übergangsentscheidung bedeutsam sind. Möglichkeiten einer solchen Reflexion mit Kindern über die Relevanz von Schulstrukturen wurden beispielhaft aufgeführt.

2

Übergänge mitten in einer virulenten Entwicklungsphase der Kinder

Das zweite Kapitel stellt die Grundschulkinder am Übergang zur Sekundarstufe I in den Mittelpunkt: Zunächst wird aus kindheitspädagogischer Perspektive der Begriff der Kindheit und der Jugend als Beschreibung dynamischer Lebensspannen erläutert. Auf diese Weise wird auch klar, dass die sich entwickelnden Ressourcen der Kinder zur Bewältigung des Übergangs von der Primarstufe in die Sekundarstufe von vielfältigen miteinander korrespondierenden psychischen, körperlichen, sozialen und gesellschaftlichen Faktoren abhängen. Bei der Überlegung, was den Entwicklungsprozess antreibt, kommt das Konzept der psychosozialen Krise ins Spiel. Schließlich wird danach gefragt, welche Bewältigungsstrategien

Kinder am Übergang in die weiterführende Schule entwickeln. War Kapitel 1 durch politiktheoretische und soziologische Fragestellungen zum Übergang geprägt, so lenken jetzt vor allem Konzepte aus der ökologischen Perspektive in der Entwicklungs- und Sozialisationsforschung den Blick auf die Situation der Kinder als Akteure ihres Übergangs. Ein weiterer Beitrag aus der KINDER-Studie von Jana Herding gewährt Einblick in die (retro-)perspektiv formulierten Erwartungen und Bewältigungsstrategien der befragten Viert- und Fünftklässler*innen zu ihrem Übergang.

2.1 Die 10- bis 12-Jährigen auf dem Weg ins Erwachsenwerden

In der Fachliteratur wurde und wird immer wieder darüber diskutiert, wann die Zeit der Kindheit in die nächste Lebensphase übergeht. Fuhs und Brand (2013, S. 91) verweisen auf zwei markante Stationen im Bildungsweg. Sie sehen die Spanne zwischen dem Übergang in die Grundschule und dem Übergang in die weiterführende Schule als mögliche Begrenzung des (mittleren) Kindesalters. Üblich ist dafür traditionell der Begriff der mittleren Kindheit. Aus rechtlicher Sicht wird man hingegen erst mit dem vollendeten 14. Lebensjahr Jugendlicher. Die zwischen Grundschulalter und Jugendalter liegende Lebensphase wird auch als späte Kindheit bezeichnet. Bei einer Begrenzung der mittleren Kindheit auf das Grundschulalter ist zudem zu beachten, dass das Lebensalter der Kinder beim Verlassen der Grundschule durch verschiedene Faktoren variiert, z. B. wegen späterer Einschulung, längerem Verweilen in der Schuleingangsphase, einer Klassenwiederholung oder auch, weil das Kind in einem Bundesland lebt, in dem die Grundschule sechsjährig ist.

Begrenzungen der mittleren Kindheit sind Setzungen und divergieren je nach Bezugspunkt. Harring und Schenk weisen darauf

2.1 Die 10- bis 12-Jährigen auf dem Weg ins Erwachsenwerden

hin, dass etwa aus biologischer Sicht die Geschlechtsreife den Übergang in die Adoleszenz (die Jugendphase) markiert, die heute durchschnittlich im Alter von zwölf Jahren einsetzt, aber auch bereits im Alter von zehn Jahren und früher einsetzen kann. Der Eintritt in die Pubertät variiert zudem interindividuell um sechs Lebensjahre und beginnt bei Mädchen teilweise bereits in der dritten Klasse. Damit verbunden sind körperliche und psychische Umstrukturierungsprozesse (vgl. Harring & Schenk 2018, S. 114).

Die Phase zwischen Grundschulabschluss und Berufsleben stellt einerseits eine Art gesellschaftlichen Schonraum mit wachsender Autonomie dar. Andererseits handelt es sich um diejenige Bildungsphase, in der sich die potenziellen späteren Berufschancen immer mehr klären und festigen. Diese Perspektive deutet sich den Kindern bereits am Ende des Grundschulalters an, wenn sie sich mit der Auswahl ihrer künftigen Schule auseinandersetzen.

Am Übergang in die weiterführende Schule begegnen sich die zurückliegende noch aktuelle Kindheit und die künftige sich bereits körperlich, sozial und durch die gesellschaftlichen Inszenierungen (Schulwechsel usw.) andeutende Jugend. Der Übergang von der Grundschule in die weiterführende Schule markiert aus der Perspektive des Bildungsgangs den Schritt in Richtung Erwachsenwerden. Dabei ändern sich die persönlichen und die institutionell vorgegebenen Entwicklungsaufgaben.

Theoretisierungen und empirische Untersuchungen sind vor allem für die Phase der über 14-Jährigen vorhanden. Über die 10- bis 12-Jährigen wurde sehr viel weniger geforscht. In der Fachliteratur findet sich deshalb der Begriff »Lücke-Kinder« für die Phase zwischen Grundschulalter und Jugend (Gulde et al. 2016). Umso wertvoller sind die vorhandenen Studien vor allem, wenn sie die Sichtweise der Kinder am Übergang in die Sekundarstufe auf dem Weg in das Jugendleben aufgreifen (▶ Kap. 2.2).

2.1.1 Die Anforderungen des Übergangs an die Kinder

Bildungsübergänge erweisen sich für Kinder als ein komplexes Anforderungsgefüge, insbesondere an der Schwelle von der Primar- zur Sekundarstufe. Die Anforderungen stellen sich schon lange vor dem eigentlichen Schulwechsel und ihr Bestehen hat selektive Auswirkungen, die dem Kind bewusst sind. Unklar sind ihm zumeist die Bedingungen des Übergangs. Das Kind wechselt von einer sicheren und hinsichtlich aller Regeln, Aufgabenformate, Lernanforderungen und Rituale durch und durch bekannten Umgebung in eine weitgehend offene und von Unsicherheit geprägte Zukunft. Auch die künftige soziale Einbindung ist offen. Zugleich ahnen das Kind und die Eltern die Tragweite der Bildungsgangentscheidung. Anders als beim Übergang vom Kindergarten in die Grundschule, die alle Kinder des Einzugsgebiets besuchen, steht nun die Entscheidung für eine bestimmte Schule und Schulart mit möglicherweise gravierenden Folgen für den Lebensweg an. Bereits die Auswahl der Schule ist nicht einfach. Sind doch die Informationen über die infrage kommenden Schulen lückenhaft und beantworten nicht ohne Weiteres die Fragen der einzelnen Kinder.

Als Kinder dürfen die 10- bis 12-Jährigen ihre Schulwahlentscheidung rechtlich gesehen nicht eigenständig treffen. Die Eltern werden letztlich entscheiden, welche Schule das Kind besuchen soll. Für das Kind bleibt die Ungewissheit des Neuen – selbst dann, wenn es so gut wie möglich in die Entscheidungsfindung eingebunden ist. Ob das Kind sich auf den Übergang einstellen kann, hängt wesentlich davon ab, wie gut es über das Neue informiert ist, die Schule und den Schulweg bereits erkundet hat, inwieweit es gelernt hat, mit Unbekanntem umzugehen und ob es diese Erfahrungen und Kompetenzen für den neuen Übergang nutzen kann. Hilfreich kann es sein, sich an ähnlich offene gut bewältigte Situationen zu erinnern und daraus Schlüsse für die Bewältigung des bevorstehenden Übergangs zu ziehen. Kontinuitäts- und Diskontinuitätserfahrungen am Übergang in die Sekundarstufe und die Erfahrung von Ab- und Aufstiegen werden von den Kindern mit Bezug auf ihre bisherigen Erfahrungen verarbeitet. Es handelt sich um biografische Strukturierungsleistungen, anhand derer sich das Kind durch die (dialektische) Auseinandersetzung mit den gesellschaftlich auferlegten Übergängen zunehmend gesellschaftlich verorten, quasi seinen eigenen Weg finden muss.

Die Kinder malen sich bereits deutlich vor dem Übergang aus, was in den zur Wahl stehenden Schulen und Schularten auf sie zukommt. Sie entwickeln Vorstellungen, welchen Einfluss die Schulwahl auf ihren künftigen Lernerfolg haben könnte. Von älteren Kindern und Erwachsenen haben sie gehört, dass in der neuen Schule andere Regeln herrschen als in der Grundschule. Aber je mehr Schulwahlmöglichkeiten es gibt, umso länger ist für die einzelnen Kinder offen, wie ihre neue Klasse zusammengesetzt sein wird. Ältere Kinder berichten, dass in der Sekundarstufe generell anders gelernt werde, strengere Bedingungen herrschen und höhere Leistungsanforderungen gestellt werden, auch unabhängig von der Schulart (▶ Kap. 2.2).

Vieles erscheint gegenüber den Kindern und manchmal auch gegenüber den Eltern fremdbestimmt zu sein. Das betrifft auch die im Grundschulalter sehr wichtige Frage, inwieweit Freundschaften weiterbestehen können. Über längere Zeit kann unklar bleiben, ob die Freund*innen die gleiche Schulwahl treffen, denn die Eltern der 10- bis 14-Jährigen denken bei ihrer Schulwahlüberlegung zuerst an die Lebenskarriere, die eine bestimmte Schule dem Kind eröffnen könnte. Freundschaften des Kindes spielen für Eltern eine andere Rolle als für das Kind selbst. Für das Kind nimmt die Bedeutung von Freundschaften im Kontext der zunehmenden Autonomisierung und Loslösung vom Elternhaus gerade beim Übergang in die weiterführende Schule zu (vgl. Baar 2018; Oswald 2009; Fritzsche et al. 2009).

Auch die räumliche Lage der künftigen Schule spielt für deren Auswahl eine Rolle. So erscheint es zumeist hilfreich, wenn das Kind die neue Schule selbstständig erreichen kann, ohne auf die Erwachsenen als Chauffeure angewiesen zu sein.

2 Übergänge mitten in einer virulenten Entwicklungsphase der Kinder

Welche Schule die Eltern für ihr Kind geeignet halten, hängt u. a. auch davon ab, wie gut sie sich vorstellen können, dass das Kind eine ganz andere Schul- und Berufskarriere einschlägt als sie selbst (vertiefend ▶ Kap. 4.4). Kann doch mit der durch die Grundschule vorgeschlagenen Schulwahl auch zugleich die Vorstellung eines sozialen Auf- oder Abstiegs verbunden sein, wobei letzteres für die Eltern auch kränkend sein kann. Für das Kind ist diese Situation nicht nur ein hoch emotionalisiertes gesellschaftliches und familiäres Lernfeld. Sie bindet auch Kräfte, die dem schulischen Lernen gleichzeitig entzogen werden. Hier wird deutlich, dass der Übergang in die weiterführende Schule kein rein schulischer, sondern auch ein persönlicher und sozialer Übergang ist.

Zwischenfazit

Der schulische Übergang zwischen Grundschule und weiterführender Schule bringt für die Kinder neuartige Auseinandersetzungen mit ihrem sozialen Umfeld mit und ist in besonderem Maße gekennzeichnet von Kontinuitäts- und Diskontinuitätserfahrungen. Kontinuität und damit Sicherheit erfahren die Kinder, indem sie noch sehr in elterliche Entscheidungen eingebunden sind. Gleichzeitig erscheint diese Kontinuität gelegentlich gefährdet, wenn die Interessen der Kinder, denen der Eltern widersprechen. Indem sich die Kinder auf die Phase eines eigenständigeren Lebens vorzubereiten beginnen, gewinnt die Tragweite der Schulwahlentscheidung für ihre Zukunft eine besondere Bedeutung. Im Kontext doppelter Fremdbestimmung durch die Empfehlung der Grundschule und die Wünsche der Eltern muss es ihnen gelingen, den Übergang zu bewältigen. Im Idealfall passt die Selbsteinschätzung des Kindes zu der schulischen und elterlichen Fremdeinschätzung, so dass die Schulartwahl einvernehmlich erfolgt. Erwartete Diskontinuität kann Kinder an der Schwelle zum Übertritt in vielfacher Hinsicht verunsichern. So wird mit der Auseinandersetzung, ob Freunde zusammenbleiben können, das soziale Gefüge der Kinderfreundschaften infrage gestellt. Klassenregeln, Lernen und Prüfungen, Schulweg und Pausen an der konkreten gewählten Schule sind den Kindern über Erzählungen älterer Kinder durchaus bekannt. Gleichzeitig kann erwartete und dann auch erlebte Diskontinuität aber auch im positiven Sinne herausfordern und zur persönlichen Weiterentwicklung beitragen (vgl. die Kinderinterviews von Jana Herding ▶ Kap. 1.3). Alles in allem ist es eine große Strukturierungsleistung, wenn das Kind in der Auseinandersetzung mit den Kontinuitäts- und Diskontinuitätserfahrungen seinen eigenen erfolgreichen Weg in die Sekundarstufe findet. Einen zentralen Erklärungsansatz hierzu, der die individuellen Leistungen und die strukturellen Gegebenheiten verbindet, bietet das Modell des ökosystemischen Wirkgefüges, welches Urie Bronfenbrenner (1981) vor dem Hintergrund seiner umfänglichen Forschung entwickelt hat. Es wird im folgenden Kapitel genutzt, um diese Zusammenhänge am Übergang von der Grundschule in die Sekundarstufe einzuordnen.

2.1.2 Der Übergang von der Primarstufe in die Sekundarstufe als ökologischer Übergang

Urie Bronfenbrenner (1917–2005), ein einflussreicher entwicklungspsychologischer Programmatiker und empirischer Forscher, machte deutlich, dass die menschliche Entwicklung ein aktiver Prozess ist, der sich in der Auseinandersetzung zwischen Individuum und Umwelt abspielt und folglich nur unter Einbezug der Umwelt adäquat erfasst und interpretiert werden kann. Indem das Kind von der Grundschule auf eine weiterführende Schule wechselt, verändert es seine Position im Gefüge der Mikrosysteme (Familie, Freund*innen, Klassengemeinschaft), denen es angehört, und erschließt sich neue Mikrosysteme in einem neuen räumlichen Umfeld und mit neuen charakteristischen Aktivitäten. In jedem Mikrosystem entwickeln sich typische Verhaltensweisen (molare Tätigkeiten), die ein eigenes Beharrungsvermögen aufweisen (vgl. Bronfenbrenner 1981, S. 60 ff.). In der neuen Schule werden also auch neue Verhaltensweisen erwartet und etliche alte Aktivitäten, Regeln und Rollen werden im neuen Mikrosystem obsolet. Das Neue ist demnach nicht gleich am ersten Schultag in der neuen Schule sichtbar, sondern entwickelt sich allmählich. Im Laufe der ersten Schulwochen stiften kontinuierliche und zielgerichtete gemeinsame Lerntätigkeiten Beziehungen, über die jedes Kind seine Erfahrungen, Sichtweisen und Handlungsmöglichkeiten in die neu gebildete Klassengemeinschaft einbringt. Zur Verdeutlichung der Systemebenen nach Bronfenbrenner (1986) siehe Abbildung 5 (▶ Abb. 5).

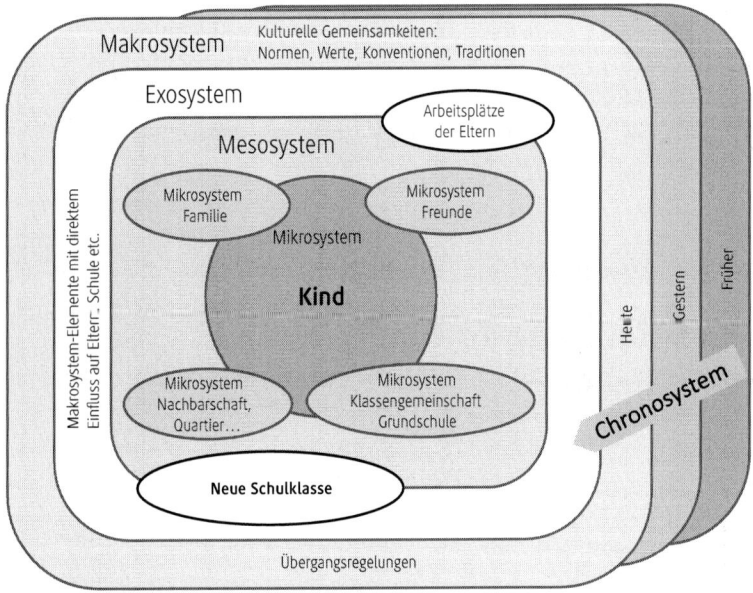

Abb 5: Grafische Darstellung der am Übergang beteiligten Systemebenen nach Bronfenbrenner (1986)

Der Übergang von der Primar- in die Sekundarstufe geht auch mit einem Rollenwechsel der Schüler*innen einher. Das betrifft weniger ihre Schüler*innenrolle als vielmehr ihre Rolle in der neuen

2.1 Die 10- bis 12-Jährigen auf dem Weg ins Erwachsenwerden

Umgebung. Waren sie in der Primarstufe die Ältesten, so sind sie jetzt die Jüngsten. Im gegliederten Schulsystem betrifft das vor allem die außerunterrichtlichen schulbezogenen Aktivitäten, die Pause und den Schulweg, aber auch die schulöffentliche Präsentation von Ergebnissen sowie die Mitarbeit im Schülerparlament. In jahrgangsgemischt unterrichtenden Schulen ist dieser Rollenwechsel systematisch vorgesehen: Jüngere kommen neu in die Lerngruppe, die mittlere Jahrgangsgruppe wird zur Ältesten, während die bisher Ältesten in die nächst höhere Lerngruppe wechseln, wo sie frühere Klassenkamerad*innen wiedertreffen. In Langformschulen mit Jahrgangsmischung geschieht das stufenübergreifend (vgl. Carle et al. 2018). Rollenwechsel oder den Wechsel in einen anderen Lebensbereich nennt Bronfenbrenner einen ökologischen Übergang. Dieser kann gelingen oder scheitern, was auch von der Unterstützung durch Mentor*innen abhängt. Deren Rolle wäre falsch verstanden, wenn sie lediglich als Helfende angesehen würden. Sie müssen vielmehr zugleich herausfordern und unterstützen. Gelingt der Übergang, so ist mit den bewältigten Anforderungen und der Erweiterung des Rollenrepertoires ein Entwicklungsschub verbunden. Ökologische Übergänge sind sowohl »Folge wie Anstoß von Entwicklungsprozessen« (Bronfenbrenner 1981, S. 43).

Will man den Übergang von der Primar- zur Sekundarstufe des Bildungswesens verstehen, dann kann das im Sinne Bronfenbrenners (1981, S. 24) nur dann ein differenziertes Bild ergeben, wenn die Auseinandersetzung mit den Mikrosystemen des Kindes (Eltern, Freund*innen, Klassengemeinschaft, Lehrpersonen der Grundschule) und mit den infrage kommenden neuen Mikrosystemen (insb. die neue Klassengemeinschaft in der aufnehmenden Schule) mit in Betracht gezogen wird. Darüber hinaus sieht Bronfenbrenner auch den gesellschaftlichen und kulturellen Einfluss auf diese Beziehungsgefüge, z.B. Statusfragen und rechtliche Bedingungen. *Ökologische Übergänge* sind also hochkomplex. Bronfenbrenner (1981, S. 54) selbst zitiert dazu seinen Lehrer Walter Fenno Dearborn: »Bronfenbrenner, wenn Sie etwas verstehen wollen, müssen sie versuchen, es zu ändern.«

2 Übergänge mitten in einer virulenten Entwicklungsphase der Kinder

Bronfenbrenner sieht die persönlichen und umweltbezogenen Strukturen als eng verschmolzene und zugleich sich dynamisch entwickelnde Beziehungen. Die Historie dieser Entwicklung ist eine Voraussetzung für die weitere Entwicklung. Die Person bringt ihr körperliches, kognitives und emotionales Repertoire in persönlich charakteristischer Weise in diese Beziehung ein. In diesem Kontext kritisiert Bronfenbrenner (1990, S. 104f.), dass ein Fokus der psychologischen Forschung auf kontextunabhängige Personenmerkmale wie Intelligenz, Gedächtnis oder kognitive Stile einer ökologischen Sicht auf die menschliche Entwicklung nicht gerecht werde. August Flammer (2003, S. 213) übersetzt und fasst zusammen: Entwicklungsrelevant seien »nämlich

- *persönliche Stimuluseigenschaften*, d. h. Eigenschaften, die in ihrer Umgebung bestimmte Reaktionen, Einstellungen und Interaktionsbereitschaften hervorrufen;
- *selektive Responsivität*, d. h. Eigenschaften, die ausmachen, dass Personen auf solche oder andere Interaktionsangebote eingehen;
- *Strukturierungstendenzen*, d. h. die Bereitschaft, gewisse Interaktionen zu strukturieren, weiterzutreiben, zu vertiefen;
- *direktive Überzeugungen*, d. h. das persönliche Vertrauen, bestimmte Ziele erreichen, bestimmte Situationen verändern oder Probleme lösen zu können.«

Ein ressourcenorientierter Blick auf den Übergang von der Primarstufe auf die Sekundarstufe muss demnach einerseits fragen, welche biografischen Erfahrungen Kinder für den Übergang mitbringen, und andererseits, wie die Umwelt den Übergang gestaltet. Es kommt aber ebenso darauf an, dass das Kind in der Lage ist, positiv auf die neue Umgebung zuzugehen, auf deren Interaktionsangebote einzugehen und diese auch aktiv zu gestalten. Schließlich muss das Kind davon überzeugt sein, dass es die neuen Aufgaben bewältigen kann.

2.1 Die 10- bis 12-Jährigen auf dem Weg ins Erwachsenwerden

Zwischenfazit

Die Theorie Urie Bronfenbrenners zur Ökologie der menschlichen Entwicklung lenkt den Blick auf die dynamischen, komplexen Zusammenhänge zwischen der gesellschaftlich, institutionell und kulturell etablierten Situation des Übergangs und den Möglichkeiten des Kindes, diese zu bewältigen. Sie bietet so eine gute Grundlage für Überlegungen im folgenden Kapitel, welches Spektrum an Ressourcen die Kinder für ihren Übergang von der Primarstufe in die Sekundarstufe mobilisieren können.

2.1.3 Die Ressourcen der Kinder für ihren Übergang

Wenn sich Rollenwechsel und Erfahrungen in verschiedenen Settings positiv auf die Persönlichkeitsentwicklung des Kindes auswirken, dann profitieren alle Kinder von bereits bewältigten Übergängen. Sie bringen eine Menge persönliche Erfahrungen für die in der Zukunft liegenden unübersichtlichen Anforderungen des Übergangs von der Primarstufe in die Sekundarstufe mit. Jedes Kind hat auf seine Art und in seinem Umfeld Kompetenzen und Strategien zur Bewältigung von Übergängen entwickelt. Dabei sind nicht nur Erfahrungen aus dem schulischen Kontext relevant, sondern aus unterschiedlichen Sozialisationskontexten. Wir gehen davon aus, dass diese Erfahrungen, wenn sie positiv waren, Ressourcen darstellen, auf die das Kind potenziell zurückgreifen kann, um neue Anforderungen zu bewältigen. Es ist aber nötig, dass das Kind diese Ressourcen in den Anforderungssituationen des Übergangs aktivieren und nutzen kann (vgl. Carle 2004, S. 37f.).

Aus stresstheoretischer Perspektive untersuchte Niemack 596 Viertklässler*nnen, welche Schutzfaktoren sie mitbringen, um den Übergang in die Sekundarstufe zu bewältigen. Sie setzte dazu einen Fragebogen mit geschlossenen Indikatoren ein. Schutzfaktoren sind demnach vor allem ein förderliches Elternhaus, eine positive Selbstwirksamkeit und ein positives akademisches Selbstkonzept des Kindes (vgl. Niemack 2019). Die Untersuchung leistet wertvolle

Hinweise, auch wenn der Spielraum für die Kinder, ihre eigene Perspektive und ihre Erfahrungen zu formulieren, nicht gegeben war. Dazu ist eine Begleitung des Übergangs oder zumindest eine Befragung vor und nach dem Übergang erforderlich. Das leistet die KINDER-Studie von Jana Herding, aus deren Kinderinterviews (▶ Kap. 2.2) berichtet wird. Vertieft untersucht werden müsste auch über diese Studie hinaus die aktuelle Auseinandersetzung des Kindes mit konkreten schulischen und außerschulischen Anforderungen des Übergangs und mit Selektionsereignissen. Dazu gehört der Umgang mit dem Wandel in den bestehenden Peerbeziehungen, in den Beziehungen zu den Eltern und Geschwistern, mit geänderten persönlichen Zeitstrukturen und Schulwegen ebenso wie die Erschließung des neuen Gebäudes und der neuen Pausensituation, das Kennenlernen neuer Mitschüler*innen, Lehrpersonen und Regeln sowie den neuen Lern- und Leistungsanforderungen. Mit einem erfolgreich bewältigten Übergang »können sich die Wissensbestände neu strukturieren und einen Wandel der schulischen Orientierungen anstoßen« (vgl. Köhler & Thiersch 2013, S. 34), wie auch die folgende Abbildung verdeutlich (▶ Abb. 6).

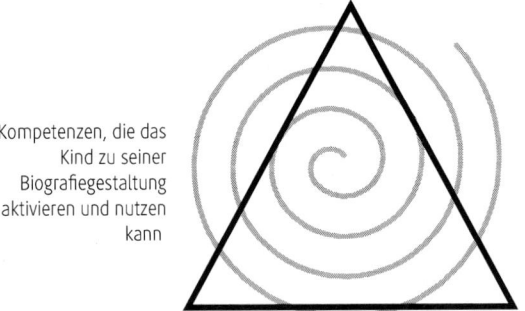

Abb. 6: Ressourcen am Übergang von der Grundschule in die Sekundarstufe – eine ökosystemische Sichtweise (eigene Darstellung U. Carle)

2.1 Die 10- bis 12-Jährigen auf dem Weg ins Erwachsenwerden

Zwischenfazit

Drei potenziell vorhandene Ressourcenpools wurden bisher kurz skizziert (vgl. ▶ Abb. 6):

- die *Erfahrungen* des Kindes mit Übergängen im Laufe seiner Lebensgeschichte – auch aus nichtschulischen Bereichen,
- die *Kompetenzen* des Kindes zur Gestaltung seines aktuellen Übergangs und die Fähigkeit, diese zur Bewältigung der aktuellen neuen Anforderungen einzusetzen,
- die *Potentiale*, die sich durch die Gestaltung der Übergangssituation durch Eltern und Schüler*innen sowie das Schulsystem ergeben.

Es wurde bereits angedeutet, dass es sich hierbei um eine ökosystemische Sichtweise handelt. Wie die Anforderungen des Übergangs bewältigt werden können, soll im Folgenden mit Bezug zum Entwicklungsaufgabenkonzept weiter ausgefächert werden.

2.1.4 Entwicklungsaufgaben am Übergang in die Sekundarstufe

Das *Entwicklungsaufgabenkonzept* geht hauptsächlich auf den Pädagogen und Soziologen Havighurst (1948) zurück. Die bis heute gängige Definition des Begriffs »Entwicklungsaufgabe« beschreibt er 1948 wie folgt:

> »A developmental task is a task, which arises at or about a certain period in the life of the individual, successful achievement of which leads to his happiness and to success with later tasks, while failure leads to unhappiness in the individual, disapproval by society, and difficulty with later tasks« (Havighurst 1948/1972, S. 2).

Havighurst widmete sich der Entwicklung der Persönlichkeit, insbesondere unter psychologischer und soziologischer Forschungsperspektive. Er ging der Frage nach, wie die psychische und körperliche (intrapersonale) Entwicklung, die Sozialisation des Menschen (interpersonaler Entwicklungsbereich) und sein Lernen (kulturell-sachlicher Entwicklungsbereich) biografisch aufeinander bezogen sind. Quellen der Entwicklungsaufgaben sind nach Havighurst die körperliche Entwicklung, kultureller Druck und individuelle Wünsche und Werte. Es geht ihm also nicht allein darum, was der Mensch körperlich und kognitiv zu bewältigen lernt, sondern auch um die Ziele und Einstellungen, die diese Lernprozesse orientieren.

Übersetzt auf die Periode des Übergangs von der Grundschule in die weiterführende Schule könnten die Forschungsfragen mit Bezug zum Konzept von Havighurst lauten: Welche biologischen und psychischen Entwicklungen eröffnen den Schüler*innen bei diesem Übergang spezifische neue Handlungsmöglichkeiten? Wie denkt das Kind über den bevorstehenden bzw. den bewältigten Übergang? Welche Ziele verfolgt es dabei selbst? Wie reagiert das Umfeld auf die Entwicklungen mit neuen Anforderungen, die Havighurst Entwicklungsaufgaben nennt? Hier wird bereits deutlich, dass die neuen potenziellen Handlungsmöglichkeiten und die Einstellungen und Ziele des Kindes einer wohlwollenden, unterstützenden Reaktion des Umfeldes bedürfen, um zur Geltung kommen zu können.

In seinem Modell schaut Havighurst nicht auf die individuellen Aspekte. Vielmehr unterscheidet er nach Phasen im Lebenslauf zwischen Entwicklungsaufgaben der mittleren Kindheit und solchen der Adoleszenz. Auf der Basis der Sozialisationsbedingungen seiner Zeit stellte er für neun Lebensabschnitte jeweils einen spezifischen Katalog an Entwicklungsaufgaben zusammen. Für den Übergang vom Primar- in den Sekundarbereich des Bildungswesens ist besonders die Schnittstelle zwischen mittlerer Kindheit und Adoleszenz interessant. Wie bereits in Kapitel 2.1 (▶ Kap. 2.1) dargestellt wurde, wird diese heute gegenüber den folgenden Angaben von Havighurst (▶ Tab. 2) fließender verstanden.

2.1 Die 10- bis 12-Jährigen auf dem Weg ins Erwachsenwerden

Tab. 2: Entwicklungsaufgaben lt. Havighurst in der Mittleren Kindheit und in der Adoleszenz (Quelle: vgl. Fend 2000, S. 211; Dreher & Dreher 1985, S. 59)

Bereiche	Lebensabschnitt: Entwicklungsaufgaben in der mittleren Kindheit (6–12 Jahre)	Adoleszenz (12–18 Jahre)
intra-personal	◆ Körperliche Geschicklichkeit ◆ Positive Einstellung zu sich ◆ Mit Altersgenossen zurechtkommen	◆ Akzeptieren und effektive Nutzung des eigenen Körpers ◆ Neue reifere Beziehungen zu Gleichaltrigen beider Geschlechter
inter-personal	◆ Angemessenes Geschlechtsrollenverständnis ◆ Lesen, Schreiben, Rechnen ◆ Konzepte für das Alltagsleben ◆ Gewissen, Moral und Werteskala	◆ Übernahme der Geschlechtsrolle ◆ Emotionale Unabhängigkeit von Erwachsenen ◆ Vorbereitung auf Ehe und Familienleben
Kulturell-sachlich	◆ Persönliche Unabhängigkeit ◆ Einstellungen gegenüber sozialen Gruppen und Institutionen	◆ Vorbereitung auf eine berufliche Karriere ◆ Ethisches System als Leitfaden für das Verhalten ◆ Sozial verantwortliches Verhalten, Entwicklung einer Ideologie

Da Entwicklungsaufgaben nicht nur individuell, sondern auch gesellschaftlich mitbedingt sind, müssen sie den jeweils aktuellen Verhältnissen angepasst werden. Bereits Eva und Michael Dreher haben in den 1980er Jahren Schüler*innen in einer Vorstudie nach ihrer Einschätzung der eigenen Entwicklungsaufgaben befragt. Zur Zusammenstellung der Entwicklungsaufgaben, die sie den Schüler*innen der 9. und 10. Klasse vorlegten, ließen sie »Vorbereitung auf Ehe und Familienleben« (▶ Tab. 2) weg und nahmen drei neue Aufgaben hinzu: »Aufnahme und Aufbau intimer Beziehungen,

2 Übergänge mitten in einer virulenten Entwicklungsphase der Kinder

Entwicklung einer Identität und Entwicklung einer Zukunftsperspektive« (Flammer 2003, S. 240). Zusätzlich konnten die Befragten eigene Entwicklungsaufgaben formulieren. Am wichtigsten war den Jugendlichen hierbei: Persönlichkeitsentwicklung, soziale Beziehungen, Umwelt und Gesellschaft sowie Handlungsmöglichkeiten des Erwachsenen (vgl. Dreher 1994, S. 124). Deutlich wird in der Untersuchung, dass Jugendliche ihren Lebensweg reflektieren und selbst in die Hand zu nehmen versuchen. Aber welche Entwicklungsaufgaben wissenschaftlich in den Blick kommen, hängt somit wesentlich damit zusammen, ob Wissenschaftler*innen die entsprechenden Items vorformulieren oder ob sie die Jugendlichen fragen, welche Entwicklungsaufgaben ihnen selbst wichtig sind.

So haben Seiffge-Krenke und Gelhaar (2008, S. 47) festgestellt, dass heute Entwicklungsaufgaben, die nach Robert J. Havighurst dem Jugendalter zugeschrieben werden, bereits deutlich früher bearbeitet bzw. bewältigt werden. Viele Entwicklungsaufgaben, die in den 1980er Jahren durch Schüler*innen genannt wurden, sehen heute auch bereits Kinder im Alter von 10–12 Jahren als relevant an. Schon Grundschüler*innen interessieren sich heute für Umweltschutz. Zusätzlich würden Wissenschaftler*innen heute den Einfluss digitaler Medien auf die Entstehung neuer Entwicklungsaufgaben mit in den Blick nehmen. Sie spielen nicht nur für die Recherche über die neue Schule eine Rolle, sondern vor allem bei sozialen Kontakten und mit Blick auf die sich entwickelnden neuen Geschlechterrollen und -beziehungen. Fast alle 10–12-Jährigen besitzen darüber hinaus ein Smartphone, ein Fahrrad, vielleicht eine Schülermonatskarte, die eine eigenständige Erschließung eines sehr großen Raumes mit allen guten und schlechten Erfahrungen ermöglicht. Mit zunehmender Autonomie vergrößert sich also der Radius, den sich das Kind eigenverantwortlich erschließen kann und somit auch sein eigener Erfahrungsraum. Damit einhergehend steigt auch die Notwendigkeit zur Entwicklung eines eigenen Werte- und Normsystems, wie es bei Havighurst noch den Jugendlichen ab 14 Jahren zugeschrieben wurde.

2.1 Die 10- bis 12-Jährigen auf dem Weg ins Erwachsenwerden

Zudem relativierte Quenzel (2010, S. 131ff.) unter Betrachtung von Entwicklungsaufgaben, die mit schulischem Erfolg in Verbindung stehen, die Grundannahme von Robert J. Havighurst, dass das Bestehen einer Entwicklungsaufgabe die Voraussetzung für das Bestehen der nächsten sei. Denn bei einigen Schüler*innen käme es zu konkurrierenden Entwicklungsaufgaben, z. B. schulische Qualifikation und Ablösung von Eltern und anderen Erwachsenen, oder schulische Qualifikation und das Aufbauen von Peerbeziehungen.

Mit Entwicklungsaufgaben sind Entscheidungen verbunden. Der biografische Verlauf ist dann jedoch nicht nur Quelle für Erfahrungen zur Bewältigung der nächsten Übergänge. Er basiert auch auf einer Kette von Entscheidungen (innerhalb der schulisch und elternseitig gegebenen Auswahloptionen), wodurch immer mehr andere Möglichkeiten verworfen werden. Es entsteht allmählich ein Pfad (▶ Abb. 7), wobei jeder institutionelle Übergang somit auch biografische Weichen stellt.

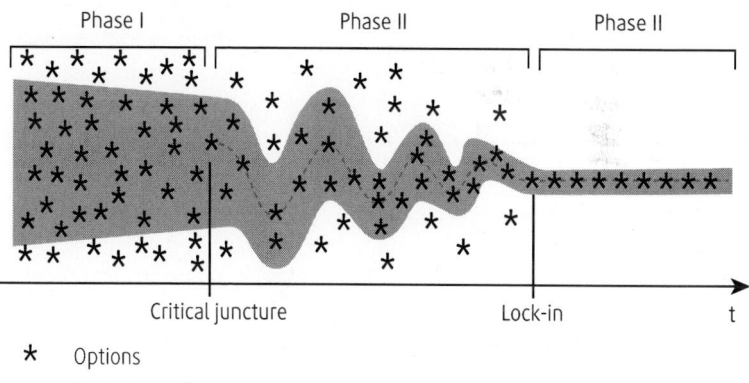

Abb. 7: The Constitution of an Organizational Path (Quelle: Sydow, Schreyögg & Koch 2009, S. 692 Figure 1)

Zwischenfazit

Deutlich wird in der Beschäftigung mit den Entwicklungsaufgaben der Kinder am Übergang von der Grundschule in die Sekundarstufe, dass dieser Übergang in eine Lebensphase fällt, in der außer der schulischen viele andere Entwicklungsaufgaben vor der Türe stehen. Die allermeisten lassen sich nicht vom Erfahrungsraum Schule trennen. Sie werden in die Schule mitgenommen und dort verhandelt. Genaugenommen differenziert sich also aus individueller Perspektive der institutionelle Übergang in eine Vielzahl kleiner Übergänge und führt somit zu einer permanenten »Erneuerung im Mikrobereich der Sozialisation« (Oevermann 2015, S. 63). Insgesamt ist das Bestehen der Entwicklungsaufgaben des institutionellen Übergangs pfadabhängig, indem auf die bisherigen Erfahrungen aus bereits bestandenen (auch kleinen) Übergängen zurückgegriffen werden kann. Je nachdem aus welcher theoretischen Perspektive auf den Übergang mit seinen Entwicklungsaufgaben geblickt wird, stellt sich dieser als psychosoziale Krise dar oder als Herausforderung durch neue Aufgaben. Wer diese bewältigt, geht gestärkt aus der vom Übergang geprägten Zeit hervor und kann die nächste Stufe seiner Entwicklung betreten. Das folgende Kapitel widmet sich einem *psychoanalytischen Ansatz*, der psychosoziale Krisen als Motor der Entwicklung der Persönlichkeit modelliert und arbeitet seine Erklärungsmöglichkeiten für das Geschehen an biografischen Übergängen heraus.

2.1.5 Der Übergang – psychosoziale Krise oder Herausforderung?

Psychosoziale Krisen werden sowohl in der Sozialisationsforschung als auch in der Psychologie von verschiedenen Autor*innen als Triebfeder der biografischen Entwicklung beschrieben. Durch die Konfrontation mit neuen herausfordernden Anforderungen geschieht eine Irritation, eine Krise des bisherigen psychischen

2.1 Die 10- bis 12-Jährigen auf dem Weg ins Erwachsenwerden

Gleichgewichts. Routinen, Rhythmen, Strukturen und damit Sicherheiten brechen ein. Eine Krise ergibt sich für das Kind aber nur dann, wenn es die gestellten Anforderungen persönlich als bedeutsam empfindet. Ob das Kind die Krise als Herausforderung annehmen kann, hängt jedoch davon ab, ob es daran glaubt, sie bewältigen zu können. Auch der Übergang von der Grundschule in die weiterführende Schule kann als *psychosoziale Krise* gedeutet werden.

Der Psychoanalytiker Erik H. Erikson (1982) versteht den Entwicklungsprozess des Menschen als ein Ausbalancieren zwischen psychischen Strukturen, die Unabhängigkeit oder Zugehörigkeit begünstigen. Die Pubertät sieht er als Zeit der Auseinandersetzung mit Fragen nach der eigenen Identität und der gesellschaftlichen Platzierung an. Sie folgt auf die Stufe der Latenz, wie er die Zeit des Schulalters bezeichnet. Die Stufe der Latenz zeichnet sich besonders dadurch aus, dass Kinder etwas ›Richtiges‹ machen wollen, sie sind ehrgeizig, wollen kompetent sein, mit anderen Kindern etwas zusammen herstellen. Sie bemerken aber auch ihre Grenzen, z. B. im Durchhaltevermögen, in der Angst, eine Aufgabe nicht zu bewältigen, oder in der Erwartung, dass Andere sie nicht anerkennen. Diese bipolare Perspektive bringen die Kinder für den Übergang in die weiterführende Schule mit. In der Zeit bis zum Ende der mittleren Kindheit haben die Kinder auch verschiedene Positionen in Kindergruppen ausprobiert. Sie haben sich als die Jüngsten und die Ältesten erlebt, als Gewinner und Verlierer, als erfolgreich und versagend. In Spielen konnten sie viele verschiedene Rollen wahrnehmen. Insofern ist es ein beachtliches Repertoire an Erfahrungen, mit dem sie den Übergang in die weiterführende Schule antreten.

Jede Entwicklungsstufe kennzeichnet in der Theorie Eriksons eine Hauptkrise, die durch widersprüchliche psychische und äußere Anforderungen bestimmt wird. Auch Erikson geht davon aus, dass sich auf jeder Entwicklungsstufe eigene Entwicklungsaufgaben (mit psychosozialen Krisen) stellen, deren Bewältigung das Lösungsniveau für die Entwicklungsaufgaben der nächsten Stufe mitbestimmen. Die Entwicklungsrichtung ist durch die endogen angelegten Stufen vorgegeben. Aber auch bei einem geringen Lösungsniveau kann die nächste Stufe erreicht werden. Auf der Stufe der Latenz sind die Hauptkrisen (im Sinne von Hauptirritationen) nach Erikson »Werksinn versus Minderwertigkeitsgefühl« und in der Adoleszenz »Identität und Ablehnung versus Identitätsdiffusion« (Erikson 1982, S. 32f.). Für den Übergang von der Grundschule in die weiterführende Schule ist dabei besonders interessant, dass er annimmt, in den vorausgehenden Stufen seien die folgenden Stufen bereits angelegt. Er geht davon aus, dass sogar die Krisenthemen der folgenden Stufen von Anfang an mitschwingen. So taucht z. B. die Thematik des Urvertrauens aus der frühen Kindheit in der Pubertät wieder auf.

Zwischenfazit

Ob der Übergang als Herausforderung (durch anstehende Entwicklungsaufgaben) oder als psychosoziale Krise (die Erschütterung des Bisherigen durch das bevorstehende Neue) charakterisiert wird, hängt wesentlich vom theoretischen Hintergrund des jeweiligen Modells ab und stellt somit keinen Widerspruch dar. Entscheidend für den Erfolg ist jedoch in beiden Fällen, ob das Individuum die Anforderungen annimmt und mit Rückgriff auf seine bisherigen Erfahrungen und die Ressourcen im Umfeld zu lösen versucht. Im folgenden Kapitel geht es daher um die theoretische Fundierung des Übergangshandelns und die Bewältigungsstrategien, die Kinder dabei einsetzen.

2.1.6 Das Konzept der Bewältigungsstrategien für den Übergang

Um Bewältigungsstrategien für den Übergang herauszuarbeiten, die über die bereits skizzierten Ausführungen hinausgehen, werden im Folgenden handlungstheoretische Ansätze hinzugezogen, in denen eine Selbstkontrolle der Entwicklung für möglich gehalten wird.

2.1 Die 10- bis 12-Jährigen auf dem Weg ins Erwachsenwerden

Flammer (2003, S. 236) unterscheidet:

- auf Entwicklung wirkendes nichtintentionales Verhalten,
- Entwicklung als Nebenwirkung von Handlungen und
- Handlungen, die zielgerichtet Entwicklung intendieren.

Die beiden ersten, sich dem zielgerichteten Einfluss und wirksamen Entscheidungen des Kindes entziehenden Wirkungen wurden bereits in den vorangegangenen Kapiteln beschrieben. Dabei wurde festgestellt, dass die den Kindern zugestandenen Beeinflussungsmöglichkeiten relativ gering ausfallen, da beim Übergang von der Primar- in die Sekundarstufe vieles bereits strukturell vorgegeben ist. Außer Acht gelassen wird auch in diesem Kapitel, dass sich bei zielgerichteten Handlungen unbeabsichtigte Nebenwirkungen einstellen können.

Will man die Bewältigungsstrategien der Kinder für den Übergang in die Sekundarstufe herausarbeiten, lohnt sich zunächst ein Blick auf ihre zielgerichtet den Übergang betreffenden Handlungen. Es stellt sich die Frage, welche Ziele Kinder mit ihrem Übergang verbinden und was sie zielgerichtet dazutun, um diese Ziele erreichen zu können.

Übergangsbewältigungsstrategien setzen Wissen über die Bedingungen des Übergangs voraus, ebenso wie über die Anforderungen, die sich stellen werden. Hinzu kommen muss eine realistische Selbsteinschätzung über die persönliche Chance, die Anforderungen bewältigen zu können. Kognitive Prozesse wie Antizipation, Planung und Regulierung des Verhaltens spielen ebenfalls eine Rolle, wie auch unterschiedliche Einstellungen zum Übergang. Erwartet das Kind beispielsweise, dass sich seine Interessen, Werte und Ziele in der neuen Schulart entfalten können? Zu den kognitiven Prozessen, die für die Entwicklung von Bewältigungsstrategien eine Rolle spielen, gehört z. B. auch der Erwerb von Zeitwissen.

Menschen planen unterschiedlich weit voraus. Die psychologische Forschung zeigt, dass gerade im Alter zwischen 9 und 11 Jahren Kinder ihre Fähigkeiten, zukunftsorientiert zu handeln, entscheidend weiterentwickeln. Sie schauen weit in die Zukunft, jedoch sind die Zukunftsvorstellungen der Jüngeren weniger präzise als die von Jugendlichen (vgl. Nurmi 2005). Die Ziele, Pläne und Vorstellungen spiegeln in der Regel die Entwicklungsaufgaben und die alterstypische Lebenssituation wider. Jüngere Kinder interessieren sich für zwischenmenschliche Beziehungen und Leistung. Zunehmend kommen zukunftsorientierte Themen in den Blick sowie Überlegungen, was man prospektiv tun könnte, um z. B. beim Übergang in die Sekundarstufe zu gutem Erfolg zu kommen.

Zwischenfazit

Der Blick auf das Konstrukt der Bewältigungsstrategien macht deutlich, dass Übergänge an die Kinder hohe Anforderungen insbesondere an den Umgang mit Ungewissheiten stellen. Es ist anzunehmen, dass die eingesetzten Bewältigungsstrategien beim Übergang von der Grundschule in die Sekundarstufe jedoch unter Einfluss so vieler Parameter höchst unterschiedlich ausfallen. Dazu fehlt bislang jedoch einschlägige Forschung, wobei diesem Desiderat in der längsschnittlichen Untersuchung aus der Teilstudie KINDER des SurPriSe-Projektes (▶ Problemaufriss und Einführung in den Band und ▶ Kap. 1.8) von Jana Herding nachgegangen wird. Im folgenden Kapitel werden ausgewählte Ergebnisse vorgestellt.

2.2 (Retro-)Perspektive Erwartungen und Bewältigungsstrategien von Viert- und Fünftklässler*innen (Jana Herding)

Die bisherigen theoretischen Ausführungen des zweiten Kapitels haben umfassend verdeutlicht, dass sich der Übergang von der Grundschule in die weiterführende Schule vor allem für Kinder als ein komplexes Anforderungsgefüge darstellt. Dabei ist diesen

2.2 (Retro-)Perspektive Erwartungen und Bewältigungsstrategien

selbst die hohe Komplexität und Bedeutsamkeit des Übergangs durchaus bewusst und sie setzen sich intensiv sowohl emotional als auch kognitiv mit dem Schulwechsel auseinander. Eben dies offenbaren auch die befragten Viert- und Fünftklässler*innen aus der Teilstudie KINDER des SurPriSe-Projekts. Im Folgenden werden weitere ausgewählte Kinderstimmen daraus präsentiert, um die zuvor skizzierten theoretischen Perspektiven des zweiten Kapitels praxisnah zu veranschaulichen und anzudeuten, wie diese Kinder im Einzelnen mit ihrem Schulwechsel umgehen und welche individuellen Ressourcen zur Übergangsbewältigung genutzt werden.

2.2.1 Der Blick nach vorn: Erwartungen von Viertklässler*innen an den Übergang

Eine Betrachtung von zunächst frei geäußerten Gedanken ausgewählter Viertklässler*innen zeigt, dass der Übergang auf die neue weiterführende Schule sowohl auf schulischer, aber insbesondere auch auf persönlicher und sozialer Ebene zu erwartende und zu bewältigende Herausforderungen für die Kinder mit sich bringt:

»*Wenn ich an meinen Wechsel auf die weiterführende Schule im nächsten Sommer denke, dann. . .*« – Auszüge aus den Gedanken von Viertklässler*innen

». . . dann bin ich gespannt, wie die aussieht und ob die Schüler dort nett sind. Und ich hoffe, ich krieg ne nette Lehrerin. Und ich freu mich auch auf die Schule. Also auf die weiterführende Schule freue ich mich. Also ich freue mich, weil da gibt es Schülercafés und viele tolle Sachen. Und, also meine Schwester hat ja ne weiterführende Schule, und die hat da eine Stunde Pause und das finde ich voll cool, weil dann kommt sie auch manchmal nach Hause. . . .« *Sarah aus H., Viertklässlerin*

». . .dann hab ich ein bisschen Angst auf der weiterführenden Schule zu sein. Und ich hoffe, dass ich da viele Freunde finde. Und dass ich dann ne gute Lehrerin habe und dass ich gut in der weiterführenden Schule bin. Und ich hoffe, dass ich vielleicht zu meiner Schwester in die Schule gehe oder zu meinem Cousin. . . .« *Dorina aus H., Viertklässlerin*

2 Übergänge mitten in einer virulenten Entwicklungsphase der Kinder

»...fühle ich mich erstmal ein wenig traurig, weil ich mich dann von meinen ganzen Freunden verabschieden muss. Und dann muss ich mir halt wieder neue Freunde finden. Aber irgendwie ist es auch ein bisschen cool. Ich meine eine neue Schule, neue Sachen und ich mag es ganz gern Sachen zu erkunden und so. Und dass ich mich auch von meiner Patin verabschieden muss und so. Und die Aufgaben werden dann auch schwerer. Also irgendwie denke ich dann so an diese schweren Aufgaben und denk mir so, ja. Und ne neue Schule, alles wird schwieriger und so. Deswegen bei der neuen Schule bin ich auch ein bisschen nervös, halt neue Schüler, neue Lehrer, neue Schulsachen....« *Anastasia aus H., Viertklässlerin*

»... wünsche ich mir, dass ich neue Freunde finde. Also mehr neue Freunde finde. Und dass ich auch gute Freunde finde. Puh, ja und damit ich auf eine schöne Schule komme, will ich auch dass ich gesund bleibe und auf der weiterführenden Schule auch Einsen schreibe. Und nicht sitzen bleibe. Und ich wünsche mir eine gute, gute weiterführende Schule für mich. Und ja dann ich wünsche mir auch, dass ich meinen Bruder noch sehe, wenn der Abi macht. Dass ich dann in S. auf die Schule gehe, weil da meine Brüder sind....« *Tino aus H., Viertklässler*

Durch die hier beispielhaft ausgewählten Stimmen der Viertklässler*innen wird deutlich, dass ihre Gedanken mit Blick auf den perspektivisch bevorstehenden Übergang insgesamt doch um recht ähnliche Dinge kreisen. Bei den Viertklässler*innen überwiegen gespannte Vorfreuden, die aber durch die zu erwartenden Herausforderungen gleichzeitig auch verbunden sind mit einer gewissen Nervosität, Traurigkeit und generellen Sorgen. Diesen beispielhaften Kindern ist sowohl bewusst, meist durch Erzählungen von älteren Geschwisterkindern, dass sich schulstrukturelle Rahmenbedingungen verändern werden als auch dass sie ein steigendes Anforderungsniveau zu erwarten haben, welches Tino und Sarina auch »gut« erfüllen und »nicht sitzen bleiben« wollen. Das Bewusstsein über kommende Veränderungen zeigt sich allerdings nicht nur auf schulischer Ebene, sondern gerade auch auf persönlicher und sozialer Ebene (▶ Kap. 2.1). Hier kreisen bei fast allen die Gedanken um die sehr wichtige Frage, inwieweit Freundschaften (weiter) bestehen können. Anastasia macht sich Gedanken ums Abschied nehmen, andere um sich verändernde Beziehungen zu alten

2.2 (Retro-)Perspektive Erwartungen und Bewältigungsstrategien

und neuen Freund*innen sowie Lehrkräften als auch möglichen Geschwisterkindern. Wenngleich die erwarteten Diskontinuitäten durchaus Verunsicherungen hervorrufen, ist es Anastasias Worten zufolge auch »irgendwie ein bisschen cool« auf die weiterführende Schule zu kommen. Insgesamt erwecken die 10- bis 12-Jährigen hier den Eindruck sich den anstehenden Entwicklungsaufgaben dieses Übergangs stellen zu wollen.

Damit der bevorstehende Übergang dann ganz leichtfällt: Prospektive Bewältigungsstrategien von Viertklässler*innen

In den Interviews, die dann mit Viertklässler*innen weiterführend perspektivisch vor dem Übergang geführt wurden, standen daran anknüpfend im Besonderen die individuellen Bedürfnisse der Kinder im Erkenntnisinteresse, die in den letzten Wochen vor dem Schulwechsel aus ihrer Sicht zu einer erfolgreichen Übergangsbewältigung beitragen können (▶ Kap. 2.1.6) – auch wenn es möglicherweise auf der neuen Schule ganz anders kommt, als man sich das eigentlich wünscht.

Ein Auszug aus dem Interview mit der hier beispielhaft ausgewählten Pia aus B. soll zeigen, was sie selbst prospektiv für einen erfolgreichen Übergang tun möchte, damit zum einen ihre Wünsche an die weiterführende Schule sich erfüllen können, sie zum anderen aber auch mit befürchteten Sorgen bestmöglich umgehen kann:

»Also schon mal so ein bisschen so überlegen, was so auf dich zukommen könnte.«
– Einblicke in das Interview mit Pia aus B.

Nachdem Pia in einer »Wunsch-Sonne« ihre Wünsche für die weiterführende Schule festgehalten hat, soll sie sich einmal zukunftsorientiert mit der Frage auseinandersetzen, was ihr denn in den nächsten Monaten helfen würde, damit ihr dann der Wechsel auch ganz leicht fiele:

»Also schon mal so ein bisschen so überlegen, was so auf dich zukommen könnte. So dass man dann auch so ne gewisse Vorstellung dann auch hat.

2 Übergänge mitten in einer virulenten Entwicklungsphase der Kinder

Dass man sich dann eventuell schon drauf vorbereiten kann. So Zuhause einfach mal gucken, was die Schulen zum Beispiel auch auf ihrer Homepage haben. So dass man sich das ein bisschen angucken kann, wie die da im Unterricht so sind. . . . Eventuell auch schon so ein bisschen weiterdenkt sozusagen. So ne neue Schultasche kauft.«

Auch ihre Eltern und Freunde bezieht sie bei dieser für sie anscheinend so wichtigen gedanklichen Vorbereitung auf die neue Situation mit ein:

»Man kann einfach so drüber reden so. Austauschen darüber, was die anderen so denken. Sich gegenseitig auch so ein bisschen Mut zu wünschen und sowas alles. Das kann man auch gut machen.«

Nach der Auseinandersetzung mit ihren Wünschen sollte Pia in einer Wolke vergleichend auch ihre Sorgen mit Blick auf die neue Schule festhalten. Sie schreibt »Mobbing« und erklärt, dass »das schlimmste« für sie wäre, das man sich ärgere und streite, und das man dann wochenlang nicht miteinander sprechen würde. Damit möchte Pia am besten ganz offen umgehen:

»Also ich würde erstmal von den Kindern weggehen. Und die nicht ärgern und sowas. Erstmal weggehen, entweder zum Lehrer gehen, um mit dem zu reden. Aber wenn ich keinen Lehrer zu der Zeit sehe, dann zähle ich von 1 bis 10, ärgere mich gar nicht mehr drüber. Oder zähle bis 10, dass ich nicht mehr so aufgewühlt bin. Und dann würde ich versuchen, den Streit möglichst bald zu klären.«

Pia scheint es sehr wichtig zu sein, sich bereits gedanklich intensiv auf den bevorstehenden Übergang vorzubereiten und sich frühzeitig kognitiv auf Veränderungen einzustellen. Aber das möchte sie nicht nur für sich machen, sondern gerade auch im Austausch mit ihrem naheliegenden Umfeld aus Eltern und Freund*innen, um sich gegenseitig Mut zuzusprechen. Neben der Recherche über die neue Schule beispielsweise mit digitalen Medien über die Schulhomepage sind auch neue materielle Anschaffungen, wie eine neue Schultasche, für Pia hilfreiche Vorbereitungen. Auch Pias Sorgen kreisen hier insbesondere wieder auf sozialer Ebene und sie zeigt großes Interesse an zwischenmenschlichen Beziehungen. Gleichzeitig schätzt sie sich selbst aber so ein, dass sie in der Lage sein wird, möglichen Problemen zielgerichtet aus dem Weg zu gehen und Herausforderungen aktiv bewältigen zu können.

2.2.2 Der Blick zurück: Herausforderungen von Fünftklässler*innen im Übergang

Um nun vergleichend zu sehen, welche Herausforderungen Fünftklässler*innen dann tatsächlich zu bewältigen haben und welche Übergangsbewältigungsstrategien sie im Übergang und beim Ankommen auf der weiterführenden Schule jeweils nutzen, lässt sich durch einen Blick in die retroperspektiven Gedanken und vertiefenden Interviews mit Fünftklässler*innen drei Monate nach dem Schulwechsel erkennen. Auszüge aus den zunächst retroperspektiven Gedankenhöhlen-Monologen offenbaren, welchen individuellen Herausforderungen sich die hier beispielhaft ausgewählten Fünftklässler*innen im Einzelnen gestellt haben bzw. sich auch Wochen nach dem Übergang immer noch stellen:

*»Wenn ich heute an den Wechsel von meiner Grundschule auf meine neue Schule zurückdenke, dann ...« – Auszüge aus den Gedanken von Fünftklässler*innen*

»... war der Anfang auf der neuen Schule erstmal gewöhnungsbedürftig. Ich musste mich erst an alles gewöhnen. Wie die Schule ist, was die Regeln sind, wie das Ganze so funktioniert. Die ersten Tests, die wir geschrieben haben, sind für mich gut ausgegangen. Und in den Pausen, das war auch sehr spannend. Da spielen wir halt immer Tischtennis, was wir hier auf der Schule nicht gespielt haben. Da haben wir nämlich immer Fußball in den Pausen gespielt. Und wenn die Pausen dann zuende sind, dann gehen wir halt meistens in den nächsten Raum oder in unseren Klassenraum wieder. Dann in den 5 Minuten Pausen wechseln wir meistens von Erdkunde zu Biologie oder halt von anderen Fächern. Informatik haben wir noch nicht. Informatik haben wir nämlich erst im zweiten Halbjahr. Dafür haben wir Kunst, was wir im zweiten Halbjahr nicht haben. In Mathe haben wir jetzt schon zwei Tests geschrieben und in Deutsch auch und in Englisch auch. Und dann schreiben wir halt so in den Nebenfächern schreiben wir

2 Übergänge mitten in einer virulenten Entwicklungsphase der Kinder

noch so Tests, wie einen Musiktest, Vokabeltest noch in Englisch oder halt so Mikroskopführerschein in Biologie oder Atlasführerschein in Erdkunde. ...« Ron aus H., *Fünftklässler eines Gymnasiums*

»...hat sich einfach alles verändert. Es sind andere Leute, viele Schüler, es sind ungefähr 800 Schüler auf unserer neuen Schule. Und das ist finde ich echt ne Menge. Und ich mag es halt nicht, wenn ich alleine bin. Auf jeden Fall sind es sehr sehr neue Schüler auf unserer Schule. Also wir sind im Moment die Neuen, wir sind im Moment die Kleinsten. Also schon was anderes. Die Grundschulzeit war echt echt toll. Ich muss an alles denken, was wir erlebt hatten. Die Klassenfahrt. Dann die Tests und wo ich nicht gut mitgekommen bin. ... Das werde ich nie vergessen, was das für eine tolle Zeit war. Es war meine Lieblingszeit. ... Ich hoffe, dass ich meine alte Klassenlehrerin eines Tages wiedersehen kann. Sie fehlt mir sehr. Sehr sehr sogar. Sie war meine Lieblingslehrerin. Ich wünsche mir fast alles zurück....« Martha aus H., *Fünftklässlerin eines Gymnasiums*

Durch die hier beispielhaft ausgewählten Stimmen der Fünftklässler*innen wird deutlich, wie unterschiedlich jedes einzelne Kind die doch vorab durchaus ähnlich erwarteten Herausforderungen in der neuen Schule dann individuell durchlebt, mit diesen umzugehen und zu bewältigen versucht.

Für Ron war das Neue an der weiterführenden Schule nicht gleich am ersten Schultag sichtbar, sondern er musste sich erstmal daran »gewöhnen« und es hat sich alles allmählich entwickelt. Letztlich gelingt es ihm, sich die neuen Mikrosysteme in einem neuen räumlichen Umfeld und mit neuen charakteristischen Aktivitäten, wie die außerunterrichtlichen schulbezogenen Aktivitäten in den Pausen, eigenzuständig zu erschließen (vgl. ökosystemische Sichtweise von Bronfenbrenner ▶ Kap. 2.1.2 und Modell der Anforderungsbewältigung von Košinár ▶ Kap. 2.3). Er weiß mit den zu bewältigenden Herausforderungen umzugehen und scheint durch seine positive Grundhaltung einen erfolgreichen Weg in die Sekundarstufe gefunden zu haben.

2.2 (Retro-)Perspektive Erwartungen und Bewältigungsstrategien

Für Martha[29] hingegen scheinen die gestellten Anforderungen eine hohe persönliche Bedeutung zu haben und sie hängt noch sehr an der Grundschulzeit, es sei ihre »Lieblingszeit«. Die für Martha gewohnten Routinen und damit Sicherheiten brechen ein und sie wünscht sich »fast alles zurück«. Es fällt ihr sichtbar schwer, sich an die neuen schulischen Rahmenbedingungen und Strukturen zu gewöhnen, vor allem aber mit Veränderungen auf persönlicher und sozialer Ebene umzugehen und ihren Rollenwechsel wieder zu den »Kleinsten« in der neuen Umgebung zu verarbeiten (vgl. ökologischer Übergang Bronfenbrenner ▶ Kap. 2.1.2).

2.2.3 Entwicklungsaufgaben sind mit Entscheidungen verbunden

Eine weitere Besonderheit von Übergängen, die im vorangegangenen Kapitel herausgearbeitet wurde, ist die Tatsache, dass *Entwicklungsaufgaben immer mit Entscheidungen verbunden sind* (vgl. Havighurst ▶ Kap. 2.1.4). Wie Kinder sich dieser besonderen Herausforderung im Übergang auf die weiterführende Schule stellen, soll hier ein Auszug aus dem Interview mit dem beispielhaft ausgewählten Tino aus H. zeigen:

Entscheidungen im Übergang: »Am Ende habe ich mich für die fremde Schule entschieden.« – Einblicke in das Interview mit Tino aus H.

Tino, damals Viertklässler, hat eine Gymnasialempfehlung bekommen. Damit steht er nun vor der Entscheidung: entweder er geht auf das Gymnasium direkt im Wohnort, auf das auch alle seine Freunde gehen werden, oder er geht auf ein Sportgymnasium im 15 km entfernten Nachbarort. Dieses Sportgymnasium haben auch seine beiden älteren Brüder besucht, einer ist noch immer Schüler dort. Um die ihm gegebenen Auswahloptionen voneinander abzuwägen, berichtet Tino im rückblickenden Interview, er habe gemeinsam mit der elterlichen Unterstützung von Mama eine Liste

---

29 Marthas Übergang wird im Praxisbeitrag von Jana Herding in Kapitel 3.8. noch vertiefend betrachtet.

mit Vor- und Nachteilen gemacht. Drei Monate nach dem Schulwechsel erklärt Tino, dass er sich »am Ende für die fremde Schule entschieden« habe:

»...weil du willst ja auch neue Kinder kennenlernen. Also so wie ich, eine neue Schule will ich kennenlernen. Und deswegen neue Kinder, damit du auch mit den anderen Freunden spielst, mit neuem Unterricht und alles.«

Rückblickend weiß er, dass das geklappt hat und er sein Ziel erreicht hat:

»Ich bin halt nicht dahin gegangen, wo meine Freunde waren, sondern auf eine ganz neue Schule. Da hatte ich auch keine Freunde und so. Aber die habe ich gefunden. Es war sehr schön, als ich auf die neue Schule gegangen bin. Ich fühle mich auch sehr glücklich auf dieser Schule.«

Heute fährt er sogar ganz selbstständig mit dem Zug zur neuen Schule, nachdem er den Schulweg einmal mit Mama zusammen »durchgegangen« sei:

»Ja, also einmal hab ich das mit meiner Mutter gemacht, so zum Ausprobieren. Da hatten wir so einen freien Tag. Und da sind wir halt einmal Zug gefahren, haben unsere Fahrkarten abgestempelt, und dann haben wir den Schulweg mal durchgegangen. Dann bin ich halt immer die ersten Tage mit meinem Bruder gegangen. Und dann hatte ich den irgendwann drin.«

Auf die abschließende Interviewfrage, welchen Tipp er seinem Freund mitgeben würde, dem bald selbst ein Übergang auf die weiterführende Schule bevorstehen würde, hält Tino als von der Forscherin bezeichneter »Übergangsexperte« rückblickend fest:

»Also, dass er entscheiden soll, wohin er will. Also ob er zu seinen Freunden will, oder auch dahin will, wo er neue Freunde finden will. Und dass er halt mutig bleibt, also dass er nicht jetzt, so traurig ist, wenn er die falsche Entscheidung trifft. Weil es seine Entscheidung ist und er darf halt entscheiden, wohin er gehen will.«[30]

Es ist durchaus beeindruckend, wie ein Fünftklässler hier drei Monate nach dem Schulwechsel bereits seinen Übergang reflektiert, und ihm scheint bewusst zu sein, dass bei der Bewältigung von

---

30 Die Handlungsempfehlungen der N = 20 Fünftklässler*innen werden im Praxisbeitrag von Jana Herding in Kap. 4.3.2 noch vertiefend betrachtet.

Entwicklungsaufgaben auch mal falsche Entscheidungen und somit zukunftsorientiert Umwege im Leben mit dazugehören werden. Dennoch hat Tino äußerst zielgerichtet seinen Weg in die weiterführende Schule gewählt und auch gefunden (vgl. Konzept Havighurst ▶ Kap. 2.1.4) und konnte bereits neue Freund*innen und eine für sich neue und gute Schule kennenlernen. Auch den neuen Erfahrungsraum, einen längeren und weitaus umständlicheren Schulweg, hat er sich in kurzer Zeit ganz eigenverantwortlich erschlossen und zunehmend an Autonomie gewonnen. Auch Tino weiß die ihm bisher gestellten Herausforderungen als anstehende Entwicklungsaufgaben aktiv zu bewältigen.

Die subjektive Auseinandersetzung mit zu erwartenden und dann auch erlebten Kontinuitäts- und Diskontinuitätserfahrungen im Übergang ist eine große Strukturierungsleistung, die jedes Kind ganz unterschiedlich bewältigt (vgl. Petersen 2016; Maschke & Stecher 2010). Das haben auch die vorliegenden Kinderaussagen aus der Studie von Jana Herding bestätigt. Im Kapitel 4 (▶ Kap. 4) wird nochmal ein differenzierter Blick auf das geworfen, was den Kindern zur positiven Übergangsbewältigung geholfen hat, was Eltern und Lehrkräfte aus ihrer Sicht dazu beigetragen haben und welche Handlungsempfehlungen sie daher an andere Kinder in Übergangssituationen weitergeben würden.

2.3 Zusammenfassung Kapitel 2

Julia Košinár hat auf Basis ihrer empirischen Forschung für die Bewältigung des Übergangs von angehenden Lehrer*innen in den Beruf ein allgemeines heuristisches Verlaufsmodell zusammengestellt, welches die Anforderungsbearbeitung modelliert. Dieses Modell (▶ Abb. 8) greift die verschiedenen Ansätze, die im Kapitel 2 (▶ Kap. 2) vorgestellt wurden, auf und integriert sie. Es lässt sich auf die Anforderungsbearbeitung beim Übergang der Kinder von

2 Übergänge mitten in einer virulenten Entwicklungsphase der Kinder

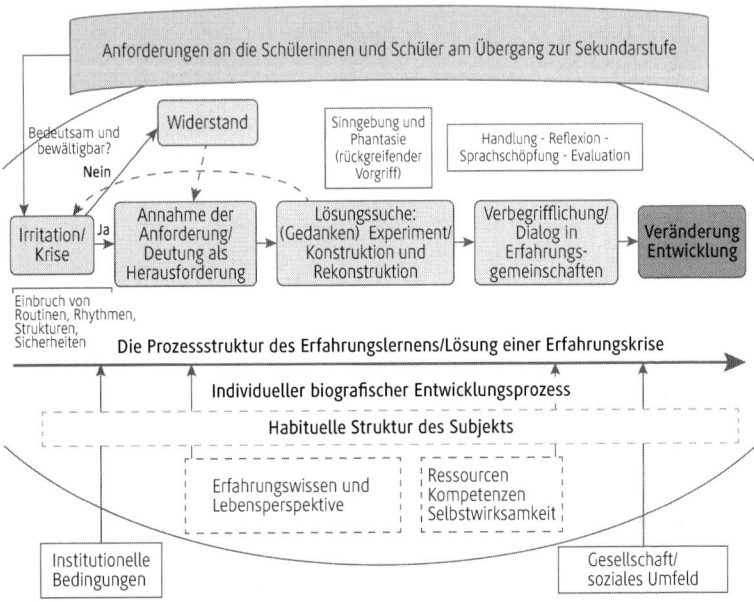

Abb. 8: Heuristisches Verlaufsmodell: Entwicklung in der Anforderungsbearbeitung am Übergang (in Anlehnung an Košinár, 2014, S. 101)

der Grundschule in die Sekundarstufe übertragen, wie auch durch die Kinderstimmen von Jana Herding deutlich wurde. Dabei zeigt sich, dass die Annahme der Herausforderungen, auch gegen Widerstände, quasi die Basis für einen gelingenden Übergangsprozess darstellt. Erst vor diesem Hintergrund gelingt in der gedanklichen Auseinandersetzung mit dem Neuen ein kreativer Prozess der Lösungssuche. Auch die Begriffe für das Neue, das erwartet wird, bilden sich erst in diesem Prozess heraus und ermöglichen es mit anderen Kindern über die Herausforderungen und ihre Bewältigung auch im Rückblick zu sprechen. Dieser Reflexionsprozess macht die neuen Erfahrungen schließlich für künftige Anforderungen verfügbar (vgl. Košinár 2014, S. 101).

2.3 Zusammenfassung Kapitel 2

Im Kapitel 2 (▶ Kap. 2) wurden vor dem Hintergrund einer ökosystemischen Perspektive entwicklungspsychologische und sozialisationstheoretische Annahmen zur Reflexion des Übergangsgeschehens herangezogen. Im 3. Kapitel (▶ Kap. 3) beleuchten wir die aktuellen institutionellen Übergangsbedingungen auch in Bezug auf Inklusion. Danach kommen wir im 4. Kapitel (▶ Kap. 4) auf mögliche Wirkungen institutioneller Bedingungen auf die personalen Ressourcen der Kinder zurück und skizzieren Möglichkeiten, wie schulisch sowie durch die Eltern die einzelnen Kinder auch bei widrigen Umständen unterstützt werden können.

3

Inklusion am Übergang in die Sekundarstufe I

Am Übergang von der Grundschule in die Sekundarstufe I an Inklusion zu denken erscheint erstmal so, als wolle man zwei gegensätzliche Zielrichtungen vereinen. Ist doch gerade dieser Übergang im gegliederten Schulsystem geprägt durch Zuweisung jedes einzelnen Kindes zu einer Schulart und Schule, von der sich Lehrpersonen und Eltern das Beste für dieses Kind versprechen. Es geht also zunächst nicht um Inklusion, sondern um Separation. In diesem Kapitel werden nach einer Auseinandersetzung mit dem Inklusionsbegriff einige empirische Befunde zu Separations- und Inklusionseffekten aus kontrastiv ausgewählten Bundesländern Deutschlands zusammengetragen. Der Fokus liegt dabei auf dem Übergang von der Primar- in die Sekundarstufe des Bildungswesens. Deutlich wird, welche Bedeutung die Struktur des Schulsystems für die Bildungswege der Kinder hat. Das Kapitel schließt mit einem weiteren Praxisbeitrag aus der KINDER-Studie von Herding, in welchem der individuelle Übergangsprozess zweier Mädchen mit sonderpädagogischem Unterstützungsbedarf im Bereich Lernen vergleichend in transitionstheoretischer Rahmung (vgl. Griebel & Niesel 2018) unter dem Fokus Inklusion betrachtet wird.

3.1 Inklusion – der Heterogenität der Kinder gerecht werden

Historisch geht Inklusion in Deutschland zurück auf die Integrationsbewegung und das gemeinsame Lernen »behinderter und nichtbehinderter Kinder« der 1970er Jahre. Als erste staatliche integrative Grundschule wird die Fläming-Grundschule Berlin aufgeführt, die 1976, angestoßen durch die Elterninitiative in Berlin-Friedenau, mit der integrativen Arbeit in Integrationsklassen begann. Erreicht werden sollte, dass kein Kind vom Besuch der Grundschule ausgeschlossen wird.

In der pädagogischen Fachliteratur wird darauf aufmerksam gemacht, dass eine personenbezogene Unterscheidung zwischen behinderten und nichtbehinderten Kindern nicht sinnvoll ist (Preuss-Lausitz 1993, S. 127; Seitz & Scheidt 2012, S. 4). Vielmehr geht es darum gedanklich auch weitere Dimensionen von Heterogenität der Kindergruppe mit einzubeziehen, wie etwa das Geschlecht, die soziale Lage und die Kultur der Familien. Zudem wurde darauf hingewiesen, dass die verschiedenen Heterogenitätsdimensionen bezogen auf das einzelne Kind gleichzeitig vorhanden sind, interagieren und sich im Lebenslauf in der Auseinandersetzung mit den Möglichkeiten, die die Umwelt dem Kind bietet, (weiter)entwickeln. Für Unterricht und für Schulerfolg sind weitere ebenfalls entwicklungsfähige Merkmale relevant, insbesondere die unterschiedlichen Interessen der Kinder, das Spektrum ihrer persönlichen lernbezogenen Ressourcen wie Stressbewältigung, das Interessiertsein, Arbeits- und Lernstrategien, Mut, Kontrollüberzeugung, Kooperationsfähigkeit und Reflexionsfähigkeit (▶ Kap. 4.1.2). Von besonderer Bedeutung ist, wie sich das Kind in die Lerngemeinschaft der Klasse einbringen kann und welche Möglichkeiten die Lerngemeinschaft dem Kind dafür bietet. Es kommt also vor allem auf das gemeinsame Lernen an und nicht nur auf das räumliche Zusammensein.

3.1.1 Internationale Konventionen

Einen wichtigen Anstoß für die Gesellschaft, sich intensiver mit Inklusion zu befassen, gab das Übereinkommen der Vereinten Nationen über die Rechte von Menschen mit Behinderungen (UN-Behindertenrechtskonvention – kurz UN-BRK, 2008). Es wurde 2009 von der Bundesrepublik Deutschland ratifiziert und konkretisiert die universellen Menschenrechte mit Blick auf Menschen mit Behinderungen, indem es klarstellt, dass sie uneingeschränkt gleiche Rechte auf Teilhabe wie alle Menschen haben.

Die UN-Behindertenrechtskonvention orientiert sich am Leitbild der »Inklusion«. Dies hat die Aufgabe der Gesellschaft zur Folge, Inklusion umzusetzen, sprich mit Leben zu füllen. So wie die UN-Kinderrechtskonvention (kurz UN-KRK, 1989) Kindern die Mitsprache in allen sie betreffenden Angelegenheiten zusichert und sich in Artikel 23 auch speziell auf Kinder mit Behinderungen bezieht, sichert dies für alle Menschen mit Behinderung die UN-Behindertenrechtskonvention.

Zwischenzeitlich werden sowohl die Ziele der UN-Kinderrechtskonvention als auch die der UN-Behindertenrechtskonvention als Bestandteil der Agenda 2030 für nachhaltige Entwicklung gesehen (Martens & Obenland 2017). Inklusion gilt als Voraussetzung für eine friedliche und soziale Gesellschaft:

3.1 Inklusion – der Heterogenität der Kinder gerecht werden

»Inklusive Bildung rückt die unterschiedlichen Bedürfnisse aller Lernenden in den Mittelpunkt und begreift Vielfalt als Chance für Lern- und Bildungsprozesse. Sie ist Voraussetzung für ein friedliches und soziales Miteinander. In einer humanen Gesellschaft erfährt jeder Mensch mit seinen individuellen Eigenschaften, Interessen und Bedürfnissen Anerkennung und Wertschätzung und erhält die Chance auf gesellschaftliche Teilhabe. Jede Form der Exklusion wirkt einem friedlichen, sozialen und humanen Zusammenleben entgegen. Inklusive Bildung ist daher ein wichtiger Baustein für die Entwicklung einer Gesellschaft, in der in dieser Weise Vielfalt gelebt und jedem Menschen die Chance auf Teilhabe gewährt wird« (Deutsche UNESCO Kommission o.J.).

3.1.2 Schulmodelle mit dem Ziel verbesserter Bildungsgerechtigkeit

Ein inklusives Bildungssystem müsste folglich darauf ausgelegt sein, die Vielfalt der Kindergruppen und die Vielfalt der individuellen Möglichkeiten und Interessen wertzuschätzen und konstruktiv didaktisch und methodisch anzusprechen. Vielfalt wird als Schatz betrachtet, den es zu nutzen gilt. Ein auf Auslese ausgerichtetes dreigliedriges Schulsystem, ergänzt um ein ausgebautes Sonderschulwesen, setzt demgegenüber auf Homogenisierung.

Die gesellschaftliche Tragweite des deutschen traditionell fest verankert auf Exklusion setzenden Schulwesens wurde in Kapitel 1 (▶ Kap. 1.1) deutlich. Immer wieder wurden Versuche unternommen, die soziokulturelle Auslese zu verhindern, ohne an den Grundfesten des Schulsystems zu rütteln. Veränderungen führten daher vornehmlich zu einer Diversifizierung des Schulartenangebots und wurden in der BRD um das dreigliedrige Schulsystem herum gebaut. Vier Modelle ließen sich dabei historisch für die Erhöhung gleicher Bildungschancen und kontinuierlicher Bildungswege von Kindern ausmachen, die alle eine gewisse Entkopplung von Schulart und Abschluss darstellen:

a) allgemeine Schulen, die additiv mehrere Zweige im Sinne einer äußeren Differenzierung vereinbaren und dadurch mehr hori-

zontale Durchlässigkeit ermöglichen sollen, z. B. kooperative Gesamtschulen;
b) wohlüberlegte, curricular schlüssige und organisatorisch transparente Anschlüsse zwischen aufeinander aufbauenden allgemeinen Schulen;
c) Schulen, in denen ohne äußere Differenzierung nach Schulleistung alle Kinder inklusiv gemeinsam unterrichtet werden, z. B. Integrierte Gesamtschulen, zunehmend auch Gemeinschaftsschulen (vgl. Vieluf 2021; Wacker & Bohl 2016);
d) Aufhebung des Übergangs von der Grundschule in die Sekundarstufe I, indem beide in einer Schule zu einer Langformschule mit Klasse 1 bis 10 oder 13 vereint sind (z. B. die Internationale Gesamtschule Heidelberg, die Laborschule Bielefeld, die Winterhuder Reformschule)[31].

In allen vier Modellen ist es leichter möglich, Kinder mit sonderpädagogischem Förderbedarf aufzunehmen und eine inklusive Schule zu entwickeln als in den klassischen Schularten des dreigliedrigen Schulsystems, da die pädagogisch-didaktischen Grundlagen für gemeinsames Lernen bereits im System selbst angelegt sind. Damit es jedoch gelingt, auch im Rahmen einer Leistungskultur und des Leistungs-Feedbacks in der jeweiligen Schule Schulleistungen und persönliche Wertschätzung für alle Kinder zu entkoppeln, sind weitreichende schulgesetzliche, schulorganisatorische und pädagogische Entwicklungen erforderlich. Wie gut die oben genannten vier Schulformen weiterführender Schulen zum Modell einer inklusiven Schule passen und welche Folgen sich daraus für die Übergänge von Kindern mit einer Behinderung ergeben, stellt sich wie folgt dar:

---

31 Unter verschiedenen Bezeichnungen existieren Langformschulen mit Klasse 1 bis 10 oder 13 in Baden-Württemberg, Berlin, Brandenburg, Hamburg, Hessen, Mecklenburg-Vorpommern, Niedersachsen, Nordrhein-Westfalen, Sachsen, Schleswig-Holstein und Thüringen.

3.1 Inklusion – der Heterogenität der Kinder gerecht werden

a) Strukturell angelegt haben additive Schulmodelle den größten Schritt hin zur inklusiven Schule zu bewältigen, da hier stark auf äußere Differenzierung – wenn auch innerhalb der Schule – gesetzt wird.

b) Durch eine enge Abstimmung zwischen Grundschule und weiterführender Schule kann der Übergang auch für Kinder mit einer Behinderung leichter gelingen. Inklusion in der weiterführenden Schule wird wahrscheinlicher. Teilen die beiden Schulen das gleiche wohnräumliche Einzugsgebiet, besteht die Chance, weitere Akteure aus dem sozialpädagogischen und dem therapeutischen Bereich schulstufenübergreifend einzubinden.

c) Nicht immer müssen die Impulse für die Entwicklung eines inklusiven Schulsystems von der Grundschule ausgehen. Der Einfluss einer inklusiven Schule des Sekundarbereichs auf die Grundschulen ihres Einzugsgebiets kann zu deren Weiterentwicklung zur inklusiven Schule beitragen. Deutlich wird, dass nur wenn sowohl die Grundschule als auch die Schule der Sekundarstufe I inklusiv arbeiten, ein reibungsarmer Übergang für Kinder mit einer Behinderung möglich ist.

d) Im Modell der Langformschule lassen sich auch weiterreichende Fragen lösen bzw. sie kommen gar nicht erst auf. Dazu gehört nicht nur die Kontinuität der Bezugsgruppe und der Bezugspädagog*innen, sondern auch der kontinuierliche Einsatz von Schulbegleitpersonen (Schulassistenz, Integrationshelfer*innen) kooperierender freier Träger. Fördermaßnahmen werden nicht durch einen Schulwechsel unterbrochen.

In dem aktuellen Entwicklungsprozess hin zu einem inklusiven Schulsystem ist der Blick auf die Anschlussstellen besonders aufschlussreich, ist doch gerade der Übergang von der Grundschule auf die weiterführende Schule traditionell die bedeutsamste Stelle für die gesellschaftliche Auslese.

3.1.3 Empfehlungen der Kultusministerkonferenz

Die Kultusministerkonferenz hat 2011 in ihren Empfehlungen zur Inklusiven Bildung festgestellt, dass hierfür ein enges Zusammenwirken der »unterschiedlich ausgebildeten Pädagoginnen und Pädagogen, der Schulträger sowie ggf. die Zusammenarbeit mit Fachdiensten und Leistungs- und Kostenträgern« notwendig ist (KMK 2011, S. 14). Weiter unten heißt es:

> »Partner der Schulen sind die Eltern, die Schulträger, Fachdienste der Sozial- und Jugendbehörden, die Arbeitsverwaltungen, Vertreter medizinisch therapeutischer Gesundheitsberufe und andere Leistungs- und Kostenträger. Es erfolgt eine Verständigung darüber, wie die Zusammenarbeit gestaltet wird, wie barrierefreier Unterricht in einer inklusiver werdenden Schule gewährleistet werden kann und wie Übergänge in der schulischen Biografie erfolgreich gestaltet werden können« (KMK 2011, S. 22).

Die folgende Grafik stellt mögliche Kooperationserfordernisse dar, die nicht immer alle gleichzeitig auftreten, aber doch abhängig von der jeweiligen persönlichen Situation des Kindes und den vorhandenen Einrichtungen erforderlich sein können (▶ Abb. 9). Es wird deutlich, dass der Übergang nur zu bewältigen ist, wenn die jeweils Zuständigen an einen Tisch kommen.

Zu berücksichtigen ist, dass trotz Inklusionsvorgaben weiterhin verschiedene Förderzentren vorhanden sind, in denen Kinder mit einer bestimmten diagnostizierten Behinderungsart unterrichtet werden, so beispielsweise in Nordrhein-Westfalen mit den Förderschwerpunkten Lernen, Sprache, emotionale und soziale Entwicklung, Hören und Kommunikation, Sehen, geistige Entwicklung, körperliche und motorische Entwicklung. Hier gibt es deutliche traditionsverhaftete Unterschiede zwischen den Bundesländern. Entsprechend unterscheiden sich die Verfahrensanweisungen für den Übergang ebenso wie der Anteil der Kinder mit diagnostiziertem sonderpädagogischem Förderbedarf, die eine Förderschule bzw. ein Förderzentrum besuchen.

Die Regelungen zum Übergang von der Grundschule in die Sekundarstufe I sind im Fluss, da sich selbst die Empfehlungen der

3.1 Inklusion – der Heterogenität der Kinder gerecht werden

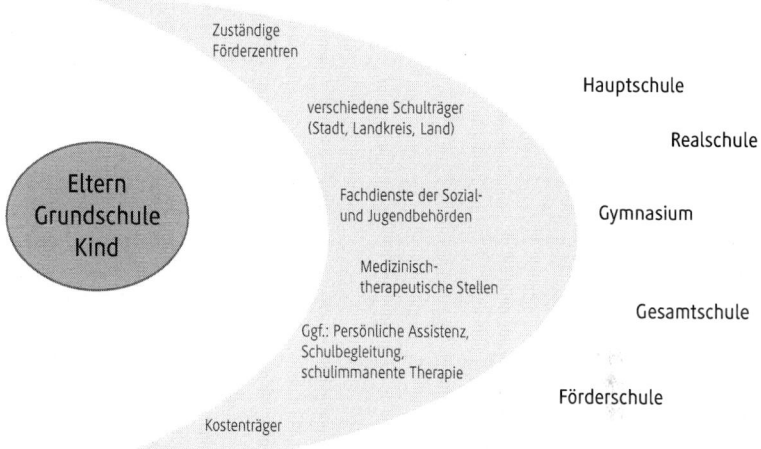

Abb. 9: Potenzielle Kooperationspartner am Übergang von der Grundschule in die Sekundarstufe I abhängig von Behinderung (eigene Darstellung von U. Carle)

Kultusministerkonferenz nicht in jedem Bundesland gleichermaßen ausgewirkt haben. Fest steht jedoch auf Menschenrechtsebene: Jedes Kind hat das gleiche unhintergehbare Recht auf individuelle Entwicklung und auf soziale Teilhabe einschließlich des Rechts auf uneingeschränkten Bildungszugang. Das gilt unabhängig von seinem persönlichen Unterstützungsbedarf (vgl. UNICEF 1989 UN-KRK, Art. 2, Abs. 1).

Im folgenden Kapitel werden zunächst die aktuellen Regelungen in ausgewählten Bundesländern dargestellt und verglichen. Dabei wird auch die Rolle der Eltern im Übergangsprozess beleuchtet, insbesondere für den Fall eines festgestellten sonderpädagogischen Förderbedarfs beim Kind. Es zeigt sich ein deutlicher Unterschied zwischen diesen Bundesländern – auch wenn man einen Blick darauf wirft, auf welche Schule Kinder nach der Grundschule wechseln.

3.2 Übergänge in die Sekundarstufe in Baden-Württemberg unter dem Fokus Inklusion

Um das baden-württembergische Schulsystem bezüglich der Wirkung der Übergangsentscheidungen nach der Grundschule zu verstehen, ist es sinnvoll, vorab einen Blick auf die vertikale Durchlässigkeit zu werfen (▶ Abb. 10). Sie zeigt sich durch die Möglichkeit, nach Abschluss einer Schule auch ohne Abschlussprüfung, z. B. den Hauptschulabschluss oder den Mittleren Bildungsabschluss, in einer anschließenden Schule mit einem zusätzlichen beruflichen Profil nachzuholen, oder mit einem mittleren Abschluss aus einer anderen Schulart ein berufliches Gymnasium anzuwählen. Daneben ist ein System von Gemeinschaftsschulen und wenigen Gesamtschulen mit den Jahrgängen 1 bis 13 entstanden, die es Schüler*innen ermöglichen über die ganze Schullaufbahn in der gleichen Schule zu bleiben.

In Baden-Württemberg gehen jährlich etwa 92.500 Schüler*innen von der Grundschule in die Sekundarstufe über. Wohin die Schüler*innen der Grundschule nach Klasse 4 wechseln bzw. wo sie verbleiben[32], geht aus der nachfolgenden Ausführung hervor. Diese basiert auf der Statistik des Landes Baden-Württemberg für das Schuljahr 2019/20, die allerdings wegen einiger Doppelzuordnungen und Auslassungen bei Gemeinschaftsschulen nicht vollständig aussagekräftig ist. Insgesamt gibt es in Baden-Württemberg sieben Schularten in der Sekundarstufe. Zusätzlich ist das

---

32 Im Jahr 2019/2020 besuchten 48.420 Schüler*innen den Grundschulbildungsgang einer Gemeinschaftsschule. Eine nicht ausgewiesene Zahl von Kindern besuchte bereits im Grundschulalter ein SBBZ. Davon wurden ca. 4% bereits in ein SBBZ eingeschult, obwohl dies durch diverse Modelle am Schulanfang und durch Grundschulförderklassen abgeschwächt werden soll (vgl. LiS & Statistisches Landesamt Baden-Württemberg 2018, S. 89). Es ist in der Statistik nicht ausgewiesen, wie viele Kinder auf der gleichen Schule in die Sekundarstufe I übergegangen sind.

3.2 Übergänge in die Sekundarstufe in Baden-Württemberg

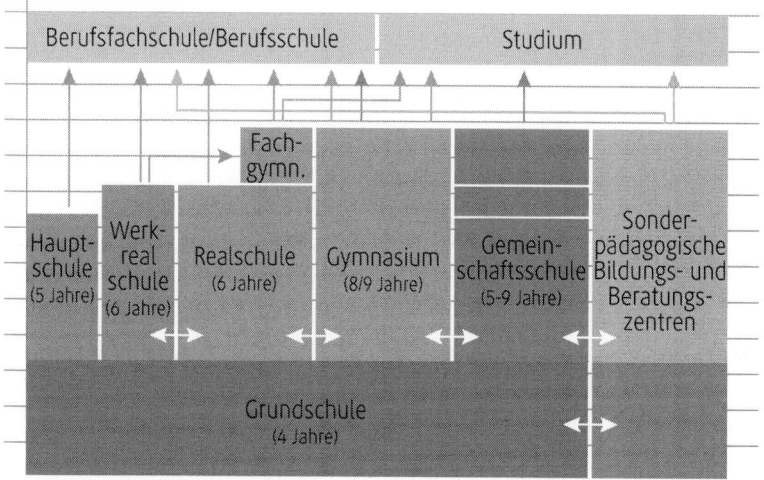

Abb. 10: Überblick zum Schulsystem in Baden-Württemberg (Quelle: Landratsamt Bodenseekreis 2020)

Sonderschulwesen wiederum in sieben Förderschwerpunkte gegliedert. Für die Ausdifferenzierung auf die einzelnen Förderschwerpunkte der sonderpädagogischen Bildungs- und Beratungszentren (SBBZ) musste teilweise auf die Angaben aus dem Schuljahr 2018/19 zurückgegriffen werden. Nicht ausgewertet wurden die Übergänge von einem SBBZ in eine Regelschule bzw. aus einer Schulart der Sekundarstufe in eine andere Schulart (vgl. Statistisches Landesamt Baden-Württemberg 2020; ZSL o. J.; Ministerium für Kultus, Jugend und Sport Baden-Württemberg 2020).

3.2.1 Übergänge in sonderpädagogische Bildungs- und Beratungszentren (SBBZ)

399 öffentliche SBBZ unterrichten im Schuljahr 2017/18 in Baden-Württemberg insgesamt 35.417 Schüler*innen (einschl. Klasse 1–4), darunter 47 % mit Migrationshintergrund. Die meisten Schüler*in-

nen besuchen ein SBBZ mit Förderschwerpunkt Lernen (17.117) oder geistige Entwicklung (7313), gefolgt von den Förderschwerpunkten Sprache (4.750), körperliche und motorische Entwicklung (2.501), Hören (791), Sehen (550) sowie emotionale und soziale Entwicklung (473).[33] Alle Förderschwerpunkte außer Lernen und geistige Entwicklung ermöglichen prinzipiell auch einen Hauptschul- bzw. einen mittleren Bildungsabschluss direkt am SBBZ, die Förderschwerpunkte Hören sowie körperliche und motorische Entwicklung auch das Abitur. Hinzu kommen noch 16.474 Schüler*innen an 162 SBBZ in privater Trägerschaft, teils mit Internat. Insgesamt lernen in Baden-Württemberg etwa 4,5 % der Kinder in einem SBBZ. Kinder mit sonderpädagogischem Förderbedarf aus einer Familie mit niedrigem sozialem Status besuchen in Baden-Württemberg häufiger ein SBBZ als Kinder aus Familien mit einem hohen sozialen Status (vgl. LiS & Statistisches Landesamt Baden-Württemberg 2018, S. 89). Das Gleiche gilt für Kinder mit Migrationshintergrund.

3.2.2 Übergänge in Schulen mit mehreren Bildungsabschlüssen

In Baden-Württemberg gibt es neben traditionellen Schulen des gegliederten Bildungssystems und einigen SBBZ drei verschiedene Schularten, in denen mehrere Bildungsabschlüsse vergeben werden:

- Werkreal-/Hauptschulen
- Gemeinschaftsschulen
- Öffentliche Schulen besonderer Art.

---

33 Abweichungen ergeben sich, da die Zahlen der öffentlichen SBBZ förderschwerpunktspezifisch lediglich für das Schuljahr 2018/19 vorlagen, die Zahl der Kinder, die im Schuljahr 2019/20 ein öffentliches SBBZ besuchen, im Folgejahr jedoch um 3,2 % angestiegen ist.

3.2 Übergänge in die Sekundarstufe in Baden-Württemberg

Die 345 öffentlichen Werkreal-/Hauptschulen mit der Möglichkeit zum Hauptschulabschluss nach Klasse 9 und zum mittleren Bildungsabschluss nach Klasse 10 unterrichten 45.040 Schüler*innen. 52 % haben einen Migrationshintergrund. Die Werkreal-/Hauptschulen verzeichnen somit den höchsten Anteil an Schüler*innen mit Migrationshintergrund unter allen Schularten. Stark in Entwicklung sind die Gemeinschaftsschulen in Baden-Württemberg, wie die folgende Analyse zeigt. Dies führt zu einer Erweiterung der Möglichkeiten bei der Schulartwahl und erhöht zugleich die Herausforderung für Kinder und Eltern, die richtige Schulwahl zu treffen. Im Schuljahr 2019/20 unterrichteten 305 öffentliche Gemeinschaftsschulen bis Klasse 10, die einen mittleren Bildungsabschluss oder einen Hauptschulabschluss vergeben, 80.203 Schüler*innen, davon 36 % mit Migrationshintergrund. Sie sind oftmals als Zusammenschluss von Grund- und Hauptschulen entstanden. Über die Haltekraft[34] der Schulen mit Grundstufe und Sekundarstufe liegen keine Zahlen vor. Es gibt außerdem in Baden-Württemberg drei öffentliche »Schulen besonderer Art«. Das sind große integrierte Gesamtschulen mit den Klassen 1 bis 13, die alle Abschlüsse vergeben. Sie unterrichteten im Schuljahr 2019/20 insgesamt 4.005 Schüler*innen, 36 % mit Migrationshintergrund. Auf der Homepage der Internationalen Gesamtschule Heidelberg Hasenleiser (2021), die 1976 gegründet wurde und heute die größte Schule der Stadt ist, heißt es:

> »Mit dem vielfältigen Bildungsangebot unter einem Dach bietet die IGH etwas ganz Besonderes: die allseits geforderte Durchlässigkeit im Bildungssystem wird hier gelebt und es ist ein großes Anliegen, jeden Schüler und jede Schülerin individuell zu dem bestmöglichen Schulabschluss zu bringen.«

In der Statistik nicht aufgeführt ist die Waldparkschule Heidelberg, eine Gemeinschaftsschule mit Klasse 1 bis 13, die 470 Schüler*in-

---

34 Haltekraft bedeutet hier, dass es der Schule gelingt ihre Schüler*innen nach Klasse 4 an der Schule zu halten, d. h. dass eine geringe Fluktuation an andere Schulen stattfindet.

nen zählt. Folglich ist auch der Anteil der Schüler*innen mit Migrationshintergrund nicht zu ermitteln. Ähnlich verhält es sich bei den Daten der drei öffentlichen Gemeinschaftsschulen von Klasse 5 bis Klasse 13 in Baden-Württemberg, die alle Abschlüsse vergeben. Sie unterrichteten zwar laut amtlicher Statistik im Schuljahr 2019/20 nur insgesamt 224 Schüler*innen, davon angeblich nur 15 % mit Migrationshintergrund. Diese Zahlen sind jedoch überholt, da zum Zeitpunkt der Erhebung erst zwei Schulen gerade mit der Arbeit der gymnasialen Oberstufe begonnen hatten. Zwischenzeitlich wurden fünf weitere GMS mit gymnasialer Oberstufe genehmigt, vier davon nehmen im Schuljahr 2021/22 die Arbeit der gymnasialen Oberstufe auf. Eine Gesamtschule oder eine Gemeinschaftsschule mit einer eigenen gymnasialen Oberstufe ist für weitaus mehr Schüler*innen attraktiv als eine Schule, die keine Möglichkeit bietet das Abitur anzustreben.

3.2.3 Übergänge in traditionelle weiterführende Schulen des dreigliedrigen Schulsystems

Zu den traditionellen weiterführenden Schulen des dreigliedrigen Schulsystems gehören die Realschulen und die Gymnasien. Diese Schularten sind in Baden-Württemberg weiterhin vertreten und werden von weitaus mehr Schüler*innen besucht als die Gemeinschaftsschulen, Gesamtschulen und Schulen der besonderen Art zusammen. 412 öffentliche Realschulen, die traditionell einen mittleren Bildungsabschluss vergeben, unterrichten 196.558 Schüler*innen, davon haben allerdings nur 28 % einen Migrationshintergrund. Sozialer Hintergrund der Familie und Migrationshintergrund zeigen sich vor allem in der Anwahl der 377 öffentlichen Gymnasien, die nach Klasse 10 einen mittleren Bildungsabschluss vergeben bzw. nach Klasse 12 oder an Modellschulen nach Klasse 13 zum Abitur führen. Sie unterrichten insgesamt 258.772 Schüler*innen, davon lediglich 16 % mit Migrationshintergrund.

3.2 Übergänge in die Sekundarstufe in Baden-Württemberg

Dass in Baden-Württemberg die traditionellen Schularten einen so hohen Zulauf haben, hängt vor allem damit zusammen, dass in Süddeutschland ab den 1980er Jahren kaum Gesamtschulen gegründet wurden. Auch die Gemeinschaftsschulen wurden erst im Schuljahr 2012/13 von der Landesregierung aus Bündnis 90/Die Grünen und SPD angestoßen. Bis heute sind sie nicht überall vertreten. Folglich ist die Verteilung der Schüler*innen zwischen Gemeinschaftsschule und Realschule bzw. Gymnasium auch eine Frage des Angebots. Auch in Baden-Württemberg geht die Tendenz bei der Schulwahl eher in Richtung Gemeinschaftsschule, insbesondere wenn man dort auch das Abitur anstreben kann.

3.2.4 Vorschriften zur Gestaltung des Übergangsverfahrens

Baden-Württemberg hat zum Zeitpunkt der Ausarbeitung folgende Information zum Übergangsverfahren im Internet veröffentlicht. In der »Verwaltungsvorschrift des Kultusministeriums über das Aufnahmeverfahren für die auf der Grundschule aufbauenden Schularten; Orientierungsstufe« wird schwerpunktmäßig die Beratung der Grundschuleltern über den Leistungsstand ihres Kindes im vierten Schuljahr beschrieben. Informationsveranstaltungen klären die Eltern über die Bedingungen der aufnehmenden Schulen und mögliche anschließende Bildungswege auf, über die Lern- und Leistungsentwicklung des Kindes, seine Lernpotenziale und die Möglichkeit, eine psychologische Beratung hinzuzuziehen. Es folgt ein »dokumentiertes Informations- und Beratungsgespräch mit den Erziehungsberechtigten« (Ministerium für Kultus, Jugend und Sport Baden-Württemberg 2021, S. 415; zusammengefasst: Ministerium des Inneren, für Digitalisierung und Kommunen Baden-Württemberg 2020).

Bereits während der gesamten Grundschulzeit soll eine kontinuierliche Beratung der Eltern erfolgen, damit Vertrauen aufgebaut wird. Die Beratung geschieht jährlich vor allem über mindestens ein verbindliches Gespräch über Lernen und Entwicklung auf

3 Inklusion am Übergang in die Sekundarstufe I

Basis einer reichhaltigen Lern- und Entwicklungsdokumentation. Am Ende des ersten Schulhalbjahrs der Klasse 4 wird zusammen mit der Halbjahresinformation von den Lehrkräften für jedes Kind eine Empfehlung ausgesprochen, welche weiterführende Schulart es nach der Grundschule besuchen sollte. Dieser Grundschulempfehlung liegt eine pädagogische Gesamtwürdigung zu Grunde, welche die bisherige Lern- und Leistungsentwicklung des Kindes, sein Lern- und Arbeitsverhalten sowie seine Lernpotenziale berücksichtigt. Letztendlich geben jedoch für eine Gymnasialempfehlung oder eine Empfehlung für die Realschule die Noten den Ausschlag. Für das Gymnasium sollte in den Fächern Deutsch und Mathematik im Durchschnitt gut bis befriedigend, für die Realschule befriedigend erreicht werden. Für den Besuch der Gemeinschaftsschule und der Hauptschule ist kein Notendurchschnitt vorgegeben. Bis zu vier Tage nach Ausgabe der Grundschulempfehlung können Eltern zusätzlich das besondere Beratungsverfahren in Anspruch nehmen, in dessen Rahmen auch auf Wunsch der Eltern durch die Beratungslehrkraft Begabungs-, Konzentrations- oder Schulleistungstests durchgeführt werden können. Die Grundschulempfehlung muss bei der Schulanmeldung der weiterführenden Schule vorgelegt werden. Sie hat jedoch nur Orientierungscharakter. Kinder mit dem Förderschwerpunkt Lernen und geistige Entwicklung erhalten keine Grundschulempfehlung. Im Folgenden wird deutlich, dass in diesen Fällen die Initiative nicht von der Grundschule ausgeht, sondern von den Eltern und vom Staatlichen Schulamt. Die Grundschule ist jedoch beratend eingebunden.

Im Schulgesetz von Baden-Württemberg wurde am 5.12.2015 Inklusion festgeschrieben: »§3 Abs. 3: Schüler mit und ohne Behinderung werden gemeinsam erzogen und unterrichtet (inklusive Bildung)« (Schulgesetz Baden-Württemberg). Alle Schularten werden einbezogen. Bei Anspruch auf ein sonderpädagogisches Bildungsangebot, so heißt es seit dem 1.8.2015 in §83 Abs. 1: »berät die Schulaufsichtsbehörde die Erziehungsberechtigten umfassend über schulische Angebote sowohl an allgemeinen Schulen als auch an sonderpädagogischen Bildungs- und Beratungszentren« (Schulge-

3.2 Übergänge in die Sekundarstufe in Baden-Württemberg

setz Baden-Württemberg). Seitens der Grundschule wird vor Ende des ersten Schulhalbjahres der Klasse 4 dem Staatlichen Schulamt ein Wiedervorlagebericht vorgelegt, der das sonderpädagogische Gutachten enthält, in dem steht, ob der beschriebene sonderpädagogische Förderbedarf weiterbesteht oder nach Übereinkunft mit den Eltern aufgehoben werden soll. Liegt noch kein Gutachten vor, müssen die Erziehungsberechtigten einen Antrag auf Feststellung des Sonderpädagogischen Förderbedarfs stellen. Liegt sonderpädagogischer Förderbedarf vor, können die Eltern wählen, ob das Kind das Sonderpädagogische Bildungs- und Beratungszentrum mit dem Förderschwerpunkt des Kindes (SBBZ) oder eine allgemeine Schule besuchen soll. Das SBBZ kann auch Kooperationsklassen in allgemeinen Schulen anbieten, was häufig für den Förderschwerpunkt geistige Entwicklung zutrifft. Eine konkrete Schule können die Eltern nicht wählen.

Entscheiden sich die Eltern für die allgemeine Schule und ist gleichzeitig zieldifferenter Unterricht erforderlich[35], führt das Staatliche Schulamt zunächst eine Bildungswegekonferenz durch, an der alle Betroffenen beteiligt werden, z. B. Eltern, Grundschule, weiterführende Schule, Schulträger, weitere Kosten- und Leistungsträger*innen, Jugendamt. Um einer Klasse möglichst viele Sonderpädagogikstunden zuweisen zu können, wird eine Gruppenlösung angestrebt, d. h. in der Klasse, die das Kind später besuchen wird, sollen weitere Kinder mit (unterschiedlichem) sonderpädagogischem Förderbedarf unterrichtet werden. Das Ergebnis der Suche nach einer geeigneten Schule teilt die Schulaufsichtsbehörde den Eltern in Form eines Lernortbescheids schriftlich mit. Damit können die Eltern das Kind an der betreffenden allgemeinen Schule anmelden. Hier gelten die Bildungspläne der betreffenden Schulart und diejenigen für den sonderpädagogischen Förderschwerpunkt parallel. An der Schule erfolgt deshalb eine individuelle Lern- und Entwicklungsbegleitung (ILEB). Die auf der Basis sonderpädagogi-

---

35 Zieldifferenter Unterricht wird bei den Förderschwerpunkten Lernen und geistige Entwicklung angenommen.

scher Diagnostik entwickelten individuellen Lern- und Entwicklungsziele werden wie in der Grundschule in einem Förder- und Entwicklungsplan festgehalten, der die Grundlage für den differenzierten Unterricht darstellt und fortlaufend angepasst wird. Daran orientiert sich auch die Leistungsmessung und -bewertung. Der sonderpädagogische Förderschwerpunkt wird im Zeugnis vermerkt. Kinder mit dem Förderschwerpunkt Lernen erhalten Noten, eine Halbjahresinformation und Zeugnisse wie die Schüler*innen ohne sonderpädagogischen Förderbedarf. Die Kinder mit dem Förderschwerpunkt geistige Entwicklung erhalten keine Noten, aber einmal jährlich einen ausführlichen Entwicklungsbericht als Zeugnis (Ministerium für Kultus, Jugend und Sport Baden-Württemberg 2019)[36]. Bei allen weiteren Förderschwerpunkten (körperliche und motorische Entwicklung, Sprache, emotionale und soziale Entwicklung, Sehen, Hören, Schüler*innen in längerer Krankenhausbehandlung) wird zielgleiche Unterrichtung angenommen und es ist Einzelinklusion möglich. Der Förderschwerpunkt erscheint nicht im Zeugnis. Wird bei einem Kind eine Autismusspektrumsstörung festgestellt, so bedeutet das nicht automatisch, dass sonderpädagogischer Förderbedarf vorliegt, vielmehr lediglich besonderer Förderbedarf. Es sei denn, das Kind hat darüber hinaus sonderpädagogischen Bedarf in einer der sonderpädagogischen Fachrichtungen. Liegt kein sonderpädagogischer Förderbedarf vor, so geht das Kind ohne weiteres Verfahren auf die weiterführende Schule über. Es erhält eine Grundschulempfehlung. Insgesamt handelt es sich um ein sehr gut beschriebenes und stabiles Verfahren mit guter Elternbeteiligung und Unterstützung der Eltern.

---

36 Eine ausführliche Handlungsanleitung zur Vorgehensweise am Übergang: Ministerium für Kultus, Jugend und Sport (2019).

3.3 Übergänge in die Sekundarstufe in Bremen unter dem Fokus Inklusion

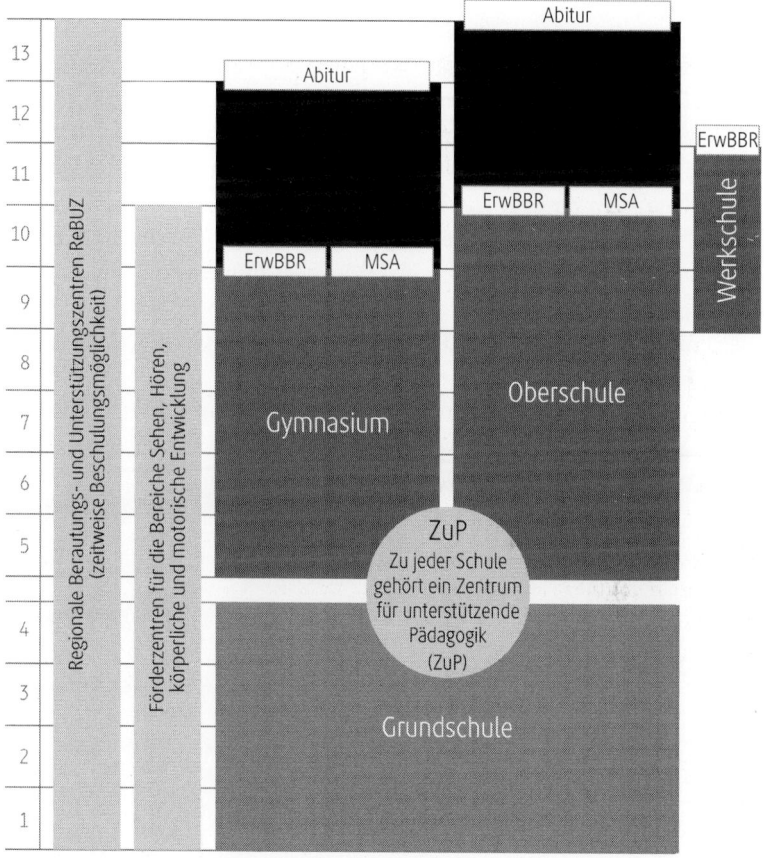

Abb. 11: Das allgemeinbildende Schulwesen im Land Bremen (Quelle: Die Senatorin für Kinder und Bildung 2021a)[37]

---

37 Bezeichnungen in der Grafik: ErwBBR = Erweiterte Berufsbildungsreife, MSA = Mittlerer Schulabschluss

Im Unterschied zu Baden-Württemberg setzt das Schulsystem des Landes Bremen nicht auf Variantenvielfalt und individuelle Lösungswege durch die Wahl und den Wechsel unterschiedlich aufeinander aufbauender Schularten, sondern auf konsequente Zweigliedrigkeit und eine Förder- und Unterstützungsstruktur (▶ Abb. 11). Diese Konzeption ist nicht auf Homogenisierung, sondern auf Inklusion und Nutzung der Möglichkeiten von Vielfalt bei gleichzeitig bestmöglicher Unterstützung ausgelegt. Dementsprechend gibt es für die Förderschwerpunkte Lernen, Sprache, emotionale und soziale Entwicklung keine Förderzentren. Kinder mit diesen Förderschwerpunkten sind in die Grundschule bzw. die Oberschule und in das Gymnasium integriert. Die Förderung erfolgt durch die Zentren für unterstützende Pädagogik (ZuP) an den einzelnen Schulen bzw. mit Unterstützung des Regionalen Beratungs- und Unterstützungszentrums (ReBUZ) immer dann, wenn das ZuP nicht helfen kann. Das ReBUZ bietet in Sonderfällen auch die Möglichkeit, Kinder in gravierenden Problemlagen kurzzeitig zu übernehmen. Es handelt sich dann tatsächlich nur um eine Übergangssituation. Beide Zentren sind so weit möglich multiprofessionell besetzt.

Tab. 3: Die Unterschiede zwischen Gymnasium und Oberschule. (Quelle: Die Senatorin für Kinder und Bildung 2021b, S. 2)

Oberschule	Gymnasium
• Das Abitur wird nach 13 Jahren erworben	• Das Abitur wird nach 12 Jahren erworben
• Leistungsorientierte Schule für alle Schülerinnen und Schüler	• Erhöhtes Lerntempo für leistungsstärkere Schülerinnen und Schüler
• Gemeinsames Lernen auf unterschiedlichen Leistungsniveaus	• Gemeinsames Lernen auf einem Leistungsniveau
• Fördern und Fordern aller Begabungen	• Größere zeitliche Belastung: bis zu 35 Unterrichtsstunden pro Woche
• Klassengröße: 25	• Klassengröße: 30
• Ein Jahrgangsteam begleitet die Klasse durchgängig von der 5. bis zur 10. Jahrgangsstufe	• Eine zweite Fremdsprache ist ab 6. Jahrgangsstufe verpflichtend

3.3 Übergänge in die Sekundarstufe in Bremen unter dem Fokus Inklusion

Durch die Klarheit der Struktur des Schulwesens fällt es Eltern und Kindern leichter, eine Entscheidung zu treffen, auf welche Schulart das Kind nach der vierten Klasse gehen soll. Die Unterschiede zwischen Oberschule und Gymnasium beschreibt die Bildungsbehörde wie in Tabelle 3 dargestellt (▶ Tab. 3).

Die Unterschiede werden durch deutliche Beschreibungen in mehreren Sprachen sowie in Videos für alle Interessierten schriftlich und im Internet nachvollziehbar dargestellt. Doch auch im zweigliedrigen Schulsystem findet eine gewisse Auslese weiterhin statt, die, wenn auch stark reduziert, so doch immer noch die soziale Schichtung in der Gesellschaft nachbildet. Dies sollen die nachstehenden Zahlen zeigen. Deutlich wird auch, dass durch die Abschaffung der Förderzentren mit den Förderschwerpunkten Lernen, Sprache, emotionale und soziale Entwicklung die Zahl der Kinder, die ein Förderzentrum besuchen, enorm reduziert wird.

Im Schuljahr 2020/21 besuchten im Land Bremen 5.436 Schüler*innen die 4. Klasse der Grundschule. Wohin die Schüler*innen der Grundschule nach Klasse 4 wechseln, ist für das Land Bremen sehr viel einfacher zu beschreiben als für Baden-Württemberg. So besuchten 4.018 Schüler*innen im Schuljahr 2019/20 eine 5. Klasse der Oberschule, aber nur 1.109 Schüler*innen die 5. Klasse eines Gymnasiums. Förderzentren besuchten im gleichen Zeitraum in Klasse 5 nur 27 Schüler*innen. Im Land Bremen ist der Ausländeranteil ausgewiesen, nicht Kinder mit Migrationshintergrund. Er beträgt 17,5 % in der Klasse 5 des Gymnasiums und 29% in Klasse 5 der Oberschule (Die Senatorin für Kinder und Bildung 2020, S. 4).

3.3.1 Vorschriften zur Gestaltung des Übergangsverfahrens

Im Land Bremen gibt es als Option nach Klasse 4 also lediglich einen Wechsel in die Oberschule oder in das Gymnasium. Das gilt grundsätzlich auch für Kinder mit ausgewiesenem Förderbedarf in allen Förderschwerpunkten, wobei Ausnahmen für die Förderschwerpunkte Sehen, Hören, körperliche und motorische Entwicklung möglich sind. Geregelt werden muss folglich für den Übergang nur die Grundlage für die Entscheidung, ob das Kind ein Gymnasium oder eine Oberschule besuchen wird. Das Gymnasium wird als Schule für Schnelllerner*innen beschrieben, weil die Kinder dort nach 8 Jahren das Abitur ablegen, die Oberschule hingegen als Schule, die jedes Kind nach seinen Möglichkeiten fördert. Sie ermöglicht das Abitur nach 9 Jahren zu absolvieren.

Abschlüsse sind die einfache Berufsbildungsreife, die an der Oberschule erworben werden kann (entspricht dem Hauptschulabschluss), die erweiterte Berufsbildungsreife (entspricht dem erweiterten Hauptschulabschluss) und der mittlere Bildungsabschluss sowie das Abitur, die sowohl an der Oberschule als auch am Gymnasium erworben werden können. Um das Gymnasium besuchen zu können, muss die Leistung des Kindes zum Halbjahr der vierten Klasse über dem Regelstandard liegen. Regelstandard gilt als erreicht, wenn ein Kind zum Ende der 4. Klasse die Kompetenzen, die in den Standards (bislang nur formuliert für Deutsch und Mathematik) erwartet werden, erreicht hat. Erreicht das Kind diese Standards bereits in der Mitte der Klasse 4, so gilt seine Leistung als »über dem Regelstandard«. Das wird im Halbjahreszeugnis, welches das Kind im Januar erhält, ausgewiesen. Bewertet wird mit sogenannten Kompetenzrastern (▶ Abb. 12). Konkret bedeutet das, dass in jedem der je vier Kompetenzbereiche der Fächer Deutsch und Mathematik mehr als die Hälfte im obersten Bereich der Kompetenzskala (9 und 10) erreicht wurden.

Auch wenn Kinder diese Werte nicht erreichen, können sie sich im Gymnasium zu einem Beratungsgespräch bewerben. Eine Aufnahme erfolgt aber nur, wenn Plätze übrig sind. Die Plätze im Gymnasium waren im Schuljahr 2019/20 auf 1.193 begrenzt. Gleichzeitig haben 1.336 Kinder ein Gymnasium mit 1. Wahl angewählt. Ein Platz in der Oberschule wird allen Kindern zugesichert. 2018 schlossen »26 % der Oberschüler*innen die Schule mit dem Abitur ab, 39 % mit dem Mittleren Schulanschluss und 25 % mit der Berufsbildungsreife« (Bremische Bürgerschaft 2020, S. 3).

3.3 Übergänge in die Sekundarstufe in Bremen unter dem Fokus Inklusion

Deutsch	
Kompetenzbereich Sprechen und Zuhören:	Basis 1 2 3 4 5 6 7 8 9 10
kann Gespräche führen	
kann verstehend zuhören	
kann funktionsangemessen sprechen	
Kompetenzbereich Lesen - mit Texten und Medien umgehen:	
kann lesen nutzt Lesestrategien	
kann das Gelesene verstehen	
kann Lese- und Medienerfahrungen einbringen	

Abb. 12: Kompetenzraster Bremen zum Übergang in die weiterführende Schule. (Quelle: Schroth o. J., S. 13[38])

3.3.2 Veränderungen durch die konsequente Umgestaltung des dreigliedrigen in ein zweigliedriges Schulsystem

Die Entwicklung im Bremischen Schulsystem wurde evaluiert. Im Evaluationsbericht zur Bremer Schulreform heißt es:

»Die Oberschule hat sich als zweite weiterführende Schulart neben dem Gymnasium etabliert und verzeichnet seit der Schulreform insgesamt betrachtet eine stabile Nachfrage. Rund 70 Prozent der Erstwunschanmeldungen an den weiterführenden Schulen richten sich auf den Besuch einer Oberschule, 30 Prozent auf das Gymnasium« (Maaz et al. 2019, S. 217).

Damit sei ein Verhältnis erreicht, das eine lernförderliche Durchmischung in der Oberschule sichert, so die Evaluationskommission. Der Veränderungsprozess wurde auch dadurch befördert, dass zum einen die Kapazitäten der Gymnasien gedeckelt wurden und zum anderen immer mehr Oberschulen entweder selbst eine gymnasiale Oberstufe vorweisen oder aber mit einer gymnasialen Oberstufe an

---

38 Schroth bezieht sich auf: Die Senatorin für Kinder und Bildung, Freie Hansestadt Bremen (o. J.).

einem Gymnasium kooperieren. Häufige Fragen der Eltern und Kinder beziehen sich in Bremen insbesondere beim Gymnasium auf die Wahl der Wunschschule. Drei Wahlmöglichkeiten können angegeben werden.»Im Schuljahr 2019/2020 konnten 98,1 % der Schüler:innen an einer ihrer Wunschschule aufgenommen werden, 89,6 % davon an der Erstwahlschule. Auch für die verbliebenen 1,9 % (70 Kinder) fand sich ein Platz« (Kinderzeit Bremen 2021).

Bei den Oberschulen besteht das Problem nicht, denn hier sind Grundschulen von vorneherein bestimmten Oberschulen zugewiesen. Räumliche Kontinuität der Kinderfreundschaften ist somit weitgehen gesichert. Kinder mit sonderpädagogischem Förderbedarf in der Grundschule wechseln in der Regel mit den anderen Kindern in die weiterführende Schule, zumeist in die Oberschule.

Durch die Umgestaltung des Schulsystems wurde der tradierte Pfad verlassen. Die Erfahrungen der Eltern mit dem neuen Schulsystem führen dazu, dass Inklusion zum Regelfall und die dafür eingerichteten Unterstützungssysteme ZuP und ReBUZ zum festen Bestandteil des neuen Systems geworden sind. Da der Anteil der Schüler*innen, die auf die Oberschule wechseln, um die Option das Abitur später wählen zu können, relativ hoch ist, etabliert sich (gemäß der Pfadabhängigkeit der Entwicklung von Schulsystemen) auch die Zweigliedrigkeit.

3.4 Übergänge in die Sekundarstufe in Brandenburg unter dem Fokus Inklusion

»Für die Aufnahme in eine weiterführende allgemeinbildende Schule sind neben dem Wunsch der Eltern die Feststellung der Fähigkeiten, Leistungen und Neigungen maßgebend, dazu gehören das Grundschulgutachten und das Halbjahreszeugnis der Jahrgangsstufe 6. Der Übergang in die 7. Klasse wird als Ü7-Verfahren bezeichnet« (Ministerium für Bildung, Jugend und Sport Brandenburg o.J., b: Übergang in die Sekundarschule).

3.4 Übergänge in die Sekundarstufe in Brandenburg

So schreibt es das Ministerium für Bildung, Jugend und Sport aus Brandenburg auf seiner Homepage zum Übergang in die Sekundarstufe I. Es geht also um den Übergang von der 6. Klasse der Grundschule in die 7. Klasse in der Sekundarstufe I, denn die Grundschule in Brandenburg ist so wie in Berlin sechsjährig. Daher erfolgt der Übergang in die 7. Klasse (▶ Abb. 13).

Das Schulsystem in Brandenburg hat einige Besonderheiten. So gibt es neben dem Besuch der Grundschule bis Klasse 6 auch die Möglichkeit, bereits nach der vierten Klasse in Leistungs- und Begabungsklassen der weiterführenden Schulen zu wechseln. Zusätzlich besteht die Möglichkeit, nach der 6. Klasse in Schulen besonderer Prägung zu wechseln, das sind Schulen mit Spezialklassen oder es sind Spezialschulen, z. B. zur Sportförderung. Das Ministerium weist in seiner Elterninformation zudem darauf hin, dass es in Brandenburg in der Sekundarstufe I zahlreiche Schulen in privater Trägerschaft gibt. Die Förderschulen sind voll ausgebaut und haben die Förderschwerpunkte Lernen, körperliche und motorische Entwicklung, emotionale und soziale Entwicklung, Hören, Sprache, Sehen und geistige Entwicklung. Sie unterstützen Schulen mit Inklusion und haben eigene Schulklassen.

> »Schülerinnen und Schüler, die im gemeinsamen Unterricht nicht hinreichend gefördert werden können oder deren Eltern den Besuch einer Förderschule oder Förderklasse wünschen, werden auf Antrag der Eltern in eine ihrem sonderpädagogischen Förderbedarf entsprechende Förderschule aufgenommen. Über den Lernort entscheidet das staatliche Schulamt auf der Grundlage der Bildungsempfehlung des Förderausschusses unter Berücksichtigung des Elternwunsches« (Ministerium für Bildung, Jugend und Sport o. J., a: Sonderpädagogische Förderung).

120.337 Schüler*innen besuchten im Schuljahr 2020/21 die Grundschule, davon 7.780 ausländische Schüler*innen. Die Statistik Berlin Brandenburg weist nicht aus, wie viele davon in die einzelnen Schularten der Sekundarstufe wechseln. Die Gesamtschule besuchten 10.962 Schüler*innen, die Oberschule 20685, das Gymnasium 29.131 und die Förderschule 3.233.

3 Inklusion am Übergang in die Sekundarstufe I

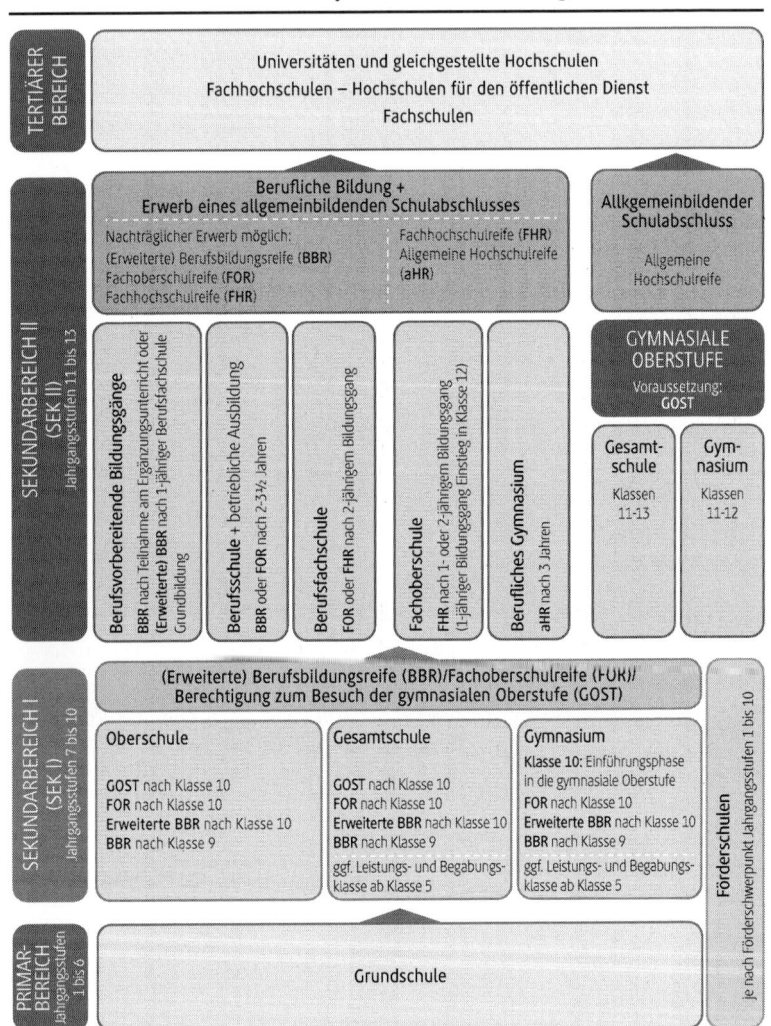

Abb. 13: Schulsystem in Brandenburg (Quelle: Bundesagentur für Arbeit 2021)

3.4 Übergänge in die Sekundarstufe in Brandenburg

3.4.1 Übergänge in ein Förderzentrum

Das Aufnahmeverfahren von Schüler*innen mit sonderpädagogischem Förderbedarf in eine Schule der Sekundarstufe I mit gemeinsamem Unterricht für Kinder mit und ohne sonderpädagogischen Förderbedarf erfolgt außerhalb des regulären Aufnahmeverfahrens (▶ Abb. 14) (gemäß §4 Abs. 4 der Sekundarstufe I-Verordnung): Die Entscheidung, welche Schule das Kind künftig besucht, liegt bei den staatlichen Schulämtern. Sie stellen auf der Grundlage der Bildungsempfehlung des individuell für das Kind eingerichteten Förderausschusses unter Berücksichtigung des Elternwunsches die Prüfbescheide zur Feststellung des sonderpädagogischen Förderbedarfs aus, prüfen die Aufnahmekapazität im Rahmen des Angebots von gemeinsamem Unterricht und legen dann die Förderorte für das Kind fest. Die sonderpädagogische Überprüfung erfolgt auf Antrag, bei Schüler*innen mit dem Förderschwerpunkt Lernen jedoch grundsätzlich. Besteht kein sonderpädagogischer Förderbedarf mehr, so erfolgt nach Anhörung der Eltern der Übergang in eine Gesamtschule, eine Oberschule oder ein Gymnasium, je nachdem in welcher Schulart das Kind voraussichtlich am besten lernen kann. Besteht der sonderpädagogische Förderbedarf weiter, reicht aber die Kapazität an Schulen mit gemeinsamem Unterricht nicht aus, erhält das Kind einen Platz in einem der Förderzentren.

3.4.2 Übergänge in die allgemeinbildenden Schulen der Sekundarstufe

Im ersten Schulhalbjahr der Klasse 6 findet ein Elternabend mit allgemeinen Informationen zum Übergang statt. Darüber hinaus bieten die Grundschulen den Eltern eine individuelle Beratung an. Das Halbjahreszeugnis informiert über den Notenstand, ergänzt durch das Grundschulgutachten und wird zusammen mit einem Anmeldeformular ausgegeben. Das Gutachten enthält Hinweise auf denjenigen Bildungsgang der Sekundarstufe I, der nach Einschät-

3 Inklusion am Übergang in die Sekundarstufe I

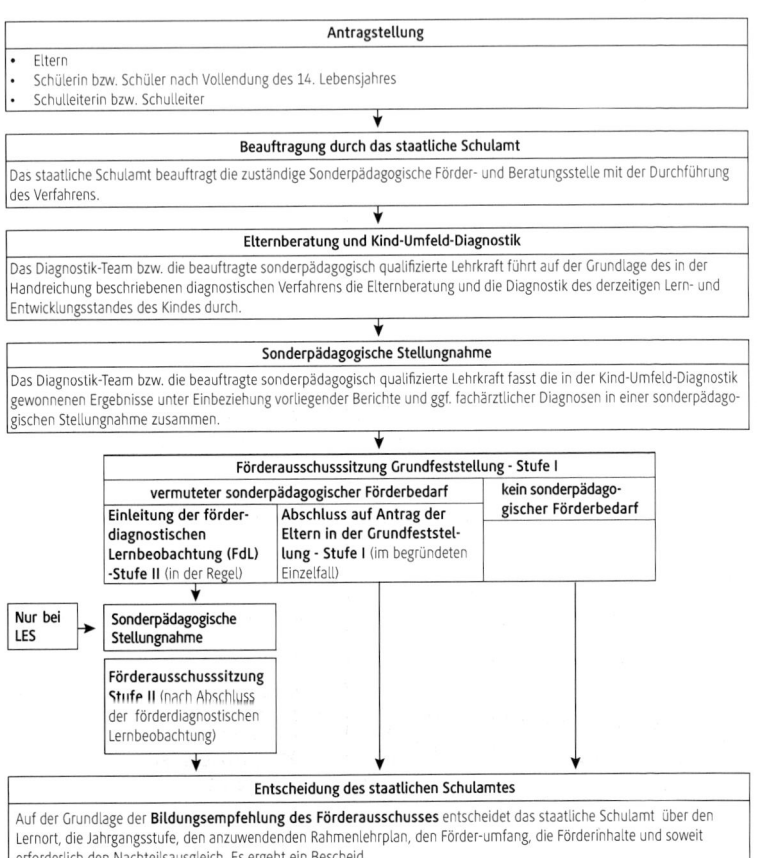

Abb. 14: Der Ablauf des sonderpädagogischen Feststellungsverfahrens (Quelle: MBJS Brandenburg 2018, S. 7)

zung der Klassenleitung und der Klassenkonferenz für das Kind am erfolgversprechendsten ist. Die Eltern erhalten die Möglichkeit zu Rücksprache bzw. bei erheblichen Einwänden auch zu einer schriftlichen Stellungnahme. Stellungnahme und Gegenstellungnahme der Schule werden dem Gutachten beigefügt. Wenn die Eltern entgegen dem Grundschulgutachten ein Gymnasium wählen, ist auch Probeunterricht oder eine Eignungsprüfung möglich.

3.5 Übergänge in die Sekundarstufe in Nordrhein-Westfalen unter dem Fokus Inklusion (Jana Herding)

In Nordrhein-Westfalen ist das Schulwesen nach Schulstufen aufgebaut und gliedert sich in Schulformen. Die verschiedenen Schulstufen sind die Primarstufe sowie die Sekundarstufe I und II.

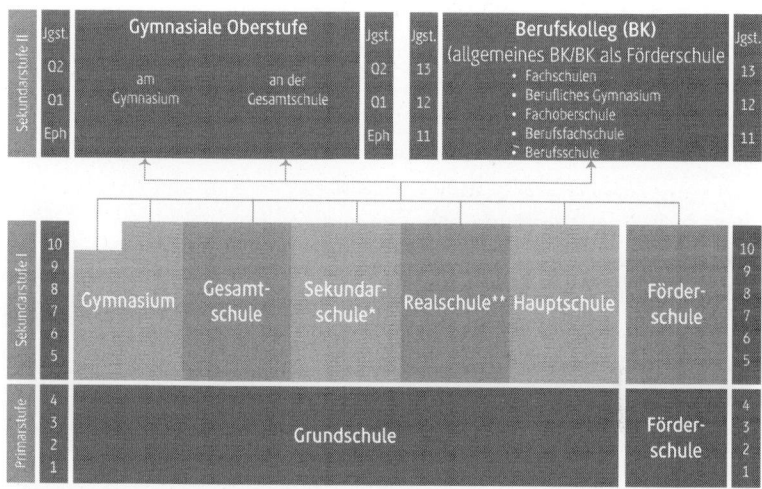

Abb. 15: Das Schulsystem in Nordrhein-Westfalen (Quelle: Bildungsportal NRW 2021)

3.5.1 Die gesetzlichen Bedingungen des Übergangs

Gemäß Schulgesetz sind die Schulformen so zu gestalten, dass die Durchlässigkeit zwischen ihnen gewahrt und die Zusammenarbeit zwischen den einzelnen Schulen gefördert wird (MSB 2021, §10, Abs. 1). Die Förderschulen sowie Schulen für Kranke werden als Schulen einer oder mehrerer Schulstufen geführt und durch eine

Rechtsverordnung des Ministeriums geregelt (vgl. ebd., Abs. 5). Die Grundschule (auch Primarstufe genannt, umfasst Klasse 1 bis 4) wird von allen Kindern besucht und ist auch in Nordrhein-Westfalen die gemeinsame Grundstufe des Bildungswesens zur Vermittlung grundlegender Fähigkeiten, Kenntnisse und Fertigkeiten. Mit dem Halbjahreszeugnis der Klasse 4 erstellt die Grundschule auf Grundlage des Leistungsstandes, der Lernentwicklung sowie der Fähigkeiten der Schüler*innen eine zu begründende Empfehlung für die geeignetste weiterführende Schulform (vgl. ebd. §11, Abs. 4). Gemeinsam mit ihren Kindern wählen die Eltern dann auf Grundlage dieser Empfehlung aus einem Angebot verschiedener Schulformen der Sekundarstufe I (Klasse 1 bis 10), darunter die Haupt-, Real-, Gesamt- sowie Sekundarschule, eine passende Schule aus. Im Schuljahr 2019/20 standen insgesamt 151.747 Schüler*innen vor diesem Wechsel (vgl. MSB 2020). An den weiterführenden Schulen wird dann im Rahmen der Aufnahmekapazität entschieden, ob das Kind aufgenommen wird (vgl. MSB 2012 §1).

Die Hauptschule vermittelt grundlegende allgemeine Bildung, die Realschule erweiterte allgemeine Bildung und das Gymnasium vertiefte allgemeine Bildung (vgl. ebd. §14ff.). Die Bildungsgänge der Sekundarstufe I enden entweder mit einem Hauptschulabschluss oder dem mittleren Schulabschluss (auch Fachoberschulreife genannt). Zweiteres gibt den Schüler*innen die Berechtigung, die gymnasiale Oberstufe zu besuchen (Sekundarstufe II) und an Gymnasien oder Gesamtschulen das Abitur (auch allgemeine Hochschulreife genannt) zu absolvieren (vgl. ebd. § 18). Die Gesamt- als auch Sekundarschule ermöglicht in einem differenzierten Unterrichtssystem Bildungsgänge, die ohne spezifische Zuordnung zu unterschiedlichen Schulformen zu allen Abschlüssen der Sekundarstufe I führen (vgl. ebd. §17). Neben dem Gymnasium umfasst auch die Gesamtschule sowohl die Klassen der Sekundarstufe I als auch die gymnasiale Oberstufe. Eine weitere Schulform der Sekundarstufe II bildet das Berufskolleg, welches Bildungsgänge der Berufsschule, der Berufsfachschule, der Fachoberschule sowie der

Fachschule umfasst. Das Berufskolleg vermittelt berufliche Bildung und ermöglicht das Nachholen der Abschlüsse der Sekundarstufe I und somit auch den Erwerb der allgemeinbildenden Abschlüsse der Sekundarstufe II (vgl. ebd. § 22).

3.5.2 Inklusive Schulentwicklung

Das 9. Schulrechtsänderungsgesetz, am 01. August 2014 in Kraft getreten, versteht sich als erstes Gesetz zur Umsetzung der UN-Behindertenrechtskonvention in den Schulen des Bundeslandes Nordrhein-Westfalen. Dieses Gesetz, ebenso wie die Ausbildungsordnung sonderpädagogischer Förderung (vgl. MSB 2016b), zeigt die Kernpunkte sowie Notwendigkeit der Entwicklung einer inklusiven Schulkultur auf.

Laut Ministerium für Schule und Bildung können Bedarfe sonderpädagogischer Unterstützung in den Bereichen Lern- und Entwicklungsstörungen, geistiger Behinderung, Körperbehinderung, Hörschädigungen, Sehschädigungen und Autismus-Spektrums-Störungen liegen (vgl. MSB 2016b, §3). Die Förderschwerpunkte Sprache, emotionale und soziale Entwicklung und Lernen gehören zum Spektrum jeder Schule mit Gemeinsamen Lernen, kurz »GL«. Darüber hinaus können Schwerpunktschulen mit einem weiteren Förderbereich eingerichtet werden.

Für die Feststellung eines Unterstützungsbedarfes müssen die Eltern einen Antrag auf Eröffnung des Verfahrens über die allgemeinbildende Schule bei der zuständigen Schulaufsichtsbehörde stellen (vgl. MSB 2016b, §11). In Zustimmung mit dem Schulträger stellt die Schulaufsichtsbehörde dann den Eltern mindestens eine allgemeine Schule vor, in der es ein Angebot zum Gemeinsamen Lernen gibt. Mindestens einmal jährlich wird der Bedarf an sonderpädagogischer Förderung überprüft, gegebenenfalls aufgelöst oder verändert (vgl. MSB 2016b, §16, 17). Demnach werden Schüler*innen, die aufgrund einer Behinderung oder einer Lern- und Entwicklungsstörung besondere Unterstützung benötigen, nach ihrem individuellen Bedarf sonderpädagogisch gefördert (vgl. MSB 2021, §19, Abs. 1).

Orte sonderpädagogischer Förderung sind in der Regel die allgemeinbildenden Schulen und Berufskollegs, die Eltern können abweichend hiervon aber auch die Förderschule wählen, sofern es in der Region ein entsprechendes Angebot gibt (vgl. ebd. §20, Abs. 2). In der allgemeinbildenden Schule wird der Unterricht als Gemeinsames Lernen verstanden (vgl. ebd. §20, Abs. 3) und Schüler*innen mit und ohne Behinderung werden in der Regel gemeinsam durch innere und äußere Differenzierungsmaßnahmen zielgleich im Klassenverband unterrichtet (inklusive Bildung) (vgl. MSB 2016b, §1).

Sollten Schüler*innen mit Bedarf an sonderpädagogischer Unterstützung nicht nach den Unterrichtsvorgaben der allgemeinbildenden Schulen und somit zieldifferent unterrichtet werden, werden diese zu eigenen Abschlüssen geführt (vgl. MSB 2021 §19, Abs. 4). Diese Vorgehensweise gilt auch für Schüler*innen der Förderschwerpunkte Lernen und geistige Entwicklung (vgl. ebd. §12, Abs. 4).

Generelles Ziel der Landesregierung ist es ein gerechteres Bildungssystem zu schaffen, welches mehr Chancen für alle Kinder und Jugendlichen bietet. Gleichzeitig sollen die Schüler*innen individuell gefördert und zu den für sie bestmöglichen Schulabschlüssen geführt werden (vgl. Bildungsportal NRW 2021). Diese Entwicklung ist überfällig, werden doch die meisten Schüler*innen mit sonderpädagogischem Förderbedarf nach wie vor in Förderschulen unterrichtet.

So zeigt der aktuellste Bericht von Hollenbach-Biele und Klemm (2020), dass es in Nordrhein-Westfalen insgesamt 134.714 Schüler*innen mit einem sonderpädagogischen Förderbedarf gibt (von insgesamt 544.640 in ganz Deutschland) (vgl. Hollenbach-Biele & Klemm 2020, S. 40). Von diesen werden 59.074 an allgemeinbildenden Schulen unterrichtet (vgl. ebd., S. 39) und die weiteren 75.640 an Förderschulen (vgl. ebd., S. 38). Es wird außerdem deutlich, dass einzelne Schulen der Sekundarstufe I sich weiterhin unterschiedlich stark am inklusiven Lernen beteiligen, sodass die Verteilungen auf die verschiedenen Schulformen variiert (vgl. ebd., S. 46). Demzufolge lernen im Schuljahr 2018/19 von den insgesamt 59.074 inklusiv unterrichteten Schüler*innen mit sonderpädagogischem Unterstützungsbedarf nur 8,1 % an Gymnasien, 11,9 % an Schulen mit mehreren Bildungsabschlüssen, 16,3 % an Hauptschulen, 17,2 % an Realschulen und mit 46,5 % fast die Hälfte aller inklusiv unterrichteten Schüler*innen an Gesamtschulen (vgl. ebd., S. 46).

Um Eltern und dem Kind mit einem nachgewiesenem Unterstützungsbedarf den Wechsel auf eine weiterführende Schule oder eine Förderschule zu vereinfachen, ist die Organisationsstruktur für einen inklusiven Übergang wichtig (vgl. Preuss- Lausitz 2014, S. 51). Soweit es an der Grundschule sonderpädagogische Fachkräfte gibt, sollten diese zusammen mit den Lehrkräften der abgebenden und annehmenden Schulen, der Schulleitung, den Eltern sowie den Kindern selbst eine Beratungsgruppe bilden, die eine bestmögliche inklusive Umgebung für das Kind schafft (vgl. ebd., S. 50f.).

Im Schuljahr 2019/20 begann in Nordrhein-Westfalen eine Neuausrichtung von Inklusion an Schulen des Gemeinsamen Lernens, in dem der Prognose nach etwa 6.800 Schüler*innen mit sonderpädagogischem Unterstützungsbedarf auf die 775 weiterführenden Schulen des Gemeinsamen Lernens aufgenommen werden. Schulministerin Yvonne Gebauer (MSB 2019) berichtet in einer Pressemitteilung, dass die Landesregierung entschlossen sei, »bei der Inklusion eine Qualitätssteigerung zu erreichen, die in den Schulen auch ankommt«.

3.6 Übergangsprozess zweier Mädchen mit sonderpädagogischen Unterstützungsbedarf im Bereich Lernen – ein Fallvergleich (Jana Herding)

Mit dem Wechsel von der Grundschule auf eine Schule des Sekundarschulsystems, auch als normativ-institutioneller Übergang einzuordnen (Denner & Schumacher 2014), werden Grundschulabgänger*innen zwangsläufig mit der damit verbundenen Segregation konfrontiert. Langjährige Beziehungen zu bekannten Lehrkräften und Mitschüler*innen sowie ritualisierte Unterrichts- und Schulstrukturen ändern sich und können sich als ein Verlust erweisen. Dies wurde bereits in den vorangegangenen Kapiteln des Bandes, insbesondere in Kapitel 2 (▶ Kap. 2), ausführlich erläutert. Die Bewältigung der Verluste und enormen Anpassungsleistungen auf emotionaler, sozialer und kognitiver Ebene, die Kinder während eines solchen Übergangsprozesses von der Grundschule auf eine weiterführende Schule zu leisten haben, kann vor allem für Kinder mit besonderem Bedarf an emotionaler und sozialer Unterstützung bedeutend schwieriger sein als für Kinder und Jugendliche mit vermeintlich unauffälligen Entwicklungsverläufen (vgl. Mays 2017, S. 32; Mays et al. 2018, S. 151).

Bei zweien der befragten Viert- bzw. Fünftklässler*innen aus dem Sample der KINDER-Studie von Jana Herding, Martha und Lia (anonymisiert), wurde diagnosebasiert ein Unterstützungsbedarf im Bereich Lernen festgestellt. Ein solcher wird laut der Ausbildungsordnung sonderpädagogischer Förderung wie folgt definiert: »(2) Ein Bedarf an sonderpädagogischer Unterstützung im Förderschwerpunkt Lernen besteht, wenn die Lern- und Leistungsausfälle schwerwiegender, umfänglicher und langdauernder Art sind« (MSB 2016b, §4).

Weiter heißt es, dass es verschiedene Ursachen eines solchen Unterstützungsbedarfs geben könne und die Erscheinungsformen und Auswirkungen vielfältig seien (vgl. MSB 2016a). Der Förderschwerpunkt Lernen tritt oftmals gepaart mit erschwerten Lebensumständen und eher bildungsfernen Angehörigen auf und geht vielmals mit Entwicklungsverzögerungen, vor allem in den Bereichen der Sprache und Emotionalität, einher. Ursachen können außerdem Versagenserlebnisse und Bindungsarmut sein (vgl. ebd.).

3.6.1 Die Fallbeispiele Martha und Lia

Die längsschnittliche Begleitung der beiden Mädchen in ihrem individuellen Übergangsprozess zeigt, dass sie den Übergang in die Sekundarstufe ganz unterschiedlich erlebt und bewältigt haben. Im Folgenden werden die unterschiedlichen Entwicklungsaufgaben im erlebten Übergang kontrastierend auf den verschiedenen transitionstheoretischen Ebenen (vgl. Griebel & Niesel 2018) der Mädchen vergleichend betrachtet, um aus diesen Kinderperspektiven Impulse für eine inklusive Schulentwicklungzu gewinnen.

Fallbeschreibung Martha

Martha lebt bei ihrer Mutter, da ihre Eltern getrennt sind. Seit zwei Jahren hat ihre Mutter einen neuen Lebensgefährten, mittlerweile gibt es sogar ein zweites jüngeres Geschwisterchen. Martha wurde ein Unterstützungsbedarf im Bereich körperlich-motorische Entwicklung diagnostiziert, sodass sie zunächst eine dem entsprechende Förderschule für ein Jahr lang besuchte. Dann wechselte sie in die örtliche Grundschule im Gemeinsamen Lernen und verblieb dort drei Jahre in der Schuleingangsphase. Sie wurde als äußerst leistungsschwach erkannt, sodass ihr Förderschwerpunkt seit dem zweiten Schuljahr in den Förderschwerpunkt Lernen angepasst wurde. Sie zeigt sich zwar äußerst lernwillig, bekommt auf dem Halbjahreszeugnis der vierten Klasse von ihrer Klassenlehrerin aber eine Hauptschulempfehlung. Letztlich ist sie nun auf dem örtlichen Gymnasium, da nur dort eine inklusive Lerngruppe angeboten werden konnte, sodass sie gemäß ihres Unterstützungsbedarfes unterrichtet werden kann.

Fallbeschreibung Lia

Über Lia sind weniger ausführliche Hintergrundinformationen bekannt. Durch das zweite, rückblickende Interview, welches mit Lia bei ihr Zuhause durchgeführt wurde, ist ersichtlich, dass die Familie in eher sozial schwächeren Verhältnissen lebt. Lia hat insgesamt drei Schwestern, zwei jüngere und eine ältere. Auch sie hat einen diagnostizierten Unterstützungsbedarf im Bereich Lernen und besuchte die örtliche Grundschule im Gemeinsamen Lernen. Auf dem Halbjahreszeugnis der vierten Klasse bekommt sie eine Empfehlung für die Haupt- oder Förderschule, besucht nun aber die örtliche Hauptschule mit dem Angebot einer inklusiven Lerngruppe.

Vergleichend lässt sich zunächst festhalten, dass Lia ihre weitere Schullaufbahn entsprechend der statistischen Mehrheit der Kinder in Nordrhein-Westfalen fortgeführt hat. Demnach werden von den insgesamt 134.714 Schüler*innen mit sonderpädagogischem Unterstützungsbedarf (davon 30 % mit dem Förderschwerpunkt Lernen) generell weniger Schüler*innen auf einer allgemeinbildenden Schule (59.074) als auf einer Förderschule (75.640) unterrichtet (vgl. Hollenbach-Biele & Klemm 2020, S. 38f.). Von den 59.074 Schüler*innen mit sonderpädagogischen Unterstützungsbedarf, die an allgemeinbildenden Schulen unterrichtet werden, werden anteilig 24.693 Schüler*innen des Unterstützungsbedarf im Bereich Lernen inklusiv beschult (vgl. ebd., S. 39). Ein gesonderter Bericht des Ministeriums für Schule und Bildung von NRW (MSB 2020) zu statistischen Daten und Kennziffern zur Inklusion differenziert weiter aus, dass im Schuljahr 2018/19 von diesen ca. 25.000 Schüler*innen

3.6 Übergangsprozess zweier Mädchen

knapp die Hälfte an einer Haupt- oder Gesamtschule beschult werden, aber nur 6 % auf einem Gymnasium (vgl. MSB 2020, S. 303). Martha hingegen gehört demnach zu einer statistischen Minderheit, die nach der Grundschule auf ein inklusives Gymnasium gewechselt ist. Über Martha ist bekannt, dass sie nur in der inklusiven Lerngruppe des örtlichen Gymnasiums hinsichtlich ihres Förderschwerpunktes angemessen gefördert werden kann, eine ortsnahe vergleichbare Haupt- oder Förderschule gab es scheinbar nicht. Es wurde bereits dargelegt, dass sich grundsätzlich die weiterführenden Schulen unterschiedlich stark am inklusiven Lernen beteiligen, weshalb die Verteilungen auf die verschiedenen Schulformen stark variieren (vgl. Hollenbach-Biele & Klemm 2020, S. 37ff.). Dies ist wahrscheinlich auch dem Einfluss geschuldet, dass die Anzahl der Förderschul-Standorte generell immer weiter sinkt, in Folge dessen viele Förderschulen geschlossen werden (vgl. ebd., S. 10). Ein differenzierter transitionstheoretischer Blick (vgl. Griebel & Niesel 2018) auf die zu bewältigenden Entwicklungsaufgaben der beiden Mädchen soll Aufschluss geben, wie unterschiedlich sich inklusive Übergänge, auch bedingt durch die Schulwahl, im positiven und negativen Sinne ausgestalten können.

Vergleich auf der individuellen Ebene

Auszug aus den rückblickenden Gedanken von Martha aus H. auf ihren Schulwechsel

»... Die Grundschule war sehr schön, nur leider ist es jetzt ja alles vorbei und leider musste ich gehen. Ja, traurig. Ich fand es echt echt traurig. ... Die Grundschulzeit war echt echt toll. Ich muss an alles denken, was wir erlebt hatten. Die Klassenfahrt. Dann die Tests und wo ich nicht gut mitgekommen bin. Und einfach muss ich an alles denken. ... Und ich habe eine neue Lehrerin, die heißt Frau S. Und ja die sind alle nett die Kinder. Nur manchmal bin ich sehr gerne alleine. Aber ja. Dann fühle ich mich einfach wohl. Aber ich fühle mich nicht wohl, wenn ich nur alleine bin. Das macht mich irgendwie traurig und ich vermisse einige Kinder sehr aus dieser alten Schule. Ich kann nicht mehr. Ich vermisse alle so, weil meine besten

3 Inklusion am Übergang in die Sekundarstufe I

Freunde und meine Lehrerin weg ist. Ich weiß nicht, ob ich sie jemals wiedersehe. Aber sie liegen mir sehr am Herzen. Ich werde sie nie vergessen können. Das macht mich halt traurig. . . . Aber es hat sich für mich alles wirklich verändert. Für mich – ich bin wie neu geboren an unserer neuen Schule. Und ich fühle mich hier auch noch neu geboren. Das werde ich nie vergessen, was das für eine tolle Zeit war. Es war meine Lieblingszeit. Ich werde sie alle vermissen. . . . Entschuldigt. ((fängt an zu weinen)) Ich wünsche mir fast alles zurück. Alles. (unverständlich) dass ich die Schule verlassen muss. Ich hab wirklich alles hinter mir gelassen. . . .«

Die Gedankenmonologe und weiterführenden Interviews (▶ Kap. 1.3.1 zur Methodik der KINDER-Studie) mit Martha lassen erkennen, dass sie ihrer Rolle als Grundschulkind nachtrauert und äußerst emotional auf ihren Schulwechsel reagiert. Dies untermauernd beginnt Martha sogar in der rückblickenden Gedankenhöhlensituation zu weinen und offenbart durchaus intime Emotionen. Gedankensprünge sowie sprachliche Wiederholungen zeigen dabei ihre Schwierigkeiten, sich sachgemäß auszudrücken und ihre Gedanken in sinnstiftende und zusammenhängende Worte zu fassen. Darüber hinaus schwanken ihre Emotionen extrem zwischen »echter echter« Traurigkeit über den Abschied aus der Grundschule sowie unmittelbar später dem Gefühl eines »neugeboren« Seins auf der neuen Schule. Die intensiven Gespräche mit Martha erwecken daher den Anschein einer Entwicklungsverzögerung im Bereich der Sprache und Emotionalität (vgl. MSB 2016a).

Die emotionalen Untermalungen ihrer Wünsche, Sorgen und Ängste deuten darauf hin, dass sie den Übergang als durchaus stresshaften Prozess erlebt und die individuellen Ressourcen es ihr nicht ermöglichen, diesen ausreichend gut bewältigen zu können (▶ Kap. 2 dieses Bandes).

Auszug aus den perspektivischen Gedanken von Martha aus H. auf ihren Schulwechsel

» . . . Deshalb bin ich auch immer so traurig. Ich hoffe ja, dass das in diesem Jahr besser wird. Und, ja dass meine Freunde auf der weiterführenden Schule mich nicht so beleidigen. Weil ich wurde dieses Jahr gemobbt und das möchte ich nicht nochmal haben. Ich will ein glückliches führendes Leben haben. Und dass ich halt nicht mehr gemobbt werde. Oder was anderes noch. Das mag ich nämlich überhaupt nicht. ...«

Erfahrungen, wie beispielsweise das Mobbing, können ihr Selbstwertgefühl zusätzlich geschwächt haben. Ursachen für die Entwicklungsverzögerungen können darüber hinaus Versagenserlebnisse und Bindungsarmut sein (vgl. MSB 2016a). Als abschließenden Tipp an ihren Vater äußert Martha beispielsweise, ihren Vater öfter sehen zu können und mehr Zeit mit ihm verbringen zu wollen. Die Scheidung der Eltern und die Tatsache, dass Martha getrennt von ihrem Vater lebt, könnten als Grund möglicher Bindungsarmut interpretiert werden.

Durch Veränderungen innerhalb familiärer Strukturen entstehen zusätzliche Belastungs- und Übergangssituationen, die es zu bewältigen gilt. Es ist davon auszugehen, dass Martha die Trennung ihrer Eltern, auch als spezifischer Übergang auf Individualebene einzuordnen (vgl. Denner & Schumacher 2014), ebenfalls in Form eines familiären Veränderungsprozesses als kritisches Lebensereignis herausfordernd durchleben muss (vgl. Griebel & Niesel 2005).

All diese Erfahrungen werden Martha und ihr individuelles Selbstwertgefühl zusätzlich im Übergangsprozess verunsichert und weitere Stressreaktionen ausgelöst haben (vgl. Griebel & Niesel 2018, S. 28). Vergleichend dazu werden aus den Gesprächen mit Lia und den gegebenen Hintergrundinformationen keine besonderen entwicklungsverzögerten Auffälligkeiten, herausfordernden Erfahrungen sowie Veränderungen familiärer Lebensumstände bei ihr deutlich, sodass Lia vermutlich keine derlei zusätzlichen Belastungssituationen bewältigen muss und sich voll und ganz auf den zu bewältigenden Übergangsprozess konzentrieren kann. Somit akzeptiert Lia aus den Gesprächen heraus hingegen ihren neuen Status als Schulkind einer Sekundarschule mit sachlichen Beschreibungen und Vergleichen der neuen Umstände.

3 Inklusion am Übergang in die Sekundarstufe I

Vergleich auf der interaktionalen Ebene

Auszüge aus dem zweiten Interview mit Lia aus L. nach dem Schulwechsel
Interviewerin: Und was hast du zu deinen alten und neuen Freunden zu erzählen?

Lia: ... Meine neuen Freunde, die sind sehr cool. Die bringen mich immer zum Lachen. Meine alten Freunde, die spielen jetzt mit neuen Freunden. Deswegen spiele ich jetzt auch mit meinen neuen Freunden. ...

Interviewerin: Und wovon könnten andere Kinder vielleicht was haben, wenn sie selber in der Situation wie du sind?

Lia: Also mir hat geholfen, wegen der neuen Schule, wegen, wegen meiner Schwester. Wegen der neuen Schule, da hab ich mich so einsam gefühlt, aber dann mit meinen, meine alten Freunde, hab ich mich besser gefühlt auf der Schule. Und dann haben sie mir gesagt, dass wir das zusammen schaffen. ... Da hat Mama gesagt, du gehst lieber zum ersten Tag zu deiner Schwester. Die weiß ja alles und so. Die bringt dir alles bei. Und das hat mich dann motiviert, dass ich das mache.« ...

Interviewerin: Und was haben die neuen Lehrer so besonders gut gemacht?

Lia: Da wo ich immer Angst hatte, haben die immer gesagt, du schaffst das. Guck, auf Schulhof, motivier dich. Das hat mich unterstützt. ...

Weiter wird auf der Ebene der Beziehungen bei beiden Mädchen die zentrale Bedeutung von Freunden und Freundschaft deutlich, die auf der neuen Schule beiden ein besseres Zugehörigkeitsgefühl geben. Auch der Aufbau einer guten Beziehung zu neuen Lehrkräften ist für beide wichtig. Für Lia ist insbesondere auch ihre größere Schwester, die bereits vorher schon auf der Hauptschule ist, eine wichtige unterstützende Instanz.

Durch ihre größere Schwester wird sie bereits auf die neue Schule sowie Umgebung vorbereitet und kann sich dort schneller und leichter zurechtfinden, wohingegen Martha dort auf sich allein gestellt ist. So werden auch auf dieser Ebene emotionale Bewältigungsprobleme deutlich, sodass Martha emotional sehr mitgenommen wirkt und über den Verlust ihrer Grundschulzeit so schnell nicht hinwegzukommen scheint. Wie oben aus den zitierten Gedanken von Martha bereits deutlich geworden, spricht sie davon, die Grundschule samt ihrer Mitschüler*innen sehr zu vermissen, dass sie alles nie vergessen würde und bald auch die Grundschule besuchen wolle (Auszüge aus Gedanken von Martha aus H.).

Vergleich auf der kontextuellen Ebene

Auf der kontextuellen Ebene bringt der Übergang bzw. die neue weiterführende Schule für beide Mädchen neue Regeln, Strukturen und Erwartungshalten mit sich und beide merken schnell, dass sie diesen gerecht werden müssen (vgl. Griebel & Niesel 2018, S. 106).

Verglichen mit der Grundschule findet an der weiterführenden Schule nun Nachmittagsunterricht statt und beide besuchen keine offene Ganztagsschule mehr. Die zeitliche Strukturierung des Schultags hat sich somit verändert und Lia berichtet beispielsweise, dass sie im Vergleich zur alten Schule nun eine Mittagspause zur Verfügung hat. Sowohl Martha als auch Lia müssen sich auf neue Schulwege, neue Fächer und neue Lehrer*innen einstellen und in einer neuen Klasse und Klassengemeinschaft ihren Platz finden.

Wieder einmal wird aus den intensiven Gesprächen mit beiden Kindern der Eindruck erweckt, dass Lia sich insgesamt leichter neu zurechtfinden und den neuen Strukturen besser anpassen kann, vermutlich erleichtert durch die große Schwester als vorbereitende und unterstützende Begleiterin auf der neuen Schule.

Martha hingegen ist weiterhin auf sich allein gestellt und denkt viel über die neue Situation nach. Sie äußert beispielsweise, dass sie Räume teils nicht finde und zu spät zum Unterricht komme. Darüber hinaus könne Martha dem Unterrichtsgeschehen und -stoff in allen Fächern auf dem Gymnasium nur schwer folgen, wohingegen Lia sich leistungstechnisch gegenüber den Leistungen in der Grundschule generell sogar verbessern und gut mitarbeiten würde.

Auszug aus dem zweiten Interview mit Martha aus H. nach dem Schulwechsel

Interviewerin: Und du hast beim letzten Mal gesagt, dass du hoffst, dass du keine Probleme hast, wenn du auf der neuen Schule ankommst.

Martha: Ich glaub, ich hab ein paar Probleme.

Interviewerin: Ja welche denn zum Beispiel? Magst du darüber sprechen?

Martha: In manchen. Nee warte mal. Ich mach bei manchem Fach nicht mit. Also ich weiß nicht, wie ich das machen soll.

Interviewerin: Also du kannst nicht mitmachen, weil es zu schwer ist für dich?

Martha: Manchmal sind die Dinge echt schwer und dann kann ich manchmal nicht mitmachen.

Interviewerin: Okay. Weißt du welches Fach das ist, oder fällt es dir gerade nicht ein?

Martha: Mir fällt es gerade nicht ein. Also eigentlich in allen. Erdkunde, Bio, Musik, Mathe, Deutsch, Englisch. Was haben wir noch? Praktische Philosophie.

3.6.2 Resümee: Was das Schulsystem aus den Reflexionen von Martha und Lia lernen könnte

Der inter-individuelle Vergleich von Martha und Lia, denen sonderpädagogischer Unterstützungsbedarf im Bereich Lernen attestiert wurde, macht deutlich, dass Lia der Übergang und das Ankommen auf der neuen weiterführenden Schule auf allen transitionstheoretischen Ebenen besser gelungen ist als Martha. Für Martha kennzeichnet sich der Übergang als (weitere) emotional herausfordern-

3.6 Übergangsprozess zweier Mädchen

de und stresshafte Belastungsprobe, die sie mit ihrem aufgrund von kritischen Lebensereignissen (hier die Trennung der Eltern) geschwächten Selbstwertgefühl und ihren eingeschränkten individuellen Ressourcen (durch durchaus weitere erkennbare Entwicklungsverzögerungen im Bereich Sprache und Emotionalität), zwangsläufig schwerer bewältigen kann (vgl. Kennzeichen Förderschwerpunkt Lernen; s. auch internationale Prä-Post-Studie von Mays et al. 2018, S.168-187).

Entscheidend für einen reibungslosen und entwicklungsproduktiven inklusiven Übergang sind neben sozialer Eingebundenheit in die neue Klasse und einer stabilen emotionalen Verfassung ebenso eine an den Lernvoraussetzungen adaptierte schulische Leistungsförderung (vgl. Ahrbeck 2014, S. 16) wie auch eine systemverbindende Unterrichtsvorbereitung (vgl. Mays et al. 2018, S. 155).

Auch wenn ein schulisches System nur schwer alle genannten Ebenen zugleich perfekt bedienen kann, muss mit Blick auf Martha sichtlich infrage gestellt werden, ob ihr das örtliche inklusive Gymnasium eine ihr angemessene emotionale als auch leistungsbezogene Unterstützung im Übergangsprozess bieten kann. Martha ist im Vergleich zu Lia (die eine inklusive Hauptschule besucht) offensichtlich auf allen Ebenen sowohl emotional als auch leistungsbezogen überfordert und es bleibt offen, ob Martha eine weiterführende Beschulung auf der Förder- oder inklusiven Haupt- oder Gesamtschule den Bildungsweg nicht hätte erleichtern können.

Martha hat zwar ein besonders herausforderndes, persönlich belastendes Päckchen zu tragen, und es bedarf eindeutig einer Ich-Stärkung sowie ihres individuellen Selbstwertgefühls. Aber dennoch darf es nach langjährig voranschreitender schulischer Inklusion nicht sein, dass Kinder unter den Schwachstellen der Inklusion im deutschen, sich sichtlich zu langsam wandelnden Bildungssystem, die Leidtragenden sind. Es braucht daher weiterhin weitreichende schulgesetzliche, schulorganisatorische und pädagogische Entwicklungen entlang der bereits oben beschriebenen vier Modelle/Strategien für eine anschlussfähige Übergangsgestaltung (▶ Kap. 3.1.2), die im Sinne des Gemeinsamen Lernens an die inklusive Arbeit der Grundschulen in allen Schulformen anschließen kann. Nur so wird es realisierbar sein, allen Kindern, insbesondere solchen mit besonderem Unterstützungsbedarf wie Martha, »einen selbstkonzept- und motivationssensiblen, das heißt einen subjektiv möglichst erfolgreich erlebten Übergang an die weiterführende Schule zu ermöglichen« (Mays et al. 2018, S. 154f.).

3.7 Zusammenfassung Kapitel 3

Die vier Beispiele (Baden-Württemberg, Bremen, Brandenburg und Nordrhein-Westfalen) zeigen deutliche Unterschiede zwischen den Bundesländern. Alle versuchen auf spezifische Weise, den Kindern einen gerechten Übergang zu ermöglichen. In Baden-Württemberg geschieht das, indem nach der vierten Klasse ein breites Spektrum von fünf verschiedenen Schularten in der Sekundarstufe I angeboten wird, nebst einem ausgebauten Förderschulsystem mit sonderpädagogischen Bildungs- und Beratungszentren (SBBZ) in sieben verschiedenen Fachrichtungen. Das Land setzt durch vielfältige Möglichkeiten, Abschlüsse nachzuholen und in der Sekundarstufe I und II aus einem breiten Spektrum eine Schule zu wählen, die den Interessen des Kindes entspricht, darauf, dass so alle Kinder bestmöglich gefördert werden. Das Beispiel zeigt auch, dass obwohl hier Homogenisierung im Fokus steht, versucht wird, durch vielfältige Angebote Lösungen für jedes Kind zu finden. In scharfem Kontrast dazu steht die Beschreibung des Übergangssystems nach Klasse 4 in Bremen. Der Stadtstaat weist in der Sekundarstufe I nur zwei Schularten aus: die Oberschule mit Gymnasialer Oberstufe (G9) und das Gymnasium (G8), wobei die Plätze in letzterem beschränkt sind. Das vereinfacht die Entscheidung am Übergang. Förderschulen sind weitgehend aufgelöst und die sonderpädagogische Kompetenz steht an den Schulen direkt im Zentrum für unterstützende Pädagogik zur Verfügung.

3.7 Zusammenfassung Kapitel 3

Das Land Brandenburg wurde in die Beschreibung aufgenommen, weil es dort die sechsjährige Grundschule gibt. Das heißt, der Wechsel erfolgt erst nach Klasse 6. Das Schulsystem für die Sekundarstufe I ist im Unterschied zu den vorher beschriebenen nur in drei Schulen gegliedert: das Gymnasium, die Oberschule und die Gesamtschule. Daneben gibt es weiterhin ein breit ausgebautes Förderschulwesen. Inklusion erfolgt nur, wenn Kapazitäten frei sind und wenn die Eltern es wünschen.

Auch das Schulsystem in Nordrhein-Westfalen (NRW) weist im Unterschied zu Bremen ein breit gegliedertes Spektrum an Schulangeboten in der Sekundarstufe I aus. Das Land hat eine langjährige Tradition sowohl bezüglich seiner Gesamtschulen (auch unter den Namen Gemeinschaftsschule, PRIMUS-Schule) als auch bezüglich Gemeinsamen Unterrichts. Damit hat es eine gute Basis für Inklusion vorzuweisen. Jana Herding beschreibt, wie Inklusion am Übergang in die Sekundarstufe I für Kinder mit sonderpädagogischem Förderbedarf in NRW gehandhabt wird. Ihre Kinderbefragungen stammen ebenfalls aus NRW, so dass deutlich wird, wie Kinder unter den spezifischen Landesbedingungen ihren Übergang vorausschauend und retrospektiv beschreiben.

Kapitel 4 (▶ Kap. 4) wird sich mit der Frage befassen, was zu tun ist, damit sich die Bedingungen des Übergangs von der Grundschule in die Sekundarstufe für die Kinder so verändern, dass alle Kinder daraus gestärkt hervorgehen können.

4

Die Zukunftsaufgabe: Die Ressourcen der Kinder und Eltern stärken

Ein Blick auf die Grafik der Systemebenen (▶ Abb. 5) verdeutlicht die am Übergang beteiligten Ebenen: Das Kind in seinen verschiedenen Mikrosystemen, die wiederum untereinander in Beziehung stehen und somit das Mesosystem bilden, das Makrosystem mit den gesellschaftlichen Normen in Form von Empfehlungen, Gesetzen, Ausführungsregeln und tradierten Denkweisen sowie das Chronosystem, welches die zeitliche Dimension der Entwicklung des gesamten Gefüges darstellt und die Pfadabhängigkeit des Aktuellen verdeutlicht. In diesem Kapitel werden die einzelnen Ebenen ergänzend zu den vorangegangenen Kapiteln beleuchtet und zueinander in Beziehung gesetzt, um Ebenen spezifisch herauszuarbeiten, wie die Ressourcen der Kinder für die Bewältigung des Übergangs gestärkt werden können. Da sich keine Ebene alleine grundlegend verändern kann, wird jeweils zur Entwicklung weiterer Ebenen ein Bezug hergestellt. In der Realität ist eine nachhaltige Entwicklung auf einer Ebene, z. B. der Klassengemeinschaft, abhängig von der Entwicklung der nächsten Ebene(n), hier z. B. der Schule(n). Gleichzeitig stößt die Entwicklung auf der Ebene der Schulklasse (z. B. bezogen auf den Übergang) Entwicklungen auf Ebene der beteiligten Schulen an. Es ist also nicht folgenlos, wenn man in seinem aktuellen Einflussbereich alles tut, um den Kindern beste Bedingungen zu schaffen. Aber man muss auch damit rechnen, dass sich das Gesamtsystem langfristig nur langsam bewegt und bestehende Hemmnisse trotz punktueller Entwicklungen weiterwirken. Das Tradierte ist zwar nicht in Stein gemeißelt, spiegelt sich aber sehr wohl auch in Gebäuden, Schul- und Klassenzimmerausstattungen bis hinein in das Lernmaterial des Kindes. Tradiert sind die Lernmittel, die Ausbildung der Lehrer*innen und – über die Eltern und Freunde verstärkt – die Erwartungen des Kindes an das, was eine gute Schule ist. In diesem Gefüge gilt es nun offene Möglichkeitsräume für das Kind zu schaffen, die seine Entwicklungsbedingungen verbessern.

4.1 Die Rechte des Kindes im Schulsystem stärken

Als erstes beleuchten wir die rechtlichen Möglichkeiten des Kindes, die seinen Übergang von der Grundschule in die weiterführende Schule berühren. Dabei wird die Verwobenheit der Ebenen besonders deutlich. Das Recht auf Bildung ist zwar nicht im Grundgesetz verankert, jedoch in 13 Landesverfassungen. Der Bezug zur UN-Kinderrechtskonvention wird in den Landesverfassun-

4 Die Zukunftsaufgabe: Die Ressourcen der Kinder und Eltern stärken

gen nicht hergestellt. Auch wenn in Deutschland alle Kinder, die hier ihren Wohnsitz haben, eine Schule besuchen, so entspricht diese jedoch häufig nicht den Bildungsbedürfnissen der Kinder. Schulen sind in ihren internen Prozessen und Funktionen »praktisch bis ins Detail des alltäglichen Funktionierens administrativ mehr oder weniger streng geregelt« (Edelstein et al. 2011, S. 121), obwohl dies für ein reibungsarmes Schulgeschehen nicht notwendig ist, wie etliche Reformschulen gezeigt haben. Die strengen Regelungen erlauben jedoch für gelingende Lernprozesse zu große Klassengrößen in zu kleinen Räumen und ein zu rigides Zeitmanagement, dass die individuell sinnvollen Lernzeiten der Kinder kaum berücksichtigt. Von Schulmedien vorgegebene Lerngegenstände und -methoden gehen allenfalls oberflächlich auf die individuellen Interessen und Lernwege der Kinder ein.

> »Erfolge und Bewertungen und sogar deren Verteilungen sind normiert und weitgehend unabhängig vom individuellen entwicklungsbedingten oder situativen Einsatz. Den Betroffenen verleihen die Schulnoten ihren Status im System und definieren häufig das soziale wie das psychologische Wohlergehen nicht nur in der Gruppe der Gleichaltrigen, sondern auch im Elternhaus und im persönlichen Umfeld« (ebd., S. 121).

Demgegenüber ist es eine Aufgabe von Bildungsinstitutionen, die Ressourcen aller Kinder zu stärken und kein Kind aus dem Blick zu verlieren. Das schließt jedwede Diskriminierung, Beschädigung oder auch latente Benachteiligung von Kindern aus, die dennoch vielfach nachgewiesen wird (Prengel 2019, S. 105 ff.).

Als Folge des gegliederten und den Lernprozessen des einzelnen Kindes kaum angepassten Schulsystems wird Deutschland regelmäßig eine hohe Abhängigkeit des Schulerfolgs von der sozialen Herkunft der Schüler*innen bescheinigt, die in Deutschland stärker als im Durchschnitt der OECD-Länder ausgeprägt ist. Von Chancengerechtigkeit ist das deutsche Schulsystem, bei aller länderspezifischen Unterschiedlichkeit, demnach weit entfernt. Wie langwierig es sich gestaltet, hier eine Änderung herbeizuführen, wurde im ersten Kapitel dieses Buches dargestellt. Nicht nur der Widerstreit der Positionen unterschiedlicher Mächte und politischer Denkrichtungen verursachen das Stocken. Auch tradierte Vorstellungen in der Bevölkerung und somit auch beim Lehrpersonal und bei den Schüler*innen selbst dämpfen einen Wandel. Als hinderlich identifiziert wurde in den vorangegangenen Kapiteln insbesondere eine Ausgestaltung des Schulsystems, die Selektion nahelegt. Dazu wurden Komponenten angeführt wie

- frühe Benotung statt einer lernförderlichen Feedbackkultur,
- ein gegliedertes Schulsystem statt eines gestuften Schulsystems,
- frühe Zuweisung nach der Grundschule durch eine mehr oder weniger verbindliche Grundschulempfehlung,
- ein ausgebautes Förderschulwesen im Verbund mit der weitverbreiteten Überzeugung, dass die Förderung durch Spezialist*innen in der Förderschule den größten Erfolg bringe,
- Begutachtung auf sonderpädagogischen Förderbedarf als Voraussetzung für Ressourcenzuweisung bei gleichzeitig fehlenden personellen Ressourcen für Inklusion.

4.1.1 Gerechtigkeitserleben der Kinder

Die Forschung zur Bildungsgerechtigkeit nimmt überwiegend die Perspektive hierarchisch beurteilter Bildungslaufbahnen ein. Als besonders gute Bildungschancen werden solche angesehen, die auf dem ersten Bildungsweg zu möglichst hohen Schulabschlüssen führen. Auch beim zweiten und dritten Bildungsweg ist das Ziel ein Hochschulzugang. Beim zweiten Bildungsweg wird nach dem Berufsabschluss ein schulischer Weg zur Hochschulreife eingeschlagen. Der dritte Bildungsweg geht wesentlich über die Anerkennung der beruflichen Bildung. Betont wird, dass die berufliche Bildung nicht nur fachliche Ziele verfolge, sondern auch das Selbstbewusstsein stärke und wichtige gesellschaftliche, individuelle und kollektive Erfahrungen ermögliche (vgl. GEW 2021). »Dass nicht nur gymnasiale Bildungswege erfolgreiche Karrierechancen bieten, kann einen Einfluss auf die Wahrnehmung der Gerechtigkeit des Übertrittsverfahrens an sich und dessen Konsequenzen haben« (Biewer et al. 2013, S. 426). Zu den Forschungsergebnissen mit Blick auf den Übergang von der Grundschule in die weiterführende Schule halten die Autor*innen fest:

>»Zusammenfassend bedeuten die Ergebnisse, dass Kinder aus bildungsfernen Familien, verglichen mit ihren Schulkameraden aus bildungsnäheren Familien, (1) niedrigere schulische Leistungen und Noten erlangen, (2) bei vergleichbaren Leistungen von Lehrpersonen schlechter beurteilt werden, (3) auch unter Kontrolle der schulischen Leistungen und der Noten geringere Chancen haben, eine Gymnasialempfehlung zu erhalten, und (4) unter Kontrolle der Leistung, die Eltern ihre Kinder seltener auf ein Gymnasium schicken (Maaz et al. 2011)« (Biewer 2013, S. 428).

In Zahlen: »Gegenüber Gleichaltrigen mit niedrigem Sozialstatus schlagen statushohe Schülerinnen und Schüler mit 79 % fast 3-mal so häufig die Gymnasiallaufbahn ein« (Autorengruppe Bildungsberichterstattung 2020, S. 115). Nur 5 % der Schüler*innen mit sozial niedrigem Status schlagen zu einem späteren Zeitpunkt den Weg zum Abitur ein (ebd.). Es gibt bislang kaum Forschung darüber, ob Kinder die sich darin spiegelnde Benachteiligung auch als Ungerechtigkeit erleben. Vielmehr scheint sich das Gerechtigkeitsempfinden bezüglich der Übergangsentscheidung eher auf das erlebte Bewertungsverhalten der Lehrkraft zu beziehen (Dalbert 2011). Hier wird ein weiteres Mal deutlich, wie wichtig ein kindgerechtes Feedbackverhalten ist.

Auf die Veränderung des Schulsystems zu warten, wäre zum Schaden der Kinder. Alle Schüler*innen auch unter den gegebenen Bedingungen bestmöglich zu unterstützen, gilt es nach Kräften und unter Ausschöpfung aller Möglichkeitsräume[39] auszubauen. Das bedeutet, zunächst alle Möglichkeiten in der aktuellen im

---

39 Begriff siehe Holzkamp 1983, S. 368 ff. Der erste Möglichkeitsraum bezeichnet die aktuell vorhandenen realen Möglichkeiten. Der zweite Möglichkeitsraum beinhaltet alle Möglichkeiten zur Erweiterung der Möglichkeiten des ersten Möglichkeitsraums.

4.1 Die Rechte des Kindes im Schulsystem stärken

Schulsystem gegebenen Situation des Übergangs – von der Vorbereitung in der Grundschule, dem Übergangsgeschehen selbst bis zur Aufnahme und Eingewöhnung in der weiterführenden Schule – auszuschöpfen, auch rechtlich. Darüber hinaus bedeutet es auch, dass weitere Möglichkeiten erschlossen werden müssen, die geeignet sind, aktuell behindernde Regelungen und sonstige Bedingungen zu thematisieren und für Lösungen zugunsten der Kinder zu kämpfen. Ohne sichtbaren bildungspolitischen Einsatz der Erwachsenen (hier insbesondere der Eltern und Lehrpersonen) und ohne ihren langandauernden Einsatz ändert sich das Schulsystem nicht, wie die Historie gezeigt hat. Von Bedeutung für die Weiterentwicklung des Schulsystems hinsichtlich des Übergangs wäre, dass sich auch die Kinder selbst kritisch konstruktiv mit dem Schulsystem auseinandersetzen und ihre Mitwirkung noch mehr einfordern (▶ Kap. 1.3.2 zu Sichtweisen von Kindern auf die Relevanz von Schulstrukturen aus der KINDER-Studie von Herding). Es ist also eine wichtige Zukunftsaufgabe, den Kindern mehr Mitsprache- und Teilhabemöglichkeiten an Entscheidungen über die Gestaltung der Schule und des Schulwesens und damit auch der Übergänge zuzugestehen[40].

Bis hierher wurde schon deutlich, dass es viele Ansatzpunkte für eine kindgerechte Übergangsgestaltung gibt. Frühzeitig zu fördern sind die personalen Ressourcen, wie die Fähigkeit zur Stressbewältigung, wie das inhaltliche Interessiertsein, wie die Verfügung über geeignete Arbeits- und Lernstrategien, Reflexionsfähigkeit, Mut, Kontrollüberzeugung und Selbstwirksamkeit, Kooperationsfähigkeit und die Fähigkeit, sich in eine Lerngemeinschaft einzubringen. Die Basis für die Entwicklung der Stärken des Kindes in den personalen und sozialen Fähigkeiten ist der nötige Freiraum, d. h. dem Kind Möglichkeiten zu eröffnen und es

---

40 Zur Arbeit des Netzwerks zur Umsetzung der Kinderrechtskonvention mit über 100 Mitgliedsorganisationen (u. a. der Grundschulverband e. V.) siehe https://netzwerk-kinderrechte.de/. (National Coalition o. J.).

dabei zu unterstützen, seine Biografie aktiv und kompetent zu gestalten (vgl. Büker 2015a). Daraus leiten sich konkrete Teilhabe- und Beteiligungsrechte auch an den institutionalisierten Übergängen im Schulsystem ab, wie sie in den Kinderrechten garantiert werden: Im Artikel 12 Absatz 1 der von fast allen Staaten der Welt unterzeichneten UN-Kinderrechtskonvention (UN-KRK 1989) heißt es:

> »(1) Die Vertragsstaaten sichern dem Kind, das fähig ist, sich eine eigene Meinung zu bilden, das Recht zu, diese Meinung in allen das Kind berührenden Angelegenheiten frei zu äußern, und berücksichtigen die Meinung des Kindes angemessen und entsprechend seinem Alter und seiner Reife.«

Für den Bereich der Jugendhilfe (nicht jedoch in geltenden Schulgesetzen) heißt es entsprechend im SGB[41] VIII in § 8 Beteiligung von Kindern und Jugendlichen:

> »(1) Kinder und Jugendliche sind entsprechend ihrem Entwicklungsstand an allen sie betreffenden Entscheidungen der öffentlichen Jugendhilfe zu beteiligen. Sie sind in geeigneter Weise auf ihre Rechte im Verwaltungsverfahren sowie im Verfahren vor dem Familiengericht und dem Verwaltungsgericht hinzuweisen.«

In den Schulgesetzen mangelt es noch an der Aufnahme der Kinderrechte. Kinder haben keine Möglichkeiten, ihre Mitsprache bei der Schulwahl nach der Grundschule einzufordern, ja selbst die Wahlmöglichkeiten der Eltern sind durch die Betonung des Notendurchschnitts in der Übergangsempfehlung eingeschränkt. Zuweisungen, z. B. durch eine Grundschulempfehlung, entziehen dem Kind eigene Entscheidungsmöglichkeiten auf lange Sicht. Noch schicksalhafter dürfte die Zuweisung zu einer Förderschule auf das Kind wirken, wenn diese nach Maßgabe von Testergebnissen und vorhandenen Plätzen gegen den Wunsch des Kindes durch das Schulamt erfolgt (▸ Kap. 3).

---

41 Sozialgesetzbuch (SGB VIII) Achtes Buch Kinder- und Jugendhilfe

4.1.2 Die erweiterte systemische Sicht auf die Rechte des Kindes am Übergang

Bereits dieses Kapitel hat gezeigt, dass die Grafik der Systemebenen (▶ Abb. 5) erweitert werden muss. So spielte in der Argumentation auch ein internationales Abkommen eine Rolle. Auch die Folgen der später noch kurz beleuchteten Covid-19-Pandemie machen deutlich, dass die Ebenen Bronfenbrenners noch um eine weitere Ebene, die der Weltgemeinschaft, erweitert werden kann. Darüber hinaus spielen auch interagierende innerpsychische Prozesse im Kontext des Übergangs eine wesentliche Rolle, wie das folgende Kapitel zeigen wird. Dafür wurde die Bezeichnung Nanoebene gewählt (▶ Abb. 16, vgl. Carle 2000, S. 289).

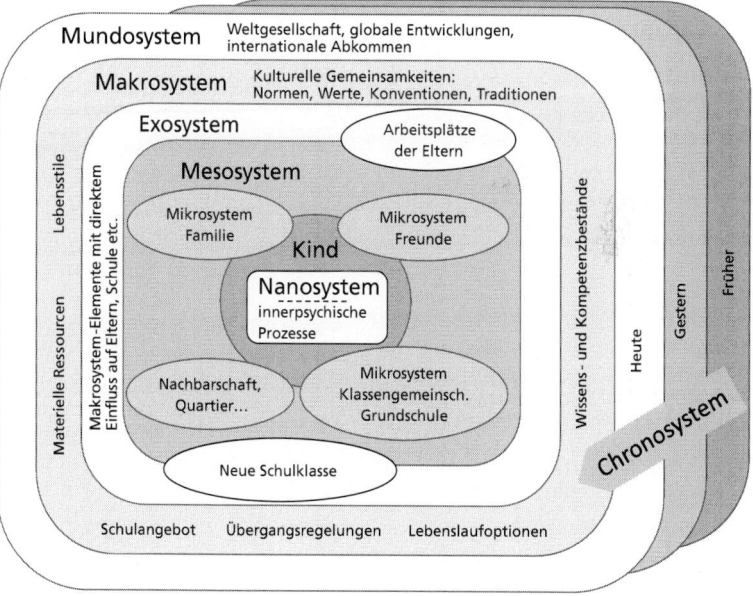

Abb. 16: Grafische Darstellung der am Übergang beteiligten Systemebenen Bronfenbrenners erweitert nach Carle 2000

4.2 Wirkungen institutioneller Bedingungen auf übergangsrelevante personale Ressourcen[42] und Fördermöglichkeiten

Die Unterstützung des Kindes bei der Wahl der weiterführenden Schule, wenn eine Auswahl möglich ist, und die Akzeptanz der schließlich zugewiesenen Schule sind besonders wichtig, damit nicht das Gefühl des Ausgeliefertseins entsteht. Vielmehr sollten dem Kind alle bestehenden Spielräume und Optionen – auch für die Zukunft – immer verdeutlicht werden, selbst wenn die zugewiesene Schule Eltern und Kind zunächst als »Sackgasse« erscheint. Wie die dargestellten Schulsysteme beispielhaft zeigen, gibt es neben den geraden auch vielfältige weitere Bildungswege. Das Kind sollte den herausfordernden Übergang in das weitgehend ungewisse Neue nicht als aussichtslos oder schicksalhaft empfinden. Deshalb muss bereits in der Grundschule angebahnt werden, dass der Übergang in die weiterführende Schule auch viele Chancen bereithält, gleich wie die Entscheidung ausgeht. Für jede Schulart sollten die künftigen Möglichkeiten den Kindern vorgestellt werden.

Wichtig erscheint auch eine Diskussion der Wirkmechanismen der Anforderungen und der Leistungsbeurteilung. So geht dem Gymnasium der Ruf voraus, dass dort mehr und Schwierigeres gelernt werden muss. Tatsächlich verschieben sich jedoch die Bezugsgrößen für die Leistungsbeurteilung. So wird die eigene Leistung auch im Kontext der Leistung der Klassengruppe erlebt. Wenn Noten zu Rangfolgen und schließlich zu weitreichenden Schulzuweisungen führen, dann wird sich das Kind auch entsprechend einordnen. Ist die neue Klasse anders zusammengesetzt als die bisherige, ändert sich auch die Position des Kindes in der Klasse. Zudem ändern sich schulartspezifisch die Bewertungsmaßstäbe.

---

42 Zur Einordnung vgl. auch ▶ Abb. 8 am Ende des 2. Kapitels

4.2 Wirkungen institutioneller Bedingungen

Das Fähigkeitsselbstkonzept (▶ Kap. 4.2.3) kann sich hierdurch insbesondere beim Wechsel auf ein Gymnasium negativ verändern (big-fish-little-pond-effekt). Psychische Anpassungsprozesse an die neue Situation können sich auf die Leistung des Kindes positiv oder negativ auswirken. Ball et al. führen einen Leistungsabfall nach dem Wechsel von der Grundschule in eine weiterführende Schule auch darauf zurück, dass die Beanspruchung der Schüler*innen im vierten Schuljahr besonders hoch war und in den Ferien vor dem Wechsel ein Erholungseffekt eintritt (vgl. Ball, Lohaus & Miebach 2006, S. 107). Wenn Schulkinder solche Zusammenhänge kennen und verstehen, können sie erhaltene Bewertungen realistischer einordnen. Zu einer realistischeren Einschätzung der Anforderungen der neuen Schule könnte demnach beitragen, wenn das Kind weiß, welche Veränderungen der Übergang mit sich bringen kann. Das könnte sich auch positiv auf die Entwicklung motivational relevanter personaler Ressourcen des Kindes auswirken, die am emotional aufgeladenen Übergang eine besondere Rolle spielen, wie die Selbstwirksamkeit, die Kontrollüberzeugung und das Fähigkeitsselbstbild. Schließlich ist das Wohlbefinden und die Lernfreude für die Bewältigung der Herausforderungen der gesamten Übergangszeit bedeutsam, die mit dem letzten Grundschuljahr beginnt und weit in das erste Jahr auf der weiterführenden Schule hineinreicht.

4.2.1 Selbstwirksamkeit[43]

Erscheinen aufgezwungene Entscheidungen in wichtigen Angelegenheiten als unausweichlich, könnte sich das auf die Selbstwirksamkeitserwartung[44] des Kindes auswirken. Unter Selbstwirksam-

---

43 Vertiefend: Miller & Velten 2015, S. 26–32.
44 In der Fachliteratur wird Selbstwirksamkeitserwartung und Selbstwirksamkeit (self-efficacy beliefs) häufig synonym gebraucht. Das Konzept der Selbstwirksamkeit geht zurück auf die sozial-kognitive Theorie Banduras

keitserwartung ist der Glaube zu verstehen, eine Situation mit eigenen Fähigkeiten meistern zu können. Auf Schule übertragen bedeutet das: Eigene Erfolgserfahrungen durch erfolgreiche Bewältigung schulischer Aufgaben sollte das Kind auf seine eigene Tätigkeit zurückführen können.

Selbstwirksamkeit ist eine wichtige »personale Ressource« (Stangl 2021a), weil eine hohe Selbstwirksamkeitserwartung eine gute motivationale Voraussetzung ist. Denn das bedeutet, sich des Erfolgs des eigenen Handelns aufgrund eigener Fähigkeiten auch in neuen und in schwierigen Situationen sehr sicher zu sein. Es bezieht sich jedoch nur auf Situationen, für die das Kind annimmt, dass es diese selbst beeinflussen kann. Die Erwartung der Selbstwirksamkeit ist demnach keine Eigenschaft eines Kindes. Vielmehr geht sie einer Handlung voraus, beeinflusst sie somit, verändert sich jedoch auch erfahrungs- und situationsspezifisch. Zudem ist sie verbunden mit der Erwartung bestimmter Konsequenzen, z. B. ob die eigenen Ziele mit dem Übergang erreicht werden. Ob das Kind seinem eigenen Handeln Erfolg (oder Misserfolg) beim Übergang von der Grundschule in eine Schulart der Sekundarstufe zutraut, hängt also einerseits mit seinen Erfahrungen zusammen und andererseits mit dem Spielraum, den das Kind für sein Handeln in der Situation erwartet. Diese Erwartung wird in ihrer Richtung unterstützt durch Bezugspersonen des Kindes, die ihm Rückmeldungen zu seiner Selbstwirksamkeit geben (vgl. Velten 2020).

Die erwartete Selbstwirksamkeit ist zwar relativ beständig, ändert sich also nicht durch eine zu bewältigende Situation am Übergang von der Primarstufe in die Sekundarstufe grundlegend. Dennoch unterliegt sie situationsspezifischen Einflüssen. Sie entwickelt sich zudem weiter und wird durch die Erfahrung mit der Überwin-

---

(Bandura 1977), der jedoch zwischen »perceived self-efficacy« (individuelle Kompetenzerwartung) und »outcome expectancies« (Konsequenzerwartung) unterscheidet (Weiterentwicklung vor allem durch Schwarzer 2000; Schwarzer & Jerusalem 2002).

dung von Herausforderungen durch eigene beharrliche Anstrengungen bzw. durch Lernen aus Misserfolg zunehmend belastbar (vgl. Miller & Velten 2015, S.31; Velten 2020, S. 63 ff.). Das bedeutet auch, dass Selbstwirksamkeitserwartung der Kinder gefördert werden kann.

Die Bedeutung des Einflusses der Selbstwirksamkeit auf die Lernaktivitäten und der Lernaktivitäten wiederum auf die Selbstwirksamkeit haben Caprara et al. untersucht (Caprara et al. 2013). Kinder, die ihre Lernhandlungen effizient regulierten[45], erreichten gute Noten und eine hohe Selbstwirksamkeitsüberzeugung.

Wie können Kinder lernen, ihre Lernhandlungen effizient zu regulieren?

Voraussetzung ist ein Unterricht, der den Kindern Freiräume für selbstständiges Arbeiten lässt. Unterstützt wird die Handlungsregulation durch eine gute Lernplanung, indem sich das Kind selbst – anfangs mit Unterstützung der Lehrperson – Ziele setzt und deren Erreichen überprüft. Der Fokus sollte dabei vor allem darauf liegen, immer realistischer zu planen. Dazu eignen sich alle Aufgabenformate, die dem Kind genügend Spielraum für eigene Planungserfahrungen bieten: die Arbeit mit einem Tages- oder Wochenplan, den das Kind selbst erstellt, projektartige Aufträge, forschendes Lernen und Transferaufgaben. Das Kind wählt eine bewältigbare Aufgabe, reformuliert die Aufgabe sowie die zu erreichenden Ziele und passt sie seinen Möglichkeiten an. Um die Aufgabenlösung geistig vorwegzunehmen, gliedert das Kind die Ziele in Teilziele und die anstehende Arbeit in überschaubare Arbeitsschritte von der Vorbereitung des Arbeitsplatzes bis zur Ergebnispräsentation. Hilfreich ist ein System, mit dem die Planung und die Ausführung schriftlich festgehalten werden können. Die Zieler-

---

[45] Die Regulation von Lernhandlungen hängt eng zusammen mit der Beherrschung bestimmter Lernstrategien, die zur Regulation eingesetzt werden können.

reichung sollte visualisiert werden. Bei vielen Arbeitsformen bietet es sich an, dass mehrere Kinder gemeinsam so an einem Ziel arbeiten, dass jedes Kind sich angemessen einbringen kann. In diesem Fall sollte der Beitrag jedes einzelnen Kindes zum Gruppenergebnis festgehalten und die Zusammenarbeit in der Gruppe reflektiert werden. Kinder sind jedoch auch darauf angewiesen, dass Erwachsene ihre Arbeit begleitend würdigen.

Wenn in der Schule die Möglichkeit etabliert ist, dass Arbeitsergebnisse anderen Kindern vorgestellt und mit ihnen diskutiert werden können, gewinnt die Arbeit an Bedeutung, vor allen dann, wenn Regeln zum Feedbackgeben und Feedbackannehmen eingeführt sind. Grundlegend für das Feedbackgeben ist eine positive Gesprächsatmosphäre, Wertschätzung, zeitnahe konkrete und sachliche Rückmeldung, Positives aufgreifen und weniger gut Gelungenes als weniger gravierend und als Lernanlass formulieren. Abwertungen sind grundsätzlich nicht erlaubt. Es muss deutlich werden, dass die erreichte Leistung nicht dem Zufall, sondern der Anstrengung des Kindes geschuldet ist. Kindern fällt es manchmal schwer, Feedback anzunehmen. Deshalb sind auch hierfür Regeln sinnvoll, an die es sich halten kann: Besonders wichtig ist das aufmerksame Zuhören, sachliche Nachfragen stellen, mit den Feedbackgebern mögliche Verbesserungen diskutieren. So ergibt sich auch die Möglichkeit bei anderen Kindern zu sehen, wie diese ihre Erfolge erfahren.

An vielen Schulen sind Feedbackgespräche zwischen Lehrperson, Eltern und Kind mindestens zweimal jährlich üblich. Alle Beteiligten sollen hierbei gleichberechtigt zu Wort kommen. Am leichtesten gelingt das, wenn das Kind konkrete Arbeiten präsentiert, über die anschließend gesprochen wird. Auch hier sind die Feedbackregeln, die dann auch für die Eltern gelten, eine wichtige Hilfe. Durch positive Lernrückmeldungen in verschiedenen Formaten kann die Selbstwirksamkeitserwartung erhöht werden.

Damit ist ein Konzept skizziert, das in vielen Grundschulen bereits üblich ist. Es könnte gut für die Vorbereitung des Übergangs im letzten Grundschuljahr genutzt werden. Darüber hinaus wird deutlich, dass Grundschule und weiterführende Schule nicht nur curricular, sondern auch hinsichtlich der pädagogischen und didaktischen Arbeit Anschlussfähigkeit herstellen sollten, um die Ressource Selbstwirksamkeit beim Kind zu fördern und zu nutzen (▶ Kap. 4.5.3).

4.2.2 Kontrollüberzeugung

In der Fachliteratur wird zwischen internaler und externaler Kontrollüberzeugung unterschieden[46]. Bei der internalen Kontrollüberzeugung geht es darum, dass das Kind davon überzeugt ist, dass es selbst die Kontrolle über sein eigenes Handeln haben kann. Das Handlungs*ergebnis* wird als selbst herbeigeführt betrachtet, z. B. wenn sich das Kind sicher ist, dass das Ergebnis seines eigenen Lernverhaltens dazu geführt hat, dass es seiner Wunschschulart zugewiesen wurde. Reichen die Noten nicht für eine Zuweisung zur Wunschschulart, kann die Folge sein, dass das Kind glaubt, es habe seine Noten und somit auch die Zuweisung zu einer nicht angewählten Schulart (oder Schule) selbst verschuldet.

Eine externale Kontrollüberzeugung liegt vor, wenn das Kind glaubt, dass der Übergang grundsätzlich durch andere Personen oder Institutionen (z. B. durch die Lehrperson, die Eltern, gesetzliche Vorgaben) bestimmt wird, es selbst aber keinen Einfluss darauf hat. Daraus resultierende Erfahrungen sind eine von mehreren Grundlagen für die motivationale Entwicklung und somit indirekt für den Schulerfolg. Schule und somit letztlich auch das schulische Lernen könnte im ungünstigsten Fall als wenig selbst beeinflussbar erlebt werden. Andererseits kann die Überzeugung, dass die nachfolgende Schule generell zugewiesen wird, auch vor einer negativen Bewertung der eigenen Leistungsfähigkeit schützen.

---

46 Das Konzept der Kontrollüberzeugung hat seine Wurzeln in der behavioristischen Psychologie und geht zurück auf Rotter (1966).

Anzustreben ist, dass die Kinder möglichst viel Kontrolle über ihren Lernprozess erhalten. Eine hohe internale Kontrollüberzeugung hat, wie eine hohe Selbstwirksamkeitsüberzeugung, motivationale Vorteile. Deutlich wurde: Ist jedoch der Übergang von der Grundschule in die weiterführende Schule an die erreichten Noten gekoppelt und erscheint er zugleich als den Lebensweg determinierende Schnittstelle, so empfindet ein Kind mit einer hohen internen Kontrollüberzeugung die Last der Verantwortung für das Ergebnis – die Zuweisung – bei sich selbst. Um das im derzeitigen Schulsystem zu vermeiden, ist es notwendig, den Kindern die externe Kontrolle deutlich zu machen. Wichtig ist es, Wege aufzuzeigen, die trotz einer nicht angestrebten Zuweisung später offenstehen. Anzuerkennen ist, dass Kinder am Ende der Grundschule ihrer Entwicklung nach durchaus in der Lage wären, sich selbst für eine weiterführende Schule zu entscheiden, denn sie sind – was die Ausschnitte aus den Kinderinterviews in diesem Band eindrucksvoll zeigen – durchaus fähig, die Übergangssituation und ihre Folgen kompetent zu reflektieren.

4.2.3 Das schulische Fähigkeitsselbstkonzept[47]

Kinder interessieren sich sehr dafür, was sie schon können. Sie schätzen die Höhe und die Veränderbarkeit ihrer Fähigkeiten auf der Basis ihrer Erfahrungen und durch Vergleich mit anderen Kindern bzw. mit institutionell vorgegebenen Anforderungen ein. So entwickeln sie eine Vorstellung über ihre eigenen Fähigkeiten. Besonders bedeutsam sind dabei stärkende schulische Leistungsrückmeldungen und das elterliche Vertrauen in die Leistungsfähigkeit des Kindes. Unter dem schulischen Fähigkeitsselbstkonzept des Kindes wird sein eigenes mentales Modell seiner auf schulische Aufgaben gerichteten Fähigkeiten verstanden. Schätzt das Kind seine eigene schulische Leistungsfähigkeit hoch ein, so ist das eine

---

47 Vertiefend: Miller & Velten 2015, S. 19–26.

4.2 Wirkungen institutioneller Bedingungen

wesentliche Voraussetzung für gute Schulleistungen. Diese Wirkung resultiert vor allem aus einer erhöhten Anstrengungsbereitschaft, aus der Wahl anspruchsvollerer Aufgaben und aus längerem Durchhalten. Sie hängt aber auch von der Schwierigkeit der Aufgaben ab.

Unabhängig vom schulischen Fähigkeitsselbstkonzept wirken zudem generelle Vorstellungen über Begabung und Lernen, implizite Fähigkeitsmodelle, die Kinder durch ihr Umfeld vermittelt bekommen. Diese Vorstellung, die das Kind für alle Menschen annimmt, wirkt auch auf sein eigenes Fähigkeitsselbstkonzept. Bei einem statischen Begabungsbegriff[48] und der Vorstellung, man könne die eigenen Fähigkeiten nur geringfügig entwickeln, erscheint dem Kind Misserfolg beim Lösen spezieller Aufgaben möglicherweise als persönliches Versagen ohne Chance, sich zu verbessern (Dweck & Leggett 1988). Sieht das Kind die eigenen Fähigkeiten als entwickelbar an, ist es wahrscheinlicher, dass es alles daransetzen wird, seine Fähigkeiten zu erweitern. Förderlich für Schulerfolg ist es, beides zu fördern: das Fähigkeitsselbstkonzept und eine flexible implizite Modellvorstellung menschlicher Fähigkeitsentwicklung. Im gegliederten Schulsystem ist eine realistische Einschätzung der eigenen Fähigkeiten und Interessen von hoher Bedeutung bei der Schulwahl. Sie muss in der Grundschulzeit entwickelt werden und wird als eine wichtige Entwicklungsaufgabe des Kindes angesehen. Kinder reflektieren ihre Fähigkeiten auch im Kontext der Übergangsentscheidung.

Eingebunden in ihre Familie, ihre Schulklasse, ihre Schule und das Schulsystem sind sie auch mit deren Positionen konfrontiert.

---

48 Nach dem heute wissenschaftlich nicht mehr haltbaren statischen Begabungsbegriff ist Begabung (als personale Bildungsdisposition) durch Erbanlagen vorgegeben und kann durch äußere Einflüsse – z. B. durch Erziehung und Bildung – nicht wesentlich beeinflusst werden (Müller 1950b). Obwohl der statische Begabungsbegriff wissenschaftlich überholt ist, wird er weiterhin gesellschaftlich tradiert, wenn auch mit abnehmender Tendenz.

Zudem haben sie im Laufe ihrer bisherigen Schulzeit explizit (über Feedback unterschiedlicher Art) und implizit über ihre Position in der Kindergruppe eine Einschätzung ihrer eigenen Fähigkeiten entwickelt. Im Laufe der Schulzeit entwickeln sie so bereits ein mentales Modell über ihre schulischen Fähigkeiten und Eigenschaften, welches als Fähigkeitsselbstkonzept bezeichnet wird (vgl. Neuenschwander et al. 2018, S.1). Dieses hängt mit den schulischen Leistungen dergestalt zusammen, dass Fähigkeitsselbstkonzept und Leistung sich gegenseitig beeinflussen (ebd. S. 2). Das Fähigkeitsselbstbild beeinflusst zudem »die Entwicklung der Bildungsaspirationen und die Formation von Bildungsentscheidungen« (ebd.). Es wirkt also auch auf das Bestreben, sich bilden zu wollen, auf die Überzeugung, dass Bildung für das eigene Leben wichtig ist, und auf die persönlichen Bildungsentscheidungen im Laufe der Grundschulzeit, die das Kind mit Blick auf den Übergang in die weiterführende Schule fällt. Das Fähigkeitsselbstkonzept verändert sich nicht durch persönliche Entwicklungsfaktoren wie die Pubertät, sondern durch eine veränderte Position in der Bezugsgruppe, vor allem der Klasse, die das Kind besucht.

Findet ein Wechsel in eine andere Schulart statt, so findet dadurch auch eine Neupositionierung statt. Hierzu führen Neuenschwander et al. (ebd.) einige Untersuchungen an. So zeigt sich etwa beim Wechsel auf das Gymnasium, dass die neue Position im Leistungsspektrum der Klasse für das einzelne Kind ungünstiger ausfällt als in der Grundschule und einer Gesamtschule[49] (Aust et al. 2010, S. 97). Neuenschwander et al. (2018) untersuchten in der Schweiz, wie sich der Übergang auf das Fähigkeitsselbstkonzept im Fach Deutsch auswirkt. Dazu verglichen sie im Längsschnitt 1076 Schüler*innen, die in der Grundschule (bis einschl. Klasse 6) verblieben, und solche, die nach der 4. Klasse in eine weiterführende Schule wechselten. Es zeigte sich, dass sich die Schüler*innen, die

---

49 Es handelt sich um den sog. »Big-Fish-Little-Pond Effekt«, zur Erläuterung und Einordnung siehe auch: https://dorsch.hogrefe.com/stichwort/big-fish-little-pond-effekt

in die Sekundarstufe gewechselt waren, sich im sozialen Vergleich neu orientierten, je nach Leistungszusammensetzung der Klasse, die sie nun besuchten. Vergleichsprozesse unter den Schüler*innen gewannen im gegliederten Schulsystem im Jahr vor einem Schulwechsel (in der Grundschule) und nach erfolgtem Schulwechsel (insb. ins Gymnasium) an Bedeutung (ebd., S. 11). Kinder mit niedrigem Fähigkeitsselbstkonzept sind in Gefahr, durch die Vergleichsprozesse besonders beschädigt zu werden.

Was können Bezugspersonen des Kindes zur Stärkung des Fähigkeitsselbstbildes beitragen?

Eltern und Lehrpersonen können negativen Auswirkungen von Vergleichsprozessen entgegenwirken und das Fähigkeitsselbstbild des Kindes stärken. Voraussetzung ist eine individuelle Bezugsnorm für die Leistungsbeurteilung verbunden mit individuellen Lernzielen. Das setzt einen offenen Unterricht voraus, in dem die Schüler*innen ihren Interessen nachgehen und im eigenen Lerntempo arbeiten können, wie bereits im Kapitel zur Selbstwirksamkeit beschrieben ist. Wichtig ist die Trennung von sozialer Anerkennung und Schulleistung. Ziel muss es sein, Lernerfolge mit dem Kind als seiner eigenen Leistung geschuldet herauszuarbeiten. Zudem sollte eine Kultur des Umgangs mit Fehlern etabliert sein, die Kindern ermöglicht, Fehler nicht als Misserfolge zu werten, sondern als Lernanlässe zu nutzen. Kinder in der Klasse in Rangreihen zu sortieren und sei es über Notenlisten, Notenmittelwerte o. ä. muss sowohl in der Grundschule als auch in der weiterführenden Schule vermieden werden, ganz besonders im Jahr vor- und nach dem Übergang.

4.2.4 Die Wirkung von Bildungsaspiration

»Bildungsaspiration bezeichnet dabei den Willen bzw. das Streben eines Menschen, sich zu bilden und weiterzubilden«. (Stangl 2021b)

4 Die Zukunftsaufgabe: Die Ressourcen der Kinder und Eltern stärken

In vorangegangenen Kapiteln wurde immer wieder das Problem aufgeworfen, dass Übergangsempfehlung und Übergangsentscheidungen keine rein rationalen Akte sind, sondern stets eine ganze Reihe an Faktoren einwirken. Dazu stellt die Wissenschaft unterschiedliche Modellvorstellungen über Gründe und Wirkmechanismen zur Verfügung, die den Fokus auf die handelnden Personen, also nicht wie in den vorangegangenen Kapiteln auf die Schulstrukturen legen. Hoenig (2019, S. 106ff.) reichert das klassische Wert-Erwartungs-Modell, nach dem bei Bildungsentscheidungen insbesondere der Statuserhalt im Vordergrund steht, um weitere Komponenten an:

- die erwartete soziale Anerkennung in der ausgewählten Schule,
- physisches Wohlbefinden (z. B. Schulweg, Ganztag),
- die Leistungsrealität, also was das Kind tatsächlich leisten kann.

Was bedeutet das? Steht für das Umfeld der Statuserhalt im Vordergrund und der Besuch des Gymnasiums außer Frage, fühlt sich das Kind mit einer Entscheidung der Eltern für ein Gymnasium abgesichert. Es erwartet sozial im Gymnasium in der richtigen Schule zu sein. Die Leistungsrealität spielt nur, wenn sie gar nicht zu den Anforderungen des Gymnasiums passt, eine relativierende Rolle. In einem anderen Fall erhält ein Kind aus einem Umfeld, in dem der Besuch einer Hauptschule Normalfall ist, eine Gymnasialempfehlung, dann wird es wahrscheinlich befürchten, dass ihm weniger soziale Anerkennung zuteilwerden wird als in der Hauptschule. Die Leistungsrealität stellt in Gestalt der Gymnasialempfehlung die Bedingung der Möglichkeit dar, diese Schule zu besuchen. Dennoch wird vermutlich etwas Skepsis bleiben. Beide Annahmen werden durch empirische Untersuchungen gedeckt (ebd., S. 97).

Allerdings wurde wiederholt durch empirische Untersuchungen gezeigt, dass Eltern mit Migrationshintergrund höhere Bildungsaspirationen aufweisen als Eltern ohne Migrationshintergrund (Diehl et al. 2016, S. 10).

4.2.5 Wohlbefinden und Lernfreude am Übergang

Van Ophuysen, Schürer & Bloh (2021) weisen mit Bezug zu Hagenauer (2011) darauf hin, dass neben dem individuellen Leistungspotenzial auch das schulische Wohlbefinden der Schüler*innen ein wichtiges schulisches Ziel darstellt. Denn für Schulerfolg sind nicht nur Schulleistungen verantwortlich, sondern auch die im Kapitel 1 (▶ Kap. 1) aus historischer, im Kapitel 2 (▶ Kap. 2) insbesondere aus sozialisationstheoretischer und im Kapitel 3 (▶ Kap. 3) aus schulstruktureller Sicht bereits beschriebenen Umfeldbedingungen des schulischen Lernens. Sowohl die personalen Ressourcen als auch die Möglichkeiten, die das Umfeld dem Kind eröffnet, beeinflussen das Wohlbefinden des Kindes.

In der psychologischen Fachliteratur wird das habituelle, überdauernde Wohlbefinden, das eher einem Persönlichkeitsmerkmal gleichkommt, und das aktuelle auf momentanen Emotionen beruhende Wohlbefinden unterschieden. Das aktuelle Wohlbefinden der Kinder wird nicht auf Präferenzen für bestimmte Lerninhalte oder Fächer zurückgeführt. Vielmehr bezeichnet schulisches Wohlbefinden die Emotion, die ausgelöst wird, wenn das Kind sich selbst in der Schule positiv wahrnimmt. Ein hohes schulisches Wohlbefinden setzt mindestens voraus, dass sich das Kind in der Schule anerkannt, sicher und geborgen fühlt. Erst wenn sich das schulische Wohlbefinden überdauernd einstellt, kann von einem habituellen Wohlbefinden gesprochen werden (vgl. Serke 2019). In den vorangegangenen Kapiteln wurde bereits auf personale Faktoren hingewiesen, die zum schulischen Wohlbefinden beitragen können.

Van Ophuysen et al. (2021) verwenden sowohl den Begriff des schulischen Wohlbefindens als auch den Begriff der Lernfreude, ohne beide trennscharf zu unterscheiden. Berichtet wird über deutliche positive Zusammenhänge zwischen schulischem Wohlbefinden und der »Einstellung gegenüber Lernen und Leistung sowie Einsatz und Leistungsbereitschaft«. Schulfreude hänge mit den Interessen an Lerninhalten zusammen (van Ophuysen 2008, S. 295).

4 Die Zukunftsaufgabe: Die Ressourcen der Kinder und Eltern stärken

Diese stellen sich zwar am Schulanfang noch wie von selbst ein, allerdings über die Schuljahre hinweg mit abnehmender Tendenz. Bei jungen Kindern lässt sich beobachten, wie sie sich für und durch ihre eigenen Lernprozesse begeistern. Dies geschieht vor allem dann, wenn sie sich in eine Aufgabe vertiefen, einem Ziel nachgehen, sei es ein Projekt, eine Gestaltungsaufgabe oder eine mathematische Fragestellung. Geschieht dies in einer Gruppe, so kann sich dadurch eine positive Dynamik entfachen. Wichtig ist, dass frühzeitig in der Auseinandersetzung mit dem Lerngegenstand und der eigenen Fragestellung Erfolg einstellt. In der Weiterarbeit gelingt es der Gruppe bald, an den Erfolg ihrer Arbeit zu glauben. Schwierigkeiten, die sich in den Weg stellen, werden zur Herausforderung und aktivieren zusätzlich. Solange keine einschneidenden Misserfolge passieren, wird der Arbeitsprozess über eine lange Strecke von freudiger Aktivität und dem Voranschreiten der Arbeitsergebnisse getragen. Störend auf den Lernprozess würde sich wahrscheinlich auswirken, wenn sachfremde Anreize während der Arbeit dazwischenkommen, wie z.B. externe Belohnungen. Das positive emotionale Erleben während der Arbeit an einer interessanten Aufgabe kann dazu beitragen, dass die Kinder ihr Ziel konzentrierter, zielgerichteter und mit größerem Durchhaltevermögen verfolgen (vgl. Carle 2006).

4.3 Phasen des Übergangs aus der Retrospektive der Kinder (Jana Herding)

Der Übergang von der Grundschule in die weiterführende Schule bietet Kindern viele Lern- und Erfahrungsmöglichkeiten über einen langen Zeitraum, denn er beginnt nicht erst mit dem direkten Übertritt, sondern sehr viel früher, nämlich dann, wenn der Übergang für die Kinder an Bedeutung gewinnt. So bleibt eigentlich genug Zeit, in der sich die Kinder auf einen guten Übergang vorbe-

4.3 Phasen des Übergangs aus der Retrospektive der Kinder (Jana Herding)

reiten können. Auch das Ankommen in der neuen Schule braucht einen Zeitraum von mehreren Monaten.

In einem ersten Schritt könnte sich die Kindergruppe schon zu Beginn des dritten Schuljahres über ihre Vorstellungen zum Übergang und über ihre Erwartungen bezüglich der Anforderungen der Schulen der Sekundarstufe I austauschen, wie auch weiterführend über die Relevanz dieser Schulstrukturen reflektieren (▶ Kap. 1.3.2). Ebenso wichtig ist die rückblickende Reflektion, um den eigenen Entwicklungsprozess zu verstehen.

4.3.1 Fünftklässler*innen reflektieren hilfreiche Faktoren im Übergangsprozess

Wie Kinder als selbst gestaltende Akteure ihren gesamten Übergangsprozess zwischen Grundschule und Sekundarstufe I beschreiben und bewerten, steht im leitenden Erkenntnisinteresse der längsschnittlichen Untersuchung von Herding aus der Teilstudie KINDER des Übergangsprojektes SUrPriSe (▶ Problemaufriss und Einführung in diesen Band).

In diesem Unterkapitel steht der letzte Abschnitt aus den rückblickenden Interviews mit den 20 Fünftklässler*innen der längsschnittlichen Studie im Fokus. Da diese Kinder bereits auf einen hinter sich liegenden erlebten Übergangsprozess zurückblicken können, sollten sie sich in der ihnen zugeschriebenen Rolle als »Übergangsexperten« in diesem Interviewabschnitt zunächst reflektiert mit der Frage auseinandersetzen, welche Faktoren sie rückblickend in der Gestaltung des Übergangs als hilfreich bzw. verbesserungswürdig wahrgenommen haben.

Dazu sollten sie auf individueller Ebene einschätzen, was sie selbst dazu beigetragen haben, den Übergang erfolgreich bewältigen zu können, und was sie ggf. rückblickend anders machen würden. Des Weiteren sollten die Fünftklässler*innen auf interaktionaler Ebene beurteilen, welche Akteure aus ihrem sozialen Umfeld (hier insbesondere Eltern, Geschwister und Lehrkräfte) bewusst vorteilhaft unterstützend oder hinderlich auf das Kind eingewirkt haben. Zum anderen sollten sie auf kontextueller Ebene einschätzen, welche erlebten übergangsvorbereitenden und nachbereitenden Gestaltungsmaßnahmen in ihrer Schule förderlich oder hinderlich gewirkt haben (vgl. Ebenen des Transitionsmodells von Griebel & Niesel 2018).

Der Blick auf sich selbst

Rückblickend betrachtet scheinen die Kinder ihrer Ansicht nach vieles gut gemacht zu haben:

»Ich hab das gut gemacht, dass ich in der Klasse halt ganz viel aufgepasst habe, nicht so wie die anderen, die halt nicht so aufgepasst haben. Und dass ich halt immer höflich den Lehrern entgegen war. Und respektvoll. Was einige auch nicht gemacht haben.« *Ron aus H., Fünftklässler eines Gymnasiums*

»Ja, weil ich hab mich auch so gefreut auf eine neue Schule zu kommen.« *Rapha aus H., Fünftklässler eines Gymnasiums*

»Schlecht hab ich gemacht, dass ich am Anfang so ein bisschen die Hausaufgaben vernachlässigt habe und dann so dachte, ach das schaffe ich locker. Und die dann halt einen Tag erst vorher gemacht hab und dann war es halt doch doof.« *Ron aus H., Fünftklässler eines Gymnasiums*

»Also ich hab gut gemacht, dass ich nett zu meinen Mitschülern bin. Und immer sehr hilfsbereit.« *Tobias aus B., Fünftklässler eines Gymnasiums*

»Was ich noch ein bisschen besser hätte machen können, wär jetzt zum Beispiel gewesen, dass ich am Anfang noch etwas interessierter für manche Fächer hätte wirken können. Da hätte ich mich noch ein bisschen mehr drauf einlassen können. Weil manchmal war ich schon so, oh hab ich keine Lust drauf, so ist doof.« *Pia aus B., Fünftklässlerin eines Gymnasiums*

Die individuellen Selbsteinschätzungen der Kinder erwecken den Eindruck, dass sie rückblickend reflektieren, vieles gut gemacht zu haben. Dazu habe insbesondere eine generell positive Grundein-

4.3 Phasen des Übergangs aus der Retrospektive der Kinder (Jana Herding)

stellung zum bevorstehenden Übergang und zur neuen Schule beigetragen (vgl. Rapha). Gleichzeitig seien sie zufrieden mit dem eigenen pflichtbewussten (vgl. Ron) wie auch sozial eingestellten (vgl. Tobias) Verhalten im neuen Klassenverbund. Wenn Aspekte genannt werden, die man rückblickend hätte besser machen sollen, beziehen sich diese überwiegend auf das eigene schulbezogene Verhalten, welches von Anfang an noch pflichtbewusster und leistungsorientierter (vgl. Ron) wie auch motivierter und offener (vgl. Pia) für neue Lerninhalte und Fächer hätte sein müssen.

Der Blick auf das soziale Umfeld

Die meisten Kinder gaben an, dass sie Hilfe von ihren Eltern und Verwandten erhalten haben:

»Also ich wurde von meinen Eltern, meiner Patentante, meinem Patenonkel und meiner Oma und Opa unterstützt, dass ich mich entscheiden soll für eine Schule, weil ich kann ja nicht auf zwei Schulen gehen. Und ich hab das halt lange mit meiner Mutter besprochen, welche Schule ich nehme und eine Liste mit Vor- und Nachteilen gemacht.« *Tino aus H., Fünftklässler eines Gymnasiums*

»Also die haben mich so aufgemuntert. Also mein Vater und ich, wir lernen halt immer bei Mathearbeiten, meine Schwester und ich lernen bei Deutscharbeiten und meine Mutter und ich lernen bei Erdkunde.« *Tristan aus H., Fünftklässler eines Gymnasiums*

»Meine Schwestern auch. Halt sie haben mich geholfen, mich da zurechtzufinden.« *Ruven aus H., Fünftklässler eines Gymnasiums*

»Also gut fand ich, dass meine Mama so offen mit mir darüber geredet hat. Weil sie hat auch wirklich mal erzählt, was bei ihr so schlechtes passiert ist in der Schule manchmal. Weil auch bei denen nicht immer alles ganz toll gewesen ist.« *Merle aus S., Fünftklässlerin eines Gymnasiums*

»Ja, also einmal hab ich das mit meiner Mutter gemacht, so zum Ausprobieren. Da hatten wir so einen freien Tag. Und da sind wir halt einmal Zug gefahren, haben unsere Fahrkarten abgestempelt, und dann haben wir den

Schulweg mal durchgegangen. Dann bin ich halt immer die ersten Tage mit meinem Bruder gegangen. Und dann hatte ich den irgendwann drin.« *Tino aus H., Fünftklässler eines Gymnasiums*

Von Vorteil erschien, wenn man bereits ein Kind kannte, das die neue Schule besuchte:

»Naja also, als wir die Schule erst richtig kennengelernt haben, haben wir nen Platz festgelegt, wo wir uns treffen. Weil sonst hätten wir uns nicht wiedergefunden. Ich kannte die Schule noch nicht so gut. Deswegen hätte ich mich bestimmt da verlaufen oder so.« *Malte aus H., Fünftklässler eines Gymnasiums*

»Also mir haben auf jeden Fall die neuen Mitschüler und die Lehrer geholfen. Aber auch die alten Freunde und Klassenkameraden. Wir haben zum Beispiel sehr viel gespielt und uns über den Schulwechsel unterhalten. Und dann haben wir auch noch den Schulhof ein bisschen erkundigt.« *Maja aus H., Fünftklässlerin eines Gymnasiums*

»Also, damals hat mir geholfen, also das A. schon in meiner Klasse ist. Und dass ich mich mit ihm ein bisschen ablenken konnte. Das, also das ich halt, nicht so, nicht so viel Angst vor der Schule habe.« *Malte aus H., Fünftklässler eines Gymnasiums*

Auch den Lehrer*innen kam eine wichtige unterstützende Rolle am Übergang zu:

»Die Lehrer haben halt noch nicht so richtig losgepowert direkt mit Aufgaben und so. Die haben uns erstmal zusammenfinden lassen, Kennenlernspiele mit uns gemacht und waren auch nett.« *Hannah aus H., Fünftklässlerin eines Gymnasiums*

»Ja besonders geholfen hat mir, dass wir von unserer Lehrerin auch verabschiedet wurden und dass sie gesagt hat, dass während wir keine Schule haben, aber die hier Schule haben, dass wir vorbeikommen können. Und dass wir die dann noch besuchen können.« *Ron aus H., Fünftklässler eines Gymnasiums*

»Meine Klassenlehrerin, die ist toll. Die muss gar nix verbessern. Aber die einzelnen Fachlehrer, halt die denken sich, als wären die so ganz hoch halt so.« *Ruven aus H., Fünftklässler eines Gymnasiums*

4.3 Phasen des Übergangs aus der Retrospektive der Kinder (Jana Herding)

Der Blick auf das soziale Umfeld auf der interaktionalen Ebene der Beziehungen zeigt, dass insbesondere die Familie aus Eltern[50] und Geschwistern eine sehr bedeutsame Rolle aus Sicht der Kinder einnimmt, denn der Übergang betrifft die ganze Familie. So wird sowohl deren Unterstützung und Begleitung in der Orientierungsphase positiv hervorgehoben, beispielsweise durch das offene Ohr und Teilen von eigenen Erfahrungen (vgl. Merle) wie auch das Erstellen von Pro-/Contra-Listen für die Wahl der weiterführenden Schulen (vgl. Tino). Aber auch in der Ankommensphase auf der neuen Schule wird die Unterstützung und Begleitung befürwortet, beispielsweise durch das gemeinsame Abfahren bzw. Kennenlernen des neuen Schulwegs mit Eltern oder Geschwistern (vgl. Ruven und Tino), der Vereinbarung von genauen Treffpunkten in der großen noch neuen Umgebung (vgl. Malte), das stetige Zusprechen von Mut sowie der Hilfe bei den Hausaufgaben von der gesamten Familie (vgl. Tristan). Die Aussagen der Kinder zeigen weiter, wie hilfreich es zu sein scheint ‚zumindest eine minimale Kontinuität auf der Ebene der Beziehungen zu gewährleisten, sodass man sich mit einer vertrauten Person und somit Konstanten auf der neuen Schule (seien dies alte Freunde oder Geschwister) gegenseitig ablenken und unterstützen kann und die neue noch unvertraute Umgebung gemeinsam erkundet (vgl. Ruven, Maja und Malte).

Das Verhalten der alten und neuen Klassenlehrer*innen wurde rückblickend insgesamt positiv reflektiert, hier insbesondere das Schaffen einer vertrauten Rückversicherung in der Orientierungsphase, man könne immer wieder die alte Schule besuchen kommen (vgl. Ron), aber auch der sanfte Einstieg in der Ankommensphase, der erstmal verstärkt sozial- und weniger leistungsorientiert von den neuen Klassenlehrer*innen gestaltet wurde und vor allem das Zusammenfinden einer Klassengemeinschaft im Vordergrund stand (vgl. Hannah).

---

50 Auf die besondere Rolle der Eltern wird im Kapitel 4.4 (▶ Kap. 4.4) auch nochmal gesondert eingegangen, denn sie beeinflussen den Übergang maßgeblich.

4 Die Zukunftsaufgabe: Die Ressourcen der Kinder und Eltern stärken

Der Blick auf innerschulische Prozesse

Insbesondere übergangsvorbereitende Maßnahmen erwiesen sich als hilfreich:

»Es gibt ja auch einen Tag der Offenen Tür. Ich war aber zum Beispiel bei drei Tagen der Offenen Tür. Und da hab ich mich halt fürs . . . entschieden, weil ich dann auch nochmal so ein paar Beispiele hatte, wie es sein könnte. Und ich dann auch ein paar Schultage mitmachen konnte.« Hannah aus H., *Fünftklässlerin eines Gymnasiums*

»Wir wurden immer noch auf Feste eingeladen, die die Grundschule gemacht hat, damit die uns auch nochmal wiedersehen, wenn wir etwas größer sind.« Maja aus H., *Fünftklässlerin eines Gymnasiums*

»Also vor der Schule, also vor den Sommerferien, war da so ein Kennlernnachmittag. Da hat man seine Lehrerinnen und Lehrer kennengelernt und auch die Mitschüler. Also die aus der Klasse. Das hat geholfen. Und dann gabs auch Aktionen wie zum Beispiel ein Spielfest oder so. Und auch ein Fußballturnier.« Emilia aus S., *Fünftklässlerin eines Gymnasiums*

»Also auf der Grundschule, war's halt richtig toll, dass Frau . . . uns gut vorbereitet hat. So auch was Hausaufgaben angeht. . . . Und die ganze Zeit haben wir auch so eine Art Lerntheke gemacht. Da stand, bis zu einem bestimmten Datum mussten wir die Blätter fertig haben. Das haben wir jetzt halt in Deutsch bei den Märchen jetzt genauso. Und das war jetzt schon ziemlich gut. Auch die Vorbereitung für die Abschiedsfeier am Ende, das war schon schön.« Pia aus B., *Fünftklässlerin eines Gymnasiums*

»Ja, der Tag der Offenen Tür war gut, der hat mir viele neue Sachen gezeigt.« Ruven aus H., *Fünftklässler eines Gymnasiums*

Beim Blick auf innerschulische Prozesse auf der kontextuellen Ebene reflektieren die Fünftklässler*innen insbesondere übergangsvorbereitende Maßnahmen als hilfreich, wie Tage der Offenen Tür, Kennlernnachmittage oder Spielfeste, die einem schon mal vieles gezeigt hätten (vgl. Ruven), aber auch ein Kennenlernen der neuen Lehrer*innen und Mitschüler*innen ermöglicht habe (vgl. Emilia). Hannah scheinen die Tage der Offenen Tür auch sehr bei der Schulwahl geholfen zu haben, denn so hatte sie konkrete Bei-

4.3 Phasen des Übergangs aus der Retrospektive der Kinder (Jana Herding)

spiele, wie es sein könnte (vgl. Hannah). Es scheint, dass sie sich daher deshalb für das jetzige Gymnasium entschieden hat, weil sie von dort die meisten Informationen und den besten Einblick in den Schulalltag bekommen hat. Darüber hinaus hätten auf der neuen Schule wiederkehrende Lernmethoden beim Ankommen in der neuen Lehrumgebung geholfen (vgl. Pia), wobei an dieser Stelle offenbleibt, inwieweit hier ein bewusster Austausch zwischen den Lehrkräften der Grund- und weiterführenden Schule für eine unterrichtsmethodische Anschlussfähigkeit stattgefunden hat. Des Weiteren wird auch in der Ankommensphase das Schaffen einer vertrauten Rückversicherung zur Grundschule als Entlastung erkennbar, dass man auch noch als Fünftklässler*in auf Feste dort eingeladen würde (vgl. Maja), denn diese Aussicht hatte ebenfalls Ron noch in der Orientierungsphase als hilfreich und entlastend hervorgehoben (vgl. Ron mit Blick auf das soziale Umfeld oben).

Aus den bis hierhin vorgestellten Reflexionen über hilfreiche Faktoren in der Übergangsgestaltung sollten die Fünftklässler*innen dann abschließend in der Interviewsituation Handlungsempfehlungen ziehen, die sie rückblickend an andere Kinder in Übergangssituationen weitergeben würden. Welche Erkenntnisse sich daraus für eine gute Übergangspraxis schlussfolgern lassen, wird im folgenden Kapitel dargestellt.

Ausgewählte Handlungsempfehlungen der Fünftklässler*innen an andere Kinder in Übergangssituationen

»Also, dass er entscheiden soll, wohin er will. Also ob er zu seinen Freunden will, oder auch dahin will, wo er neue Freunde finden will. Und dass er halt mutig bleibt, also das er nicht jetzt, so traurig ist, wenn er die falsche Entscheidung trifft. Weil es ist seine Entscheidung und er darf halt entscheiden, wohin er gehen will.« Tino aus H., *Fünftklässler eines Gymnasiums*

»Halt wie gesagt, ich würd ihm raten, das gut zu machen, die Hausaufgaben nicht zu vernachlässigen, immer aufpassen, den Lehrern respektvoll gegenüber sein, den zuhören und halt mit einem Freund auf die Schule zu gehen.« Ron aus H., *Fünftklässler eines Gymnasiums*

4 Die Zukunftsaufgabe: Die Ressourcen der Kinder und Eltern stärken

»Ich dachte, das wird ne riesen Umstellung und ich will mir darüber keine Sorgen machen. Eigentlich sollte man sich darüber auch keine Sorgen machen, weil so ein großer Unterschied ist es nicht.« *Lisa aus S., Fünftklässlerin eines Gymnasiums*

»Halt dass er sich gut vorbereitet. Und dass er nicht denkt, das wird so wie in der Grundschule sein, weil das nicht so ist.« *Ruven aus H., Fünftklässler eines Gymnasiums*

»Nicht aufgeben. Ich musste es ganz oft machen. Ich musste tausend Mal nach der Schule mit den Lehrern reden, weil die manche Fragen von mir einfach nicht verstanden haben. Und man sollte dann nicht einfach aufgeben, und sagen, gut hat er nicht verstanden, ist halt so. Sondern weitermachen und es versuchen. Auch wenn der Lehrer nachher total genervt ist. Man muss es einfach weiterversuchen.« *Merle aus S., Fünftklässlerin eines Gymnasiums*

»Die sollte am Anfang probieren nicht so extrem aufzufallen. Weil wenn du auffällst, also einer aus meiner Klasse, ein neuer, ist sehr extrem aufgefallen und jetzt wird der immer geärgert. Also gemobbt.« *Linus aus B., Fünftklässler eines Gymnasiums*

»Also ich würde den Kindern als Tipp mitgeben, dass sie auch wirklich darüber entscheiden sollen und nicht dass Eltern jetzt sagen, dass du jetzt auf diese Schule gehst und du auch wirklich selber entscheidest, was du willst.« *Moritz aus B., Fünftklässler eines Gymnasiums*

4.3.2 Betrachtung der Empfehlungen der Kinder mit Bezug auf eine gute Übergangspraxis

Versucht man, die Erkenntnisse über die rückblickend als hilfreich gewürdigten Faktoren sowie die daraus abgeleiteten Handlungsempfehlungen der Kinder zu nutzen, werden für die Gestaltung und positive Bewältigung des Übergangs in die weiterführende Schule gewisse Bedürfnisse und Kontextfaktoren als bedeutsam erkennbar. Diese lehnen sich an die Taxomonie menschlicher Motivation (nach Ryan & Deci 2000) an und lassen sich den drei psycholo-

4.3 Phasen des Übergangs aus der Retrospektive der Kinder (Jana Herding)

gischen Grundbedürfnissen nach Kompetenz und Wirksamkeit, sozialer Eingebundenheit und Autonomie zuordnen. Sie bilden die gemeinsame Grundlage für das Auftreten intrinsisch motivierten Verhaltens und gelten gewissermaßen als »Nährstoffe« für eine gesunde Entwicklung (vgl. Deci & Moller 2005). Deci & Ryan (1993) gehen in ihrer psychologisch begründeten Selbstbestimmungstheorie davon aus, dass der Mensch die angeborene motivationale Tendenz hat, Regulationsmechanismen der sozialen Umwelt zu internalisieren, um sich mit anderen Personen in einem sozialen Milieu verbunden zu fühlen und Mitglied der neuen sozialen Umwelt (hier dem neuen Schulumfeld) zu werden.

»Durch die Integration dieser sozial vermittelten Verhaltensweisen in das individuelle Selbst schafft die Person zugleich die Möglichkeit, das eigene Handeln als selbstbestimmt [und effektiv wirksam] zu erfahren. Im Bemühen, sich mit anderen Personen verbunden zu fühlen und gleichzeitig die eigenen Handlungen autonom zu bestimmen, übernimmt und integriert die Person also Ziele und Verhaltensnormen in das eigene Selbstkonzept« (Deci & Ryan 1993, S. 227).

So wird aus den Handlungsempfehlungen der Fünftklässler*innen zum Übergang deutlich, dass man sich als Kind darüber bewusst sein muss, dass sich auf der neuen Schule was verändern wird und dass man sich somit schon aktiv gedanklich auf den Übergang vorbereiten solle (vgl. Handlungsempfehlung von Ruven). Wichtig erscheint dazu eine generell positiv motivierte, nicht entmutigende Grundhaltung (vgl. Handlungsempfehlungen von Lisa und Merle), die es durch positive Erfahrungen und Rückmeldungen sowie unterstützendes Verhalten von Eltern und Lehrkräften frühzeitig zu fördern gilt, um so die eigene Persönlichkeit sowie die eigenen Selbstwirksamkeitserwartungen der Kinder zu stärken. Nur so können die Kinder mit den ihnen durchaus bewussten Diskontinuitäten des Übergangs entsprechend umgehen und diese kompetent bewältigen.

Denn wenn die weiterführende Schule neue soziale, leistungsbezogene und räumliche Rahmenbedingungen mit sich bringt, dann ist es hilfreich, wenn Kinder sich dessen bereits vor dem Übergang bewusst werden (vgl. Handlungsempfehlungen Ron und Ruven). Mehrfach ist dabei aus den ausgewählten Kinderstimmen der Wunsch nach sozialer Eingebundenheit deutlich geworden, denn sie möchten sich in dieser Übergangszeit sowohl der Grundschule als auch der neuen Schule sozial zugehörig fühlen.

Sie empfehlen daher, übergangsvorbereitende Maßnahmen mitzumachen, beispielsweise wurden hier von den Kindern Maßnahmen genannt, wie Tage der Offenen Tür, Kennlernnachmittage oder Schulfeste, sowohl von der alten als auch der neuen Schule. Dass insbesondere in der Ankommenszeit auf der weiterführenden Schule durch die Lehrkräfte zunächst die Klassengemeinschaft gefördert wird, offene Unterrichtsarbeit in Form von Lerntheken an die Grundschulzeit anknüpft, wird von den Kindern als hilfreich bezeichnet. Dies ermöglicht es sich langsam und selbstbestimmt, aber auch gemeinsam in der neuen Umgebung einzugewöhnen und zurechtzufinden.

Vor allem wird aber mehrfach die Motivation und Bereitschaft von den Fünftklässler*innen hervorgehoben, sich den neuen Leistungsanforderungen entsprechend anpassen zu müssen, fleißig zu lernen und sich anzustrengen (vgl. Handlungsempfehlungen von Ruven und Ron). Es bedarf daher, wie die ausgewählten Handlungsempfehlungen zeigen, auf der einen Seite einer gewissen Konformität im eigenen Handeln, denn um sich in das neue soziale und schulische Umfeld erfolgreich integrieren und sozial eingebunden fühlen zu können, muss das Kind den dort gestellten neuen Anforderungen und Erwartungen an die Schülerrolle in gewisser Weise entsprechen (vgl. u. a. Handlungsempfehlungen von Linus und Ron). Deutlich wird, dass die Kinder ihren eigenen Entwicklungsweg im Blick haben. Hier könnte die Schule mit einer an der individuellen Bezugsnorm orientierten Leistungsbewertung anschließen, d. h. dass vor allem der individuelle Lernfortschritt und die Anstrengung des Kindes gewürdigt wird. Schiefele und Schaffner (2021, S. 177) sehen darin eine Möglichkeit der Leistungsmotivförderung mit einer längerfristig positiven Wirkung auf den Schulerfolg. Gerade mit offenen Unterrichtsformen und adap-

4.3 Phasen des Übergangs aus der Retrospektive der Kinder (Jana Herding)

tiven (individuell passenden) Aufgaben lässt sich eine solche Form der Leistungsbewertung umsetzen. Entscheidend ist eine sachlich konkrete und persönliche Rückmeldung, die die Lernprozesse und die Erkenntnisse des Kindes anspricht.

Aus den beispielhaften Handlungsempfehlungen von Tino und Moritz wird auf der anderen Seite vor allem der Wunsch nach Autonomie erkennbar, also der Wunsch nach aktiver Mitbestimmung im Entscheidungsprozess für die Wahl der weiterführenden Schulen als auch für Handlungen im Schulalltag. Wenn dieser Wunsch erfüllt wird, können Kinder auch davon überzeugt sein, selbst Einfluss nehmen zu können, Kontrolle über ihr eigenes Handeln zu haben (▶ Kap. 4.2.2 Kontrollüberzeugung) und zu einer aktiven Mitgestaltung des Neuen beitragen zu können.

Insgesamt zeigen die befragten Fünftklässler*innen disparate »offensive vs. defensive Schüler*innen-Strategien« (vgl. Maschke & Stecher 2010, S. 145) zur Bewältigung des Grundschulübergangs, die ein Spannungsfeld auf der individuellen Ebene eröffnen: woraus wächst bei einigen Kindern der empfundene Druck zur Konformität und der Rat zur Anpassung, bei anderen hingegen der Wunsch nach aktiver Mitgestaltung und der Rat zur Autonomie?[51]

Die aktuelle Grundschulpädagogik sowie etablierte Sozialisationstheorien würden im Rekurs auf den Ansatz der kindlichen Agency (vgl. Bühler-Niederberger 2019; Büker 2015a), auch als Handlungsmächtigkeit oder Handlungsfähigkeit übersetzt (vgl. Helfferich 2012, S. 10f.; zit. n. Büker 2015b, S. 17), autonomieorientierte Bewältigungsstrategien bestärken. Schließlich geht es darum, dass Kinder, die noch nicht umfänglich zur gesellschaftlichen Teilhabe in der Lage sind, voll handlungs- und verantwortungsfähige Gesellschaftsmitglieder werden (vgl. Thole et al. 2013, S. 27; zit. n. Büker 2015b, S. 16). Dieser Kerngedanke konstruiert das »Kind als sozialer Akteur«, welcher auch im Mittelpunkt akteurs-

---

[51] Inwieweit sich dieses Spektrum auf der intra-individuellen Ebene zeigt, wird die weitere Auswertung der Studie im Rahmen der Dissertation von Jana Herding zeigen.

bezogener »Childhood Studies« steht. Die Ressourcen der Kinder am Übergang in die weiterführende Schule derart zu stärken, dass sie ihre Bedürfnisse und Handlungslinien im Sinne der kindlichen Agency realisieren können, setzt voraus, dass Kinder als eigene Persönlichkeiten mit eigenen Rechten anerkannt werden (vgl. Unicef 1989 UN-KRK; Büker et al. 2018). Es ist daher Aufgabe der Gesellschaft, ihrer Institutionen und ihrer erwachsenen Akteure, asymmetrischen Machtverhältnisse generationaler Ordnung, die maßgeblich bestimmt sind durch den Grad der Akteursschaft der Kinder, zu verschieben. Somit sollten Kindern auch die entsprechenden Frei- und Wahlräume zugestanden werden, innerhalb derer sie selbstbestimmt und sozial eingebunden in Bildungskontexten agieren können. Das Umfeld aus Eltern, Geschwistern und Lehrkräften sollte beim Übergang in die Sekundarstufe daher in einer Rolle als partnerschaftliche Begleiter*innen agieren, die Meinungen der Kinder einbeziehen und bekräftigen, sie als eigene kompetente Akteure respektieren und ko-konstruktiv in ihren Entwicklungsaufgaben unterstützen.[52]

4.4 Eltern am Übergang von der Grundschule in die weiterführende Schule unterstützen

In den vorangegangenen Kapiteln wurde immer wieder auf die Rolle der Eltern im Kontext des Übergangs von der Grundschule in die Sekundarstufe Bezug genommen. So wurde gezeigt, dass Eltern die Schullaufbahn ihrer Kinder maßgeblich beeinflussen. Wie und in welche Richtung sie diese Beeinflussung ausüben ist u. a. von ihren eigenen Erfahrungen, schichtspezifisch geprägten Zukunfts-

---

[52] In Band 1 (Büker 2015a) und Band 2 (Völkel 2015) der Buchreihe Kinder-Stärken werden Hintergründe zu kindheitstheoretischen Entwicklungs- und Sozialisationstheorien ausführlicher dargestellt.

vorstellungen und ihrem Überblick über die Möglichkeiten des Schulsystems abhängig. Zugleich wirkt ihr Wahlverhalten auf die Reform des Schulsystems zurück: Je mehr Gemeinschaftsschulen bzw. Gesamtschulen angewählt werden, umso attraktiver wird es politisch, weitere einzurichten. Je beharrlicher sich Eltern für gemeinsamen Unterricht von Kindern mit und ohne Behinderung in den weiterführenden Schulen einsetzen, umso eher gelingt die Etablierung inklusiven Unterrichts und umso seltener greift der Ressourcenvorbehalt[53]. Je stärker Eltern um einen Platz im Gymnasium kämpfen, umso politisch attraktiver wird sein Erhalt. Umso stärker es Langformschulen gelingt, Eltern und Kinder zu überzeugen, dass sie auf dieser Schule bleiben, desto wahrscheinlicher ist es, dass diese Schulform auch politisch Fuß fasst. Wie sich das Schulsystem am Übergang weiterentwickelt, hängt also auch von den Entscheidungen und vom politischen Wirken der Eltern ab.

Die Zumutungen und Chancen der institutionellen Übergänge eines Kindes wirken unmittelbar auf das Familienleben und zwar bis in die alltäglichen Kommunikationen und Abläufe hinein. So ändern sich mit dem Übergang auf die neue Schule die Unterrichtszeiten, der Schulweg und somit der Tagesablauf. Neue Freundschaften des Kindes entwickeln sich seltener über den Kontakt der Eltern zueinander. Indem das Kind mit dem Schulwechsel

---

53 »Elf der sechzehn Bundesländer konditionieren das Elternwahlrecht dadurch, dass sie die Anwahl des Lernortes ›allgemeine Schule‹ nur dann zulassen, wenn die ›fachlichen, personellen und sächlichen Voraussetzungen‹ (so z.B. in § 15(6) des Schulgesetzes von Baden-Württemberg) an der angewählten allgemeinen Schule gegeben sind. Lediglich fünf Bundesländer (Bremen, Hamburg, Niedersachsen, das Saarland sowie mit Wirkung zum Beginn des Schuljahres 2014/15 auch Rheinland-Pfalz) formulieren keinen derartigen Ressourcenvorbehalt. Dazu, in welchem Umfang der Zugang zu inklusivem Unterricht in allgemeinen Schulen aufgrund des Ressourcenvorbehaltes verweigert wird, sind keine Daten verfügbar« (Klemm 2020, S.19; für ausführliche Darstellung aus einigen Bundesländern ▶ Kap. 3).

an Selbstständigkeit gewinnt, ist auch mehr Zutrauen der Eltern in das Verhalten des Kindes gefragt. Die Lern- und Leistungsanforderungen sind in der weiterführenden Schule herausfordernder. Damit verändert sich die Herausforderung an die Eltern, das Kind in seinem schulischen Lernen unmittelbar zu unterstützen.

Die Bedeutung der Rolle der Eltern am Übergang wird in diesem Kapitel vertiefend betrachtet. Dies geschieht aus unterschiedlichen Perspektiven vor dem Hintergrund der aktuellen Rechtslage, ausgewählter Forschungsergebnisse und einschlägiger Empfehlungen.

Unumstritten ist, dass statistisch die familiäre Herkunft einen hohen Einfluss auf den Bildungserfolg der Kinder hat. Das äußert sich schon früh, weshalb ein früher Besuch einer qualitativ hochwertigen Kindertageseinrichtung als besonders wichtig eingestuft wird. Ebenso verspricht man sich von Ganztagsschulen Unterstützung bei der Angleichung von Bildungschancen. Vorausgesetzt wird auch hier ein allseitiges, herausforderndes und adaptives Bildungsangebot. In beiden Fällen wird der Bildungseinrichtung die Aufgabe zugedacht, besonders Kindern aus bildungsfernen Elternhäusern zusätzliche Anregungen zu bieten bzw. für alle Eltern die Betreuung ihrer Kinder sicherzustellen (vgl. BMFSFJ 2021).

Weitere Maßnahmen, um besonders diejenigen Eltern zu unterstützen, die nicht von sich aus auf Schulen zugehen, werden in der Fachliteratur empfohlen (vgl. Walper 2021, S. 336ff.):

- Niedrigschwellige Angebote,
- Einsatz von Schulsozialarbeit,
- Kooperation mit Familienzentren (vgl. Carle & Metzen 2006).

Als Voraussetzung für eine gute Zusammenarbeit zwischen Schule und Elternhaus gilt gegenseitiges Vertrauen (vgl. Adamczyk 2021).

4.4.1 Zur Rechtslage der Kooperation von Elternhaus[54] und Schule am Übergang

Eltern müssen als gesetzliche Vertretung nach § 1626 des Bürgerlichen Gesetzbuchs für ihre Kinder sorgen. Pflege und Erziehung ihrer Kinder ist nach dem Grundgesetz Artikel 6, Abs. 2 ihr natürliches Recht. Das Verhältnis zwischen Eltern und Schule wird in den Landesschulgesetzen geregelt und unterscheidet sich leicht zwischen den einzelnen Bundesländern. Das spiegelt sich z. B. in den in Kapitel 3 (▶ Kap. 3) exemplarisch dargestellten Übergangsverfahren.

Auch die Art und Weise, wie Eltern die ihnen rechtlich zugedachte Rolle der – staatlicherseits mehr oder weniger eingeschränkten – Entscheidung über die Wahl der weiterführenden Schule wahrnehmen, ist wesentlich von den rechtlichen Möglichkeiten her bestimmt. Einerseits beschränkt eine geringe Ausdifferenzierung des Angebots an Schularten im Bereich der Pflichtschule (z. B. wie in Bremen, ▶ Kap. 3.3) die Wahlmöglichkeiten der Eltern, andererseits erweitert ein hoch differenziertes Pflichtschulwesen ihre Wahlmöglichkeiten nur im Rahmen der vorgegebenen nach oben begrenzenden Regeln. D. h. dass ein Erreichen des erforderlichen Notendurchschnitts für den Besuch der Realschule auch die Wahl einer Hauptschule ermöglicht, nicht jedoch ohne weiteres die Wahl eines Gymnasiums. Im Falle der Feststellung sonderpädagogischen Förderbedarfs besteht die Möglichkeit, den Bildungsweg über eine Förderschule zu wählen. Der Besuch einer inklusiv arbeitenden Schule steht bei einer hohen Ausdifferenzierung des Förderschulwesens jedoch zumeist unter dem Ressourcenvorbehalt und bedarf daher einer zusätzlichen Prüfung, ob die potenziell aufnehmende Schule dazu bereit und personell wie räumlich in der Lage ist (vgl. Klemm 2020, S. 19).

Das Recht der Eltern stößt also an Grenzen. So verantwortet allein das jeweilige Bundesland im Rahmen der Absprachen zwi-

---

54 Eltern als Rechtsbegriff schließt die Erziehungsberechtigten ein.

4 Die Zukunftsaufgabe: Die Ressourcen der Kinder und Eltern stärken

schen den Bundesländern den Aufbau seines Schulsystems[55] und das Berechtigungswesen (Noten, Klassenwiederholungen, Schulwahl). Erst wenn die jeweiligen Regelungen nach Ansicht der Eltern nicht eingehalten werden, können sie formlos Aufsichtsbeschwerde oder förmlichen Widerspruch einlegen bzw. gegen Verwaltungsakte klagen (vgl. Hugo 2021, S. 322ff.).

In diesem Kapitel geht es darum zu klären, welche Möglichkeiten sich nutzen lassen, um als Eltern die Ressourcen der Kinder zu stärken, damit sie den Übergang in die Sekundarstufe gewinnbringend meistern können. Eltern sind auf der rechtlichen Ebene wichtige Verbündete der Kinder. Da Rechtsfragen i. d. R. nur mit einem elaborierten Verständnis der Rechtsvorschriften erfolgversprechend beantwortet werden können, zeigt sich auch hier, dass bildungsnahe und rechtlich bewanderte Eltern oder Eltern, die finanziell gut genug gestellt sind, um einen Rechtsbeistand zu befragen, Vorteile haben.

Eine Veränderung der rechtlichen Bedingungen, insbesondere den Aufbau des Schulwesens und das Berechtigungswesen betreffend, kann nicht isoliert durch individuelle Klagen (also durch ein Handeln im aktuellen Möglichkeitsraum) erreicht werden. Wichtig ist es, Eltern zu politischem Engagement für ein gerechteres Bildungssystem zu ermutigen.

---

[55] Diese Absprachen werden im Rahmen der Kultusministerkonferenz getroffen, siehe: Vereinbarung über die Schularten und Bildungsgänge im Sekundarbereich I (Beschluss der KMK vom 03.12.1993 i.d.F. vom 26.03.2020). Online verfügbar unter: https://www.kmk.org/fileadmin/Dateien/veroeffentlichungen_beschluesse/1993/1993-12-03-VB-Sek-1.pdf. Eine Übersicht über Fundstellen zur Regelung der elterlichen Rechte in den Schulgesetzen findet sich bei Hugo 2021, S. 320.

4.4.2 Schulangebot und Schulwahlverhalten

Wie ausgeführt, sind Eltern bei ihrer Schulwahl auf gesetzliche Regelungen angewiesen, die ihnen ausreichend Wahlfreiheit lassen. Optimale Wahlfreiheit wäre dann gegeben, wenn die Eltern mit ihren Kindern ohne rechtliche Beschränkungen und ohne Vorgabe von Einzugsgebieten Schulart und Einzelschule frei wählen könnten. Allerdings setzt das auch voraus, dass es eine geeignete Auswahl an Schulen vor Ort gibt, dass Eltern das gesamt Spektrum des Schulangebots einschließlich der Konsequenzen überschauen und dass das Kind keine Beschränkungen, etwa durch eine verbindliche Grundschulempfehlung, auferlegt bekommen hat.

Eltern und Kinder sind nämlich nicht nur mit den rechtlichen Bedingungen für den Zugang zu bestimmten Schulen der Sekundarstufe I konfrontiert. Zusätzlich existieren traditionell regionale Unterschiede im Schulangebot. So sind größere Städte mit einem deutlich breiteren Spektrum an Schularten ausgestattet. Es gibt eine Auswahl an Schulen mit unterschiedlichen Schwerpunkten. Auf dem Land sind für den Besuch einer Schule der Wahl oft weite Wege in Kauf zu nehmen, die nicht immer mit Schulbussen bewältigt werden können. Verstärkt werden die Disparitäten durch die Veränderung des Sekundarschulwesens und den Wandel des Gymnasialschulwesens (vgl. Sixt 2018, S. 88). So ist z. B. laut einer Untersuchung in Oberfranken bei einem städtischen Standort der durchschnittliche Weg zu allen Schularten der Sekundarstufe etwa gleich weit und liegt zwischen 2,5 und 3,7 km. Im ländlichen Bereich ist der durchschnittliche Weg zum Gymnasium mit 10,8 km knapp doppelt so lang, wie der zur Mittelschule mit 5,6 km (vgl. Stöhr & Sixt 2018, S. 128). Die Autorinnen führen verschiedene Studien an, nach denen längere mit öffentlichen Verkehrsmitteln zurückgelegte Schulwege für die Kinder eine erhebliche Belastung darstellen, die sich auch auf die Familie auswirkt. Zudem können Kosten für die Fahrt hinzukommen. Für die elterliche Schulwahlentscheidung spielt daher auch die Lage der Schule eine bedeutsame Rolle. Hinzu kommt, dass sich Gymnasien eher im Umfeld von sozial privilegierteren Wohngebieten befinden (ebd.). Die Unterschiede im Schulangebot der Sekundarstufe I beeinträchtigen somit die Schulwahl von Kindern aus sozial schwächeren Familien in besonderem Maße.

Das Deutsche Jugendinstitut (DJI) erhob 2017 mit der repräsentativen Kinderbetreuungsstudie (KiBS)[56] den Betreuungsbedarf von Eltern nach dem Alter der Kinder. Für die 5. Klasse gaben 56 % der Eltern an, dass sie an der Schule ein Betreuungsangebot benötigen. Für Eltern ist demnach auch relevant, ob es sich bei der Schule der Wahl um eine Ganztagsschule handelt, in der sie ihr Kind bis zu ihrer Rückkehr nach der Arbeit bereut wissen (vgl. Alt et al. 2018, S. 38 ff.).

Zusammenfassend kann festgestellt werden, dass das Schulangebot erheblich differiert und zudem noch ergänzt wird durch Schulen mit nichtöffentlichem Träger. Für die Eltern und Kinder ist daher eine Transparenz des Angebots wichtig, um für eine erste engere Auswahl eine geeignete Entscheidungsgrundlage zu haben. Insbesondere in größeren Städten muss diese Vorauswahl schon früh getroffen werden, damit sich Eltern und Kind die infrage kommenden Schulen anschauen und an Informationsveranstaltungen teilnehmen können.

4.4.3 Eltern zwischen Bildungs- und Erziehungsanforderungen und eigenen Möglichkeiten

In allen Kapiteln des Buchs wurde bisher deutlich, dass Eltern einerseits eine hohe Verantwortung für die schulische Karriere des Kindes tragen, sich aber andererseits den Entscheidungen der Schulen und der Schulbehörden beugen müssen. So sollen Eltern ihre Kinder beim Lernen unterstützen, für eine gute Ausstattung des Kindes mit Schreibtisch, Arbeitsmaterial usw. sorgen, die Kosten für Ausflüge, Schullandheimaufenthalte und mancherorts auch

---

56 www.dji.de/KiBS

für die Nachmittagsbetreuung tragen, sich an Elternabenden beteiligen, bei schulischen Events mithelfen etc. Geht es um rechtlich relevante Fragen, wie die Bewertung von Leistungen des Kindes, Anerkennung von sonderpädagogischem Förderbedarf oder die Zuweisung zu einer Schule, werden Eltern gehört und ihre Meinung wird auch einbezogen, aber die endgültige Entscheidung der Schulbehörde ergeht dann als förmlicher Bescheid.

Institutionalisierte Mitwirkungsrechte der Elternschaft in schulischen Gremien werden von den Bundesländern in den Schulgesetzen geregelt, ebenso die kollektiven Elternpflichten. Auf Klassenebene werden Elternversammlungen vorgeschrieben, in denen Elternsprecher*innen gewählt werden. Vertretungen aus den einzelnen Klassen bilden die Gremien auf Schulebene. In etlichen Bundesländern gibt es Elterngremien, die auf Landesebene beratend an wichtigen schulbezogenen Entscheidungen mitwirken. Die Namen der Gremien differieren von Bundesland zu Bundesland.

Die Kultusministerkonferenz empfiehlt in ihrem Beschluss vom 11.10.2018 mit dem Titel »Bildung und Erziehung als gemeinsame Aufgabe von Eltern und Schule« (KMK 2018), dass Schulen die Eltern in einem konstruktiven Dialog als Expert*innen für ihr Kind ernstnehmen. Die Schulen sollen »eine von Respekt und Wertschätzung getragene Schulgemeinschaft« pflegen« (ebd., S. 3), eine Partnerschaft mit den Eltern, deren Grundlage der persönliche Kontakt sei.

> »Die Schulen etablieren bedarfsorientiert sprach- und kultursensible Strategien, Wege und Methoden der Elterninformation und der Beratung. . . .
> Die Eltern aller sozialen Gruppen werden von der Schule und den Elternvertreterinnen und Elternvertretern ermuntert, die unterschiedlichen Mitsprachemöglichkeiten . . . zu nutzen« (ebd.).

Aufgaben der Eltern im gemeinsamen Bildungs- und Erziehungsprozess von Schule und Elternhaus

Den Eltern wird laut KMK die Aufgabe zugewiesen, die Lehrpersonen umfassend über ihre Kinder zu informieren, und dafür Sorge zu tragen, »dass diese zum Unterricht erscheinen, in der Klasse mitarbeiten und erforderliche häusliche Aufgaben erledigen« (ebd. S. 5). Schulen sollen die Eltern in Fragen der Entwicklung des Kindes und der Schullaufbahn partnerschaftlich beraten und das Kind dabei einbeziehen.

> Eltern dürfen dazu persönlich alle in der Schule vorhandenen Unterlagen einsehen, »die für die Entwicklung, den Leistungsstand und die Schullaufbahn ihres Kindes wichtig sind . . . Sich sachlich und verständlich auszutauschen – bei Bedarf unter Beteiligung des Kindes – und gemeinsam(e) Wege zu finden, damit das Angestrebte für die Schülerin oder den Schüler erreicht werden kann, ist eine wichtige Aufgabe der Erziehungspartner. Die Schülerinnen und Schüler sind auf allen Alters- und Entwicklungsstufen angemessen in die partnerschaftliche Zusammenarbeit einzubeziehen« (KMK 2018 S. 6).

Weiter heißt es, dass die Eltern die schulischen Bemühungen ihrer Kinder durch Interesse, Wertschätzung und eine geeignete Gestaltung des Familienlebens und der häuslichen Umgebung unterstützen sollen. Die Schule soll die Eltern hinsichtlich geeigneter Fördermaßnahmen beraten. Immer wieder steht dabei die Information der Eltern im Vordergrund und weniger die Kooperation. Die leitende Rolle der Schule wird deutlich:

> »Durch mehrsprachige Informationsangebote und Informationen in leichter Sprache können Sprachbarrieren abgebaut werden. . . . Eltern und Schule müssen sich ihrer jeweiligen Rolle bewusst sein. Die Eltern vertreten zunächst die individuellen Interessen ihres Kindes. Die Schule muss die Balance zwischen Elternrecht und staatlichem Bildungsauftrag halten« (ebd. S. 8).

Abschließend wird die Notwendigkeit einer guten Zusammenarbeit zwischen Lehrer*innen, Externen und Eltern betont und dabei auf Studien und Erfahrungen verwiesen. Belegt sei die positive Wirkung einer guten, offenen und vorurteilsfreien Zusammenarbeit von Lehrkräften, außerschulischen Partner*innen und Eltern auf Haltung und Engagement aller Beteiligten. Es schließt sich die weitreichende Schlussfolgerung an, dass eine solche enge Kooperation eine zentrale Bedeutung für die Herstellung einer größeren Bildungsgerechtigkeit habe, insbesondere dann, wenn auch »mit Eltern aus bildungsbenachteiligten Familien« kooperiert werde (ebd., S. 9).

Betrachtet man vor dem Hintergrund der Schulwahlentscheidungen und der im Schulsystem strukturell verankerten Ungerechtigkeit der Bildungschancen den KMK-Beschluss »Bildung und Erziehung als gemeinsame Aufgabe von Eltern und Schule« genauer, so wird deutlich, dass es tatsächlich um die gemeinsame *Aufgabe* der Bildung und Erziehung des Kindes geht und nur am Rande um Kooperation und um Partnerschaft. Wenn Eltern die beschriebenen Aufgaben nicht wahrnehmen können, so dokumentieren sie damit, dass sie die nötige Unterstützung der schulischen Arbeit der Kinder nicht gewährleisten können. Vor diesem Hintergrund erfährt eine althergebrachte Begründung der Übergangsempfehlung eine staatliche Rechtfertigung, dass ein Kind zwar die Kompetenzen vorweisen könne, um in ein Gymnasium zu wechseln, dass die Schule aber dennoch davon abrät, weil die dann nötige verstärkte Unterstützung der Eltern nicht zu erwarten sei. Zwar sollen die Eltern, wenn sie den schulisch vorgegebenen Anforderungen nicht genügen, amtliche Hilfe von der Schule oder außerschulischen Stellen erhalten sowie die Möglichkeit an Erziehungskursen teilzunehmen.

Zu bedenken ist jedoch, dass hierzu vor allem eine stabile Vertrauensbasis, Begegnung auf Augenhöhe und gegenseitiges Verständnis sowie die nötigen zeitlichen Ressourcen der Eltern Voraussetzung sind.

Die heterogenen Erziehungs- und Bildungsvorstellungen der Eltern

Im KMK-Beschluss (KMK 2018) werden zwar die Aufgaben der Eltern benannt, aber kaum auf deren Voraussetzungen, diese Aufgaben zu erfüllen, eingegangen. Deshalb stellt sich die Frage, welche Möglichkeiten Eltern überhaupt zur Kooperation mit der Institution Schule mitbringen. Daraus lässt sich ableiten, auf welche Unterschiede in der Elternarbeit sich Lehrer*innen insbesondere mit Blick auf den Übergang von der Grundschule in die Sekundarstufe I einstellen müssen. Hierzu gibt eine repräsentative Untersuchung differenzierte Hinweise, mit der die Konrad-Adenauer-Stiftung das SINUS-Institut beauftragt hat (vgl. Merkle & Wippermann 2008). Ein wichtiges Ergebnis ist, dass annähernd alle Eltern für ihre Kinder schulisch das Beste wünschen. Dafür investieren sie, was sie vor dem Hintergrund ihrer jeweiligen Erziehungsvorstellungen und Elternrollen leisten können.

Die Untersuchung zeigt, dass Eltern der breiten Mittelschicht schon bei der Wohnungswahl an die künftige Schulwahl denken, weil sie wissen, dass das Umfeld des Kindes viel zu seiner Entwicklung beiträgt. Diese Eltern stehen unter hohem Erfolgsdruck, sowohl beruflich, sozial als auch in Bezug auf den Schulerfolg ihrer Kinder.

»Dominant ist längst nicht mehr nur in gehobenen Kreisen, sondern v. a. in der Mittelschicht der Druck, das eigene Kind noch mehr zu fördern: Privaten Zusatzunterricht bekommen Kinder längst nicht mehr erst ab der weiterführenden Schule bei der Diagnose schlechter Noten: Schon in der Grundschule unternehmen Eltern enorme Anstrengungen und investieren viel Geld in private Anbieter – ohne dass das Kind dramatisch schlechte Noten hätte. Die Mütter verzichten teilweise auf eigene Erwerbstätigkeit, um ihrem Kind im privaten Kreis – im Wechsel mit anderen gleichgesinnten Eltern – Lerngruppen daheim zu organisieren, damit das Kind die Gymnasialempfehlung bekommt. Sie sind wahre Experten auf den Websites der Schulbuchverlage und in Bezug auf Lernmaterialien und Übungsaufgaben. In einigen Bundesländern ist ein neuer Markt mit unterstützenden Lernmaterialien für Grundschüler der dritten und vierten Klasse entstanden mit dem Zweck (»Produkt«), die Gymnasialempfehlung als »Output« zu erzeugen« (Merkle & Wippermann 2008, S. 34f).

Anders sieht die Situation von Eltern mit ungesicherten, schlecht bezahlten Arbeitsplätzen aus, deren Möglichkeiten, sich um ihre Kinder zu kümmern, vielfältig eingeschränkt sind. Lange und oft ungünstige Arbeitszeiten, enger Wohnraum und wenig »Motiva-

4.4 Eltern am Übergang unterstützen

tionskompetenz« der Eltern gehen meist mit Erziehungsproblemen und Überforderung der Eltern einher (vgl. Merkle & Wippermann 2008, S. 23f). Zusätzlich merken sie, dass sie den Anforderungen der Schule an ihre Mitarbeit und ihrer häuslichen Unterstützung der Kinder nicht gerecht werden können. Auch wenn in einigen Bundesländern die Bildungsgutscheine[57] für Nachhilfeunterricht genutzt werden können, hilft eine solche individuell ansetzende Maßnahme kaum das generelle Problem zu lösen. Wenn Eltern selbst ungünstige Schulerfahrungen gemacht haben, resultieren daraus nicht selten Vorbehalte gegenüber Lehrer*innen. Von Elternsprechtagen erwarten sie eher Vorhaltungen als Unterstützung.

Bis heute liegt die Hauptlast der Kindererziehung in allen Schichten bei den Müttern, was durch Untersuchungen im Kontext der Corona-Pandemie bestätigt wurde (Samtleben, Lott & Müller 2020). Allerdings sehen sich die Mütter, die den größten Anteil der Erziehungsarbeit leisten, in ganz unterschiedlichen Rollen. Merkle und Wippermann beschreiben unterschiedliche Vorstellungen davon, worauf es bei der Erziehung und Bildung im Elternhaus vor allem ankommt:

- Fördern und Fordern mit dem Ziel hoher Leistungsfähigkeit und Leistungsbereitschaft,
- Sorge, dass das Kind seine Persönlichkeit ganzheitlich entwickeln kann und seinen Platz in der Gesellschaft findet,
- Auswahl bester Fördermöglichkeiten für das Kind außerhalb der Schule, Organisation von Freundschaften des Kindes, Hauptansprechpartnerin des Kindes und Vorbild,
- Leben mit dem Kind als Entdeckungsreise, bei der die Eltern die Perspektive des Kindes ernst- und annehmen,

---

57 Bildungsgutscheine aus dem Bildungspaket des Bundesministeriums für Arbeit und Soziales »Bildungs- und Teilhabeleistungen für bedürftige Kinder, Jugendliche und junge Erwachsene« können von den Eltern beantragt werden.

4 Die Zukunftsaufgabe: Die Ressourcen der Kinder und Eltern stärken

- Versorgung des Kindes trotz finanzieller Schwierigkeiten und eigener Identitätskrisen mit schwankender Verfügbarkeit für das Kind,
- Eltern mit hohen Bildungs- und Erziehungszielen, denen sie sich gleichzeitig nicht gewachsen fühlen (vgl. Merkle & Wippermann 2008, S.37 ff.).

Was Eltern und insbesondere Mütter als das Beste für ihre Kinder betrachten, unterscheidet sich folglich erheblich, auch wenn sie alle bestrebt sind ihre Aufgabe in Bildung und Erziehung ihres Kindes gut zu lösen.

»So unterschiedlich die Einstellungen und Erziehungsstile sind: Mütter aus allen Milieus sind bestrebt, bloß keine ›Rabenmutter‹ zu sein. Mütter sehen sich potentiell diesem gesellschaftlichen Vorwurf ausgesetzt und haben eine sensible Selbstbeobachtung und Fühler, ob ihnen solches von ihrem sozialen Umfeld widergespiegelt wird« (Merkle & Wippermann 2008, S. 44).

Es ist also damit zu rechnen, dass Eltern in der Auseinandersetzung mit den Anforderungen der Schule an ihr Kind und an sie selbst aus ganz unterschiedlichen Gründen in eine Verteidigungs- oder Rechtfertigungsposition rutschen. Von hier bis zu einer partnerschaftlichen Zusammenarbeit ist es ein weiter Weg. Lange vor der Beratung und Informationen zum Übergang in die Sekundarstufe I sollten gute Beziehungen zwischen Eltern und Lehrpersonen aufgebaut werden, am besten bereits vom Übertritt des Kindes in die Grundschule an. Eine entscheidende Hemmschwelle ist das Machtgefälle zwischen Schule und Elternhaus, welches sich vor allem in der Leistungsbewertung verknüpft mit der Chancenzuweisung am Übergang zeigt.

Deutlich wird, dass Kooperation zwischen Elternhaus und Schule für beide Seiten eine große Herausforderung darstellt, insbesondere unter dem Druck der Vorbereitung und Entscheidung für die weiterführende Schule.

4.4.4 Vertrauen als Grundlage für die Kooperation zwischen Eltern und Schule

Im Kapitel 3 (▶ Kap. 3) wurde bereits festgestellt, dass die Kooperation zwischen Grundschule, Elternhaus und weiterführenden Schulen eine wichtige Voraussetzung für gute Übergänge ist. Es blieb aber weitgehend unklar, was unter Kooperation verstanden wird. Das soll nun nachgeholt werden, ehe Beispiele für das breite Spektrum der Zusammenarbeit zwischen Elternhaus und Schulen auf der konzeptionellen Ebene näher beleuchtet werden. Genau genommen geht es dabei mindestens um die Kooperation im Dreieck zwischen Grundschule und weiterführenden Schulen.

Kooperieren heißt zusammen handeln. Es setzt voraus, dass mehrere Personen sich auf ein gemeinsames Ziel einigen und gemeinsam daran arbeiten, es zu erreichen. Aussicht auf ausdauernde Kooperation besteht nur, wenn beide Kooperationspartner*innen hinter dem gemeinsamen Projekt stehen und für sich selbst einen eigenen Gewinn durch das gemeinsame Tun und/oder das angestrebte Ergebnis erwarten. Kooperationsprozesse sind immer auch Kommunikationsprozesse. So wie man mit einem Gegenüber nicht nicht kommunizieren kann, kann man im gemeinsamen Projekt oder in der Arbeit an der gemeinsamen Aufgabe auch nicht nicht kooperieren. Gleichwohl lässt sich gute Kooperation von schlechter Kooperation unterscheiden. So bezeichnet Axelrod das Gegenteil guter Kooperation sogar als »Defektion«, als Schädigung (ders. 2005, S. 7). Wenn z. B. die Kooperationspartner Lehrperson und Mutter sich nicht verstehen oder wenn ihre grundlegenden Orientierungen so weit auseinanderliegen, dass keine Verständigung über den Weg zum schulischen Ziel möglich ist, kann der Kooperationsversuch dazu führen, dass beide schärfer als zuvor getrennte pädagogische Wege einschlagen. Im Extremfall gerät das Kind zwischen die »Fronten«.

Kooperation ist immer gekennzeichnet durch die Art und Weise, wie miteinander und mit der gemeinsamen Zielrichtung umgegangen wird. Voraussetzung ist der Aufbau einer Informations- und

Vertrauensstruktur. So ist eine umfassende, an die Denkweise des Gegenübers anschlussfähige Information über die Lernentwicklung des Kindes für viele Eltern eine unverzichtbare Basis für Vertrauen in die Arbeit der Lehrperson. Wenn der Handlungskontext institutionalisiert ist (z. B. Schulen, Ärzte, Feuerwehr) kann sich Vertrauen auch bereits vor der eigenen Erfahrung aufgrund gesellschaftlicher Anerkennung und des guten Rufs der Einrichtung einstellen. Es wird dann aber in konkreten Situationen überprüft. Umgekehrt – aus Sicht der Lehrperson – gilt das ebenfalls: Eltern mit bestimmten Merkmalen schenken Lehrpersonen aufgrund ihres Wissens, ihrer Erfahrung mit dieser Elterngruppe eher Vertrauen als anderen. Letztlich beginnt jedoch gute Kooperation immer mit einem gewissen Vertrauensvorschuss, also einer individuellen Vorleistung von beiden Seiten. Diese Vorleistung kann z. B. durch niedrigschwellige, wenig konflikthaltige schulische Angebote bei den Eltern aktiviert werden, z. B. Elterncafés, gemeinsam vorbereitete Feste und Feiern, Beteiligungsmöglichkeiten, bei denen die Eltern ihre Stärken einsetzen können, oder für Elternbesuche offene Klassenzimmer. Hier wird deutlich, was weiter oben bereits angeklungen ist: Gute Kooperation zwischen Schule und Elternhaus sollte in einer Zeit und in einer Situation starten, in der eine Begegnung auf gleicher Augenhöhe möglich ist. Reizthemen wie Schulleistung, Verhalten des Kindes oder Schullaufbahnfragen gehören nicht an den Anfang einer guten Kooperation. Erst, wenn sich tragfähiges Vertrauen gebildet hat, hat die Kooperation im Bereich der Bildung und Erziehung des Kindes Aussicht auf Erfolg.

4.5. Curriculare und pädagogische Anschlussfähigkeit vertikal und horizontal

Die Beratung im Rahmen der Übergangsgespräche gewinnt in einer vertrauensvollen Beziehung an Gewicht. Sie stellt aber auch hohe

4.5. Curriculare und pädagogische Anschlussfähigkeit vertikal und horizontal

Anforderungen an die Lehrperson, nicht nur hinsichtlich der kommunikativen Kompetenz, sondern gleichermaßen in ihrer Rolle als Expertin für alle schulischen Voraussetzungen eines gelungenen Übergangs des Kindes. Das betrifft auf der einen Seite die Fähigkeit, prognostisch die potenzielle Lernentwicklung des Kindes einzuschätzen, und auf der anderen Seite die profunde Kenntnis, welche Möglichkeiten die einzelnen weiterführenden Schulen dem Kind bieten können. Obwohl jede Klassenlehrer*in einer vierten Grundschulklasse über die notwendigen diagnostischen und beratenden Kompetenzen verfügen muss, handelt es sich bei der Erstellung der Grundschulempfehlung und bei der Beratung der Eltern im Rahmen der Übergangsgespräche nicht um eine ausschließlich persönliche Aufgabe der Lehrperson. Die Expertise und die Arbeit der Lehrperson brauchen vielmehr eine strukturelle Basis. So ist die Grundschule als Einrichtung gefordert, ein Konzept zu entwickeln, wie der Schulwechsel langfristig mit den Kindern und Eltern vorbereitet werden kann. Eingeschlossen ist die konzeptionelle Grundlage für die Kooperation mit den weiterführenden Schulen, in die die Kinder wechseln, ebenso wie der Ablauf der »Übergabe«.

4.5.1 Anschlussfähigkeit durch Standards und Bildungspläne[58]

In den bisherigen Ausführungen ist die curriculare Anschlussfähigkeit zwischen der Grundschule und den weiterführenden Schulen noch nicht betrachtet worden. Wird durch die Bildungspläne gesichert, dass die weiterführende Schule an das in der Grundschule Gelernte anknüpfen kann? Die KMK hat im Jahr 2020 das Anliegen einer Qualitätssicherung durch abgestimmte Standards und curriculare Rahmenvorgaben bekräftigt (KMK 2021, Art. 5, S. 7). Auch wenn hier eher die Abstimmung zwischen den Bundesländern im

---

58 In den Bundesländern werden verschiedene Begriffe teils synonym verwendet: Bildungsplan/Rahmenplan, Lehrplan meist für die Fachpläne.

4 Die Zukunftsaufgabe: Die Ressourcen der Kinder und Eltern stärken

Blick war als anschlussfähige Curricula zwischen Grundschule und Sekundarstufe I, so ist in den vorhandenen Rahmenvorgaben die stufenübergreifende Anschlussfähigkeit durchaus berücksichtigt. Doch was auf KMK-Ebene beschlossen und auf Länderebene in den Bildungsplänen adaptiert wird, findet auf unterschiedliche Weise Eingang in die Arbeit der einzelnen Schulen und ist im Detail bestenfalls in Form eines schulinternen Lernplans z. B. in Form von Lernlandkarten oder Kompetenzrastern dokumentiert. Ein Diskurs zur Abstimmung der Unterrichtsziele zwischen Grundschulen und weiterführenden Schulen wird durch eine solche Dokumentation erleichtert.

Ein Beispiel: In der Grundschule wird das Mathematiklernen mit Bezug zu den KMK-Standards grundgelegt und in der weiterführenden Schule fortgesetzt. Die zentralen Leitideen der KMK-Bildungsstandards für die Sekundarstufe I (Zahl, Messen, Raum und Form, Funktionaler Zusammenhang, Daten und Zufall) sowie die zu entwickelnden allgemeinen mathematischen Kompetenzen schließen nahtlos an die Standards für die Grundschule an und finden sich auch im Lehrplan Mathematik des Bundeslandes[59]. Es gibt zwar eigene KMK-Standards für den Hauptschulabschluss und den mittleren Bildungsabschluss, an die die Lehrpläne anknüpfen. Entscheidend ist aber, dass in der Grundschule die Basis für wichtige Einsichten entwickelt wird, die erst in der Sekundarstufe von den Kindern erwartet werden können. Versäumnisse sind später nur mit sehr viel Aufwand nachzuholen. Um eine kontinuierliche Kompetenzentwicklung der Kinder sicherzustellen, muss die Mathematiklehrer*in in der Grundschule wissen, wie sich der Aufbau mathematischer Kompetenzen über die Grundschulzeit hinaus in der Sekundarstufe gestalten soll. Umgekehrt muss die Sekundarstufenlehrer*in die Vorarbeit der Grundschule kennen und berücksichtigen. Diese fachbezogene Sichtweise darf jedoch nicht die tatsächlichen Lern- und Erkenntnisprozesse des einzelnen Kin-

---

[59] Alle KMK-Standards sind hier zugänglich: https://www.kmk.org/themen/qualitaetssicherung-in-schulen/bildungsstandards.html#c5035

– 4.5. Curriculare und pädagogische Anschlussfähigkeit vertikal und horizontal

des überblenden. Vielmehr gilt es den Bezug des Kindes zum mathematischen Gegenstand zu erkennen und daran anknüpfend eine Brücke zu den fachlichen Anforderungen zu schlagen.

4.5.2 Die Einschätzung der potenziellen Lernentwicklung des Kindes

Eltern dürfen von der Lehrperson erwarten, dass der Unterricht der Grundschule von Anfang an bestmögliche adaptive Förderung des Kindes bietet, damit es die Möglichkeiten der angebotenen Bildungslaufbahnen optimal ausschöpfen kann. Förderung gelingt, wenn sie zu den Bedürfnissen des Kindes passt, das Kind herausfordert, aber nicht überfordert. Das bedeutet: Im Unterrichtsalltag muss ohnehin immer ein iterativer Zusammenhang zwischen Beobachtung der Lernprozesse der Kinder und der Planung der Lernangebote sichergestellt sein. Auf die diagnostische Kompetenz der Lehrperson müssen sich Eltern genauso verlassen können wie auf die Kenntnis der curricularen Anschlussfähigkeit zwischen Grundschulunterricht und dem Unterricht der infrage kommenden weiterführenden Schulen.

Um im vierten Schuljahr eine gute Übergangsberatung anbieten zu können, muss eine begleitende Information der Eltern über das Lernen ihrer Kinder vom ersten Schultag an vorausgehen. Die Eltern sollten erfahren, dass die Lehrer*innen die Lernprozesse der Kinder im Blick haben, ihre Beobachtungen dokumentieren und als Grundlage für die Planung ebenso wie für die Gestaltung eines adaptiven Unterrichts laufend auswerten. Dann kann im Gespräch mit den Eltern eine Übergangsempfehlung erarbeitet werden, die lernseitig gut fundiert und für die Eltern transparent ist.

Für eine gute Beratung durch die Grundschullehrerin ist jedoch auch ein guter Einblick in die Arbeit der infrage kommenden weiterführenden Schulen erforderlich. Geht es doch darum, was die jeweilige Schule dem Kind an tatsächlichen Möglichkeiten zu bieten hat. Das lässt sich nicht alleine aus oberflächlichen Erkundungen des Schulprogramms schließen. Vielmehr brauchen Grundschullehrkräfte Einblick in die pädagogische Arbeit der verschiedenen weiterführenden Schulen und einen Kontakt zu den künftigen Lehrpersonen der Kinder, wenn sie die persönliche Passung und die Anschlussfähigkeit der pädagogischen und didaktischen Arbeit einschätzen sollen.

Ist damit gesichert, dass die Lehrer*innen eine dem Kind gerecht werdende Übergangsempfehlung geben? Das muss angezweifelt werden. Denn ein guter diagnostischer Blick und eine profunde Kenntnis der Arbeit der weiterführenden Schulen führt nicht zwangsläufig zu einer Interpretation ohne Einflüsse der tradierten Einschätzungsmuster, stellen doch bisherige Forschungsbefunde immer wieder fest, dass bei gleichen Schulleistungen Kinder aus bildungsfernen Elternhäusern seltener eine Gymnasialempfehlung erhalten als Kinder aus Akademikerhaushalten (vgl. van Ophuysen et al. 2021, S. 153). Welche Einflüsse sind daraus zu erwarten?

In der Regel lässt sich feststellen, dass die am Übergang beteiligten Entscheider*innen das Beste für das Kind wollen. Es werden mehrere Entscheidungsschichten durchlaufen, ehe z. B. eine Grundschulempfehlung formuliert wird. Dazu gehört die Überprüfung der Schulleistung des Kindes und ihre Bewertung. Schon mit der ersten Notengebung beginnt die Einschätzung der Kinder mit Blick auf die auszustellende Übergangsempfehlung (auch Grundschulempfehlung). Hofstetter (2017) hat den Prozess der Vorbereitung der Empfehlung in zwei Schweizer Schulklassen im deutschsprachigen Teil des Kantons Freiburg analysiert. Lehrer*innen ordnen demnach die Kinder schon früh den Rängen A, unklar ob A oder B, B, unklar ob B oder C, C oder D zu: A würde einer Gymnasialempfehlung in Deutschland entsprechen, D sonderpädagogischem Förderbedarf. Von Zeugnis zu Zeugnis ändert sich bei einigen Kindern die Zuordnung zu den Rängen. Bereits bei der ersten Rangordnung identifiziert Hofstetter Einflüsse der Schichtzugehörigkeit der Eltern, die im Laufe der Zeit noch deutlicher hervortritt.

4.5 Curriculare und pädagogische Anschlussfähigkeit vertikal und horizontal

»Die Analyse der Interaktionsprozesse zwischen Lehrpersonen und privilegierten Eltern, deren Kinder notenmässig gut platziert sind, und jenen zwischen Lehrpersonen und weniger privilegierten Eltern, deren Kinder sich auf den unteren Notenrangplätzen befinden, zeigt, dass die Eltern aus den verschiedenen sozialen Gruppen über unterschiedliche Möglichkeiten verfügen, mit schulischen Deutungsangeboten umzugehen. Akademikereltern scheinen besser in der Lage zu sein, sich gegen ungünstige Bewertungen ihres Kindes durchzusetzen, wohingegen Eltern aus anderen sozialen Verhältnissen dazu tendieren, sich den schulischen Beurteilungen zu unterwerfen und dabei vom Schulpersonal dominiert werden« (Hofstetter 2017, S. 149).

Wenn Kinder in die Gespräche zum Übergang einbezogen werden, so unterwerfen sie sich der ungünstigeren Interpretation ihres Lernverhaltens durch die Lehrer*in, stellt Hofstetter fest.

In Deutschland erfolgt die Diskussion der Leistungen in der Klassenkonferenz, also der Konferenz aller in der Klasse eingesetzten Lehrpersonen. Allerdings wirken die Noten des Kindes, wo sie Basis für die Übergangsempfehlung sind, lediglich als Sperre für einen »Aufstieg« und nicht als Blankoeintrittskarte. So ist für eine Gymnasialempfehlung ein gewisser Notendurchschnitt erforderlich. Wird dieser erreicht, kann jedoch unter »Würdigung« der über die Grundschulzeit hinweg gesehenen Leistungsentwicklung des Kindes, dennoch die Realschule empfohlen werden, etwa mit dem Hinweis, dass die Unterstützung aus dem Elternhaus für einen erfolgreichen Gymnasialbesuch nicht ausreiche. Zwischenzeitlich laufen Schulwahldiskussionen zwischen befreundeten Eltern, bleiben also i. d. R. im eigenen sozialisatorischen Umfeld und fallen eher konservativ aus als risikofreundlich. Handelt es sich um eine Sonderschulempfehlung, werden weitere Fachleute einbezogen (▶ Kap. 3). In der Diskussion innerhalb der Familie spielt die unmittelbare Erfahrung mit den weiterführenden Schulen ebenfalls eine Rolle, so dass auch hierüber die soziale Schicht Einfluss ausübt. So kann es sein, dass sich am Ende alle einig sind, nicht von der bisher praktizierten Regel abzuweichen. Und die tradierten Regeln spiegeln schließlich die Kopplung von sozialer Schicht und empfohlener Schulart. Gute diagnostische Kompetenz muss also gepaart sein mit einer kritischen Betrachtung tradierter Interpretationen. Erst dann kann sie einen spürbaren Beitrag zu mehr Bildungsgerechtigkeit leisten.

4.5.3 Kooperation zwischen Grundschule und weiterführender Schule

Während für die Kooperation zwischen Kindergarten und Grundschule viele ausgearbeitete und erprobte Übergangsmodelle existieren, die nahezu flächendeckend Früchte tragen, wird eine entsprechend intensive Kooperation zwischen Grundschule und weiterführenden Schulen offenbar durch spezielle Bedingungen behindert. Aus den wenigen aussagekräftigen Untersuchungen dazu[60] lässt sich Folgendes schließen:

Lehrer*innen halten die Kooperation mit den beteiligten Schulen am Übergang von der Grundschule zur weiterführenden Schule für wichtig, die tatsächliche Kooperation wird dem jedoch nicht gerecht. Dafür gibt es Gründe und Lösungsansätze.

Schulorganisatorisch gilt es zeitliche Engpässe zu überwinden. So sind an Grundschulen oftmals die Lehrer*innen der vierten zugleich die künftigen Lehrer*innen der ersten Klassen und haben folglich dann gleichzeitig die Kooperation mit den Kindergärten und mit den weiterführenden Schulen zu stemmen. Lösungen liegen hier vor allem in einem geeigneten schulinternen Kooperationskonzept der Grundschule, z. B. indem Teams sich die Klassenführung teilen. Für stufenübergreifende Kooperation müssen auf jeden Fall Zeitfenster in Grundschule und weiterführender Schule fest eingeplant werden. Das setzt gemeinsame Planungen zwischen den Schulleitungen bzw., wenn vorhanden, zwischen den Abteilungsleitungen der abgebenden und der aufnehmenden Schulen voraus.

---

60 Überblick siehe z. B. bei Porsch 2018, S. 239 ff.

4.5. Curriculare und pädagogische Anschlussfähigkeit vertikal und horizontal

Die Lehrer*innen der weiterführenden Schulen sehen sich jedoch mit sehr vielen unterschiedlichen Grundschulen und Grundschulklassen konfrontiert, aus denen potenziell Kinder an ihre Schule wechseln könnten. Intensive Kooperationen und das Abstimmen der pädagogischen und didaktischen Konzepte zwischen allen abgebenden und aufnehmenden Schulen in einem bestimmten Einzugsgebiet ist weder durch die Grundschulen noch durch die weiterführenden Schulen zu bewältigen. Zur Lösung des Problems – abseits von schulstrukturellen Änderungen – sind zwei Ansätze zu erkennen:

1. Um den Kooperationsaufwand zu reduzieren, fokussieren sich die Grundschulen auf eine bestimmte weiterführende Schule. Auf einen Übergang in diese Schule wird dann besonders gut vorbereitet, wie die Untersuchung von Petersen (2016, S. 244 ff.) anschaulich zeigt. Je mehr Kinder regelmäßig von einer bestimmten Grundschule in eine bestimmte weiterführende Schule wechseln, umso intensiver wird die Beziehung zwischen den Schulen und im Idealfall zwischen denjenigen Lehrkräften gepflegt, die die Kinder abgeben und aufnehmen. Gelingt die Fokussierung, so entstehen vereinzelt zwischen einer Grundschule und einer weiterführenden Schule schulübergreifende unterrichtliche Projekte oder Arbeitsgemeinschaften, an denen Schüler*innen der Grundschule und der weiterführenden Schule beteiligt sind. So bekommen die Grundschulkinder einen sehr guten Einblick in die Anforderungen und die Arbeitsweise der weiterführenden Schule. Auch wenn sich Grundschularbeit und die Arbeit der weiterführenden Schule sehr unterscheiden, sind doch die Kinder selbst durch solche gemeinsamen Erfahrungen mit Kindern ihrer künftigen Schule in der Lage, einen Bogen zwischen bisheriger und künftiger Lernsituation zu schlagen (▶ Kap. 3.6.2).
2. Ausgehend von einer Schule oder der Gemeinde entwickelt sich ein Kooperationsverbund der maßgeblich an der Bildung, Erziehung und Betreuung der Kinder beteiligten Einrichtungen. Angestrebt wird die gemeinsame Übernahme der Verantwortung

für den Bildungsweg aller Schüler*innen. Allmählich kommt es nicht nur zu einem immer besseren Verständnis der Arbeit der anderen Beteiligten, sondern dadurch werden auch mögliche Bruchstellen und Widersprüche erkennbar und einer gemeinsamen nachhaltig wirksamen Bearbeitung zugänglich. Zwischen den Schulen entstehen anschlussfähige Konzepte. Im Verbund sind gemeinsame Aktionen möglich, bei denen die Kinder die anderen Schulen kennenlernen können. Solche Kooperationsverbünde brauchen ein eingrenzbares Einzugsgebiet, wie es am ehesten im ländlichen Raum vorhanden ist, und eine Moderation, um langfristig bestehen zu können.[61]

Kooperation gelingt, wenn sich die Kooperationspartner*innen verstehen. Dazu tragen gemeinsame Fortbildungen zu pädagogischen, didaktischen und diagnostischen Fragen bei. So kann z. B. bei weiterführenden Schulen das Interesse an Portfolios der Kinder aus der Grundschulzeit geweckt werden.

4.5.4 Unterricht als Lösungsbeitrag zur Übergangsproblematik

Angeregt durch die Kooperationen zwischen Grundschule und weiterführenden Schulen könnten sich Übergangsprojekte ergeben, die zur Präzisierung der Informationen über die verschiedenen weiterführenden Schulen beitragen. Gestalten die Kinder diese Phase des Forschens und Reflektierens über die weiterführenden Schulen weitgehend selbst und unter eigener Kontrolle, so besteht die Chance, dass sie ein großes Interesse an ihrer künftigen Schule entwickeln. Ziel könnte die Einladung der Eltern zu einer Veranstaltung sein, in der die Kinder ihre Projektergebnisse vorstellen. Auf diese Art wären die Kinder selbst gestaltende Akteure ihres Übergangsprozesses. Die Kinder informieren die Eltern und Lehr-

---

[61] Beispiel: https://schulen-im-ueberwald-und-gorxheimertal.de/

4.5. Curriculare und pädagogische Anschlussfähigkeit vertikal und horizontal

personen über die künftig zur Verfügung stehenden Schulen und nicht umgekehrt. Ein solches projektartiges Vorgehen hätte den Vorteil, dass sich die Kinder frühzeitig aktiv und selbstbestimmt mit ihrem Übergang auseinandersetzen können. Geschieht das Einholen der Informationen von den verschiedenen weiterführenden Schulen selbstständig durch die Kinder, entsteht zugleich ein lebendiger Bezug zu den Schulen. Aus einem solchen Projekt heraus ließen sich weitere Projekte entwickeln, z. B. Schulbesuche, Einladungen von Schüler*innen aus der Sekundarstufe, Kennlernnachmittage etc. Vielleicht ergibt sich daraus auch eine Reflexion darüber, was noch gelernt werden muss, um einen guten Anschluss an die Anforderungen der neuen Schule zu erhalten. Es ist zu erwarten, dass solche Projekte sich auch auf die Übergangsaktivitäten der annehmenden Schulen auswirken, die sich dann nicht mehr überwiegend in Elterninfoabenden und Elternsprechstunden erschöpfen sollten. Auch das ist sehr wichtig, denn beim Übergang ist die Phase des Ankommens und des sich Eingewöhnens in die Gepflogenheiten der neuen Schule zu planen. So kann das Übergangsprojekt in der weiterführenden Schule fortgesetzt werden.

4.5.5 Längeres gemeinsames Lernen

Langformschulen haben es hier einfacher. In den PRIMUS-Schulen z. B. in Minden und Münster[62] gibt es jeweils drei Jahrgänge umfassende jahrgangsgemischte Klassen von der Einschulung bis zur 9. Jahrgangsstufe (Mismahl 2021, Stähling 2018; Carle et al. 2016). Die PRIMUS-Schule Minden ist in Lernfamilien organisiert und der Wechsel von einer in die nächst höhere jahrgangsübergreifende Lerngruppe geschieht innerhalb der gleichen Lernfamilie. So finden zwar mehrere kleine Übergänge statt, es entfällt aber die Auf-

---

[62] https://www.primus-minden.de; /https://www.primus-muenster.de/

teilung der Schüler*innen auf Schulen, die zu unterschiedlich bewerteten Abschlüssen führen. Alle Lernfamilien bieten die Chance auf jeden möglichen Schulabschluss. Hier haben die Kinder die Gelegenheit bei jedem Klassenwechsel Erfahrung mit Übergängen zu machen und Strategien zu erwerben, sich in teilweise neu zusammengesetzte Lerngruppen einzubringen. Das bedeutet: Die Kinder treffen bei jedem Übergang in die nächsthöhere Lerngruppe Kinder, die sie bereits kennen. Auch wesentliche Abläufe und Regeln sind ihnen bereits bekannt. Dies bringt ein hohes Maß an Kontinuität mit sich. Ohne Selektionserfahrung können die Kinder ohne besondere Stressbelastung ihre Übergangskompetenzen im geschützten Raum ausbauen. Das Entwicklungspotential der konkreten Handlungssituation beim Übergang von einer jahrgangsgemischten Klasse in die nächste ist hoch, jedoch mit überschaubarem Risiko, da die neuen Aufgaben weitgehend bekannt sind und ein Erfahrungsschatz im Umgang mit Übergängen aufgebaut werden kann. Eine gute Übergabe gelingt den Lehrer*innen, da innerhalb der Lernfamilien eine lerngruppenübergreifende Kooperation stattfindet. Zudem arbeiten Lehrpersonen parallel in aufeinander aufbauenden Lerngruppen. Die Kinder treffen also bei jedem Übergang nicht nur auf Kinder, die sie bereits kennen, sondern auch auf mindestens eine ihnen schon bekannte Lehrperson.

4.6 Zusammenfassung Kapitel 4

Der Übergang von der Grundschule in die weiterführende Schule ist kein punktuelles Ereignis im Lebenslauf eines einzelnen Kindes. Vielmehr handelt es sich um einen emotional für alle Beteiligten hoch aufgeladenen und zugleich staatlich streng geregelten Prozess, der sich bereits im dritten Schuljahr anbahnt und bis weit ins erste Jahr in der weiterführenden Schule hineinreicht. Die

4.6 Zusammenfassung Kapitel 4

Rechte der Kinder auf Wohlergehen und bestmögliche allseitige Bildung werden insbesondere durch eine Fokussierung auf die Auslesefunktion des Übergangs stark eingeschränkt. Ihre persönlichen Ressourcen kommen nicht genug zur Geltung. Gleichwohl durchschauen die von Jana Herding befragten Kinder, wie man am besten durch das bewachte Tor zur Wunschschule oder einer Alternative hindurchkommt. Sie geben Kindern und Lehrpersonen Tipps, was sie tun könnten, damit der Übergang gut gelingt. Wie schon bei der Auseinandersetzung mit dem schwedischen Schulsystem (▶ Kap. 1.3.2) wird deutlich, wie sehr ihr Denken durch ihre vierjährige Zeit als Schüler*in im gegliederten deutschen System geprägt ist, und dass sie der Übergang vor große Herausforderungen gestellt hat (▶ Kap. 2).

Umso wichtiger ist es, dass die für den Übergang besonders hilfreichen Ressourcen der Kinder vom Kindergarten an aufgebaut und in der Schule gepflegt und erweitert werden. Das betrifft insbesondere die Selbstwirksamkeit, die Kontrollüberzeugung und das schulische Fähigkeitsselbstkonzept. Stärkenorientiertes Feedback im Unterricht ist hierfür eine zentrale Voraussetzung (vgl. Büker & Höke 2020). Wie gut diese Ressourcen durch das Kind zur Bewältigung des Übergangs genutzt werden können, hängt jedoch auch mit weiteren stärkenden oder hemmenden Bedingungen zusammen. So hat die Bildungsaspiration der Eltern einen hohen Einfluss, nicht nur auf die Bildungswahlentscheidung selbst, sondern auch auf die Selbsteinschätzung des Kindes. Sie korrespondiert mit der Tendenz von Lehrkräften, bei der Erstellung der Grundschulempfehlung außer den Noten auch die vermeintliche Unterstützungskapazität des Elternhauses einzubeziehen. Entgegen der Grundschulempfehlung zu handeln, fällt nicht nur wegen bestehender Rechtsvorschriften schwer, sondern auch weil ein solches Vorgehen das Vertrauensverhältnis gegenüber der Grundschule beeinträchtigen würde. Eltern sehen sich mit vielfältigen Rechtsvorschriften konfrontiert, wenn sie die Schullaufbahn ihres Kindes beeinflussen wollen. Einerseits wird von ihnen Engagement und Mitarbeit auch in Gremien erwartet, andererseits bleibt ihnen nur geringer Spielraum, die weiterführende Schulart auszuwählen.

Schließlich wurde im 4. Kapitel (▶ Kap. 4.5) gezeigt, dass die Anschlussfähigkeit des Unterrichts der Grundschule und des Unterrichts der weiterführenden Schule wichtig ist. Die Passung ist durch Standards der KMK und die Bildungspläne grundgelegt. Damit pädagogische Ziele, Inhalte und Methoden des Unterrichts auch in der Alltagspraxis über die Grenzen der Schularten aufeinander aufbauen, sind zusätzliche Absprachen der beteiligten Lehrpersonen erforderlich. Eine gute Zusammenarbeit ermöglicht eine gute Vorbereitung der Kinder auf den Übergang in die weiterführende Schule. Demgegenüber lassen sich kontinuierliche Übergänge in Langformschulen sehr viel leichter gestalten.

5

Den Übergang in die Sekundarstufe ressourcenorientiert gestalten: Fazit

Ursula Carle & Jana Herding

Institutionalisierte Bildungsübergänge ressourcenorientiert gestalten bedeutet, alles zu tun, damit die vorhandenen oder zu entwickelnden personalen Stärken und umweltbezogenen Schätze jedes Kindes in der neuen Lernumgebung bestmöglich zum Tragen kommen. Das bedeutet, die Übergänge im Schulsystem sind nach pädagogischen Regeln so zu arrangieren, dass sie für alle Kinder eine Erweiterung ihrer Möglichkeiten mit sich bringen. Alle Kinder müssen gleiche Chancen bekommen, den für sie am meisten förderlichen und herausfordernden Bildungsweg zu beschreiten. Keinesfalls dürfen Übergänge zu Einschränkungen führen. Bildungsgerechtigkeit und Chancengleichheit sind seit vielen Jahrzehnten wissenschaftlich anerkannte und gesetzlich verbriefte Ziele. Gleichwohl hat sich die Gesellschaft daran gewöhnt, dass diese Ziele vor allem für Kinder aus privilegierten Elternhäusern gesichert sind. Ist doch der Zusammenhang zwischen sozialer Herkunft und Bildungserfolg in Deutschland besonders stark. Wir wollten wissen, was der Übergang von der Grundschule in die Sekundarstufe zu diesem Missstand beiträgt und vor allem wie er besser gestaltet werden kann. Hier kamen insbesondere auch die Kinder selbst zu Wort und haben eindrücklich gezeigt, dass sie ihre Bedürfnisse und persönlichen Ansichten zum Ausdruck bringen können und unweigerlich in sie selbst betreffende Entwicklungsprozesse und Debatten um schulstrukturelle Reformen einbezogen werden müssen (vgl. Ogrodowski 2021).

Ausgangspunkt unserer Analyse war die Suche nach den Wurzeln heutiger Probleme an der Schnittstelle zwischen Grundschule und weiterführenden Schulen. Beschränkte Zugänge gab es von Beginn der Grundschule an nur für die höheren Schulen. Die Zugänge wurden durch Maßnahmen wie Schulgeld, Noten, Extraprüfungen, attraktive alternative Angebote und eine begrenzte Anzahl von Plätzen an den höheren Schulen zu regulieren versucht. Gleichzeitig gab es Gegenbewegungen insbesondere aus der Tradition der Einheitsschulbewegung heraus, die zu einem Auf und Ab an Reformansätzen führten. Über die lange Zeit betrachtet hat sich das Schulsystem und damit der Übergang von der Grundschule in die Sekundarstufe dennoch zu Gunsten der Kinder gewandelt, auch wenn die starke Abhängigkeit von sozialer Schicht und Bildungserfolg bis heute besteht.

Kritisch zu sehen ist die Unübersichtlichkeit durch eine Vielzahl von Schularten mit Sekundarstufe I und die Ausdifferenzierung des Förderschulwesens in einigen Bundesländern, wobei diese nur in städtischen Bereichen tatsächlich ausgefächert angeboten wird. Langformschulen, bei denen der Übergang zwischen Primarstufe

5 Den Übergang in die Sekundarstufe ressourcenorientiert gestalten: Fazit

und Sekundarstufe I ohne Schulwechsel erfolgt, bilden noch eine Seltenheit. Solange das gegliederte Schulsystem existiert, ist nicht mit einer durchgreifenden Verbesserung der Bildungschancen aller Kinder zu rechnen. Alle sind in das System eingebunden, die Lehrer*innen, die Kinder und die Eltern. Es gilt deshalb die Übergangssituation selbst so ressourcenorientiert wie möglich zu gestalten. Wie das möglich ist, dazu geben die Kinder selbst wertvolle Vorschläge. Zentrale Grundlagen auf Schulebene sind: eine fundierte pädagogische Diagnostik, schulbezogene Übergangskonzepte als Orientierungsrahmen, Kooperation mit den weiterführenden Schulen zum Erreichen einer guten didaktischen und pädagogischen Anschlussfähigkeit und eine intensive Kooperation mit den Eltern. Schließlich kann das Übergangsgeschehen schon frühzeitig Themen für Unterrichtsprojekte liefern, so dass die Kinder sich selbst intensiv mit dieser wichtigen Phase beschäftigen, die Übergangsentscheidung mitbestimmen und ihren eigenen Übergangsprozess aktiv mitgestalten können.

Abbildungs- und Tabellenverzeichnis

Abbildungsverzeichnis

Abb. 1: Vereinfachte Darstellung der Schulstruktur vor 1919 und nach 1919 (eigene Darstellung U. Carle) 22
Abb. 2: Deutsches Schulwesen im Nationalsozialismus (Quelle: Geißler 2013, S. 557; Original: Hehlmann 1941, S. 67) 28
Abb. 3: Schulsystem BRD Ende der 1980er Jahre, (vereinfachte und ergänzte Darstellung nach: Gemeinfrei, https://commons.wikimedia.org/w/index.php?curid=355890) 42
Abb. 4: Schulsystem der DDR (vereinfachte Darstellung nach: Staatliche Zentralverwaltung für Statistik, Mai 1989; Datei Schulesystem_DDR.png von SEBWebDi, Gemeinfrei, https://commons.wikimedia.org/w/index.php?curid=11929032 42
Abb. 5: Vereinfachte und ergänzte grafische Darstellung der am Übergang beteiligten Systemebenen nach Bronfenbrenner (1986) 82
Abb. 6: Ressourcen am Übergang von der Grundschule in die Sekundarstufe – eine ökosystemische Sichtweise (eigene Darstellung U. Carle) 86
Abb. 7: The Constitution of an Organizational Path (Quelle: Sydow, Schreyögg & Koch 2009, S. 692 Figure 1) 91
Abb. 8: Heuristisches Verlaufsmodell: Entwicklung in der Anforderungsbearbeitung am Übergang (in Anlehnung an Košinár, 2014, S. 101) 106
Abb. 9: Potenzielle Kooperationspartner am Übergang von der Grundschule in die Sekundarstufe 1 abhängig von Behinderung (eigene Darstellung U. Carle) 115

Abb. 10: Überblick zum Schulsystem in Baden-Württemberg
(Quelle: Landratsamt Bodenseekreis 2020) 117

Abb. 11: Das allgemeinbildende Schulwesen im Land
Bremen (Quelle: Die Senatorin für Kinder und
Bildung 2021a)..................................... 125

Abb. 12: Kompetenzraster Bremen zum Übergang in die
weiterführende Schule. (Quelle: Schroth o.J., S. 13) 129

Abb. 13: Schulsystem in Brandenburg
(Quelle: Bundesagentur für Arbeit 2021) 132

Abb. 14: Der Ablauf des sonderpädagogischen Feststellungsverfahrens (Quelle: MBJS Brandenburg 2018, S. 7) .. 134

Abb. 15: Das Schulsystem in Nordrhein-Westfalen (Quelle:
Bildungsportal NRW 2021)........................ 135

Abb. 16: Grafische Darstellung der am Übergang beteiligten
Systemebenen Bronfenbrenners erweitert nach
Carle 2000 159

Tabellenverzeichnis

Tab. 1: Mechanismen der Reproduktion des gegliederten
Schulsystems und seiner Übergänge (Quelle:
Typologie nach Mahoney 2000; vgl. Blanck et al.
2013, S. 273) 56

Tab. 2: Entwicklungsaufgaben lt. Havighurst in der Mittleren
Kindheit und in der Adoleszenz (Quelle: vgl. Fend
2000, S. 211; Dreher & Dreher 1985, S. 59) 89

Tab. 3: Die Unterschiede zwischen Gymnasium und
Oberschule. (Quelle: Die Senatorin für Kinder und
Bildung 2021b, S. 2) 127

Literaturverzeichnis

Abel, J., Klees-Möller, R. & Treumann, K. P. (1998): Einführung in die empirische Pädagogik. Stuttgart: Kohlhammer.
Adamczyk, J. (2021): Vertrauen und Beteiligung in der Schule. Typenanalyse einer qualitativen Interviewstudie mit Kindern. Die Deutsche Schule 113. Jg., 3, 267–281.
Agenda 2030 – siehe: Martens, J. & Obenland, W. (2017)
Ahrbeck, B. (2014): Inklusion: Eine Kritik (2. Auflage). Stuttgart: W. Kohlhammer Verlag.
Alt, C., Gedon, B., Hubert, S., Hüsken, K. & Lippert, K. (2018): DJI-Kinderbetreuungsreport 2018. Inanspruchnahme und Bedarfe aus Elternperspektive im Bundesländervergleich. München: Deutsches Jugendinstitut e. V. Online verfügbar unter: https://www.dji.de/fileadmin/user_upload/KiBS/DJI_Kinderbetreuungsreport2018_4.pdf. Zugriff am 10.01.2022.
Autorengruppe Bildungsberichterstattung (2020): Bildung in Deutschland 2020. Ein indikatorengestützter Bericht mit einer Analyse zu Bildung in einer digitalisierten Welt. Unter Mitarbeit von Prof. Dr. Kai Maaz (DIPF) et al. Bielefeld: wbv Publikation (Bildungsbericht Deutschland, 2020). Online verfügbar unter https://www.bildungsbericht.de/de/bildungsberichte-seit-2006/bildungsbericht-2020/pdf-dateien-2020/bildungsbericht-2020-barrierefrei.pdf. Zugriff am 17.08.2022.
Axelrod, R. M. (2005): Die Evolution der Kooperation. Aus dem Amerikanischen übersetzt und mit einem Nachwort von Werner Raub und Thomas Voss (6. Auflage). München: Oldenbourg Wissenschaftsverlag. (1. dt. Aufl. 2000; engl. Orig. 1984: The evolution of cooperation)
Baar, R. (2018): Der Übergang von der Primarstufe in den Sekundarbereich. Herausforderungen und Chancen für Kinder. In: Gutzmann, M./Lassek, M. (Hrsg.): Kinder beim Übergang begleiten. Von der Anschlussfähigkeit zur gemeinsamen Verantwortung. (S. 37–46) Frankfurt a. M.: Grundschulverband.
Ball, J., Lohaus, A. & Miebach, Ch. (2006): Psychische Anpassung und schulische Leistungen beim Wechsel von der Grundschule zur weiterführenden Schule. In: Zeitschrift für Entwicklungspsychologie und Pädagogische Psychologie, 38 (3), 101–109.

Literaturverzeichnis

Bandura, A. (1977): Self-efficacy: Toward a unifying theory of behavioral change. Psychological Review 84, 191–215.

Baptist, P & Raab, D. (2007): Auf dem Weg zu einem veränderten Mathematikunterricht. Bayreuth: Universität, Zentrum zur Förderung des mathematisch-naturwissenschaftlichen Unterrichts. Online verfügbar unter: http://www.sinus-transfer.de/fileadmin/MaterialienBT/sinus-transfer.pdf. Zugriff am 10.01.2022.

Baumert, J. & Artelt, C. (2003): Bildungsgang und Schulstruktur. Pädagogische Führung (4), 188–192.

Becker, R. & Lauterbach, W. (2016): Bildung als Privileg – Ursachen, Mechanismen, Prozesse und Wirkungen. In: R. Becker & W. Lauterbach (Hrsg.): Bildung als Privileg Erklärungen und Befunde zu den Ursachen der Bildungsungleichheit (5., aktualisierte Auflage) (S. 3–53). Wiesbaden: Springer Verlag.

Bertram, T., Formosinho, J., Gray, C., Pascal, C. & Whalley, M. (2015): EECERA Ethical Code for Early Childhood Researchers. Online verfügbar unter: https://www.eecera.org/wp-content/uploads/2016/07/EECERA-Ethical-Code.pdf. Zugriff am 10.01.2022.

Biewer, C., Wandeler, Ch. & Baeriswyl, F. (2013): Herkunftseffekte und Gerechtigkeitserleben beim Übergang von der Primarschule in die Sekundarschule I. In: Schweizerische Zeitschrift für Bildungswissenschaften 35, H. 3, 425–444, Online verfügbar unter: http://doi.org/10.5169/seals-786621. Zugriff am 10.01.2022.

Bildungsportal NRW (2021): Schulformen. Online verfügbar unter: https://www.schulministerium.nrw/themen/schulsystem/schulformen. Zugriff am 10.01.2022.

Blanck, J. M., Edelstein, B. & Powell, J. J. W. (2013): Persistente schulische Segregation oder Wandel zur inklusiven Bildung? Die UN-Behindertenrechtskonvention und Reformmechanismen in den deutschen Bundesländern. Swiss Journal of Sociology, 39 (2), S. 267–292. Online verfügbar unter: https://orbilu.uni.lu/bitstream/10993/4794/1/BlanckEdelsteinPowell2013_PersistenteSchulischeSegregationUN-BRK_SH-BY_SZfSoz.pdf. Zugriff am 10.01.2022.

Bortz, J. & Döring, N. (2006): Forschungsmethoden und Evaluation für Human- und Sozialwissenschaftler (4., überarbeitete Auflage). Berlin, Heidelberg, New York: Springer.

Böttcher, W. (1990): Zur Planbarkeit des Bildungswesens. In: Klemm, Klaus et al. (Hrsg.): Bildungsgesamtplan' 90 (S. 21–35). Weinheim/München: Juventa. Online verfügbar unter: https://d-nb.info/1140048953/34. Zugriff am 10.01.2022

Literaturverzeichnis

Bremische Bürgerschaft (2020): Sichert eine Gymnasialempfehlung auch einen Platz am Gymnasium? Antwort des Senats auf die Kleine Anfrage der Fraktion der FDP vom 10. Dezember 2019. Online verfügbar unter: https://www.bremische-buergerschaft.de/drs_abo/2020-01-29_Drs-20-255_50905.pdf. Zugriff am 10.01.2022.

Bronfenbrenner, U. (1981): Die Ökologie der menschlichen Entwicklung. Stuttgart: Klett-Cotta.

Bronfenbrenner, U. (1986): Recent Advances in Research on the Ecology of Human Development. In: Silbereisen, R., Eyferth, K. & Rudinger, G. (Hrsg.): Development as Action in Context (S. 287–309). Berlin-Heidelberg: Springer.

Bronfenbrenner, U. (1990): The ecology of cognitive development. Zeitschrift für Sozialisationsforschung und Erziehungssoziologie, 10 (2), 101–114.

Buchholz, S., Skopek, J, Zielonka, M., Ditton, H., Wohlkinger, F. & Schier, A. (2017): Secondary school differentiation and inequality of educational opportunity in Germany. In: Blossfeld, H., Buchholz, S., Skopek, J., Triventi, M. (Hrsg.): Models of secondary education and social inequality (S. 79–92). Cheltenham, UK: Edward Elger Publishing.

Büchler, T. (2018): Kaum Einfluss auf die Chancengerechtigkeit. Grundschule, 1, 26–29.

Bühler-Niederberger, D. (2019): Generationale Perspektive und Intersektionalität. Sozialwissenschaftliche Kindheitsforschung als Analyse, Advokation und Marginalisierung. Diskurs Kindheits- und Jugendforschung, 14 (2), 155–167.

Büker, P. (Hrsg.) (2015a): Kinderstärken – Kinder stärken. Erziehung und Bildung ressourcenorientiert gestalten (KinderStärken, Bd. 1). Stuttgart: Kohlhammer.

Büker, P. (2015b): Kinderstärken – Kinder stärken: Pädagogische, soziologische und psychologische Zugänge zu einer »starken Idee«. In: diess. (Hrsg.): Kinderstärken – Kinder stärken. Erziehung und Bildung ressourcenorientiert gestalten (KinderStärken, Bd. 1). (S. 11–77). Stuttgart: Kohlhammer.

Büker, P. & Höke, J. (2020): Bildungsdokumentation in Kita und Grundschule stärkenorientiert gestalten (KinderStärken, Bd. 7). Stuttgart: Kohlhammer.

Büker, P., Hüpping, B., Mayne, F. & Howitt, Ch. (2018): Kinder partizipativ in Forschung einbeziehen – ein kinderrechtbasiertes Stufenmodell. Diskurs Kindheits- und Jugendforschung/Discourse. Journal of Childhood and Adolescence Research, 13 (1). S. 109–114.

Büker, P., Hüpping, B. & Fernhomberg, H. (2021): Kinder als Forscher*innen in eigener und gemeinsamer Sache. Wege zu einer neuen Qualität kinderrechtebasierter Partizipation. Grundschule aktuell, 153, 34–38.

Bundesagentur für Arbeit (2021): Das Schulsystem in Brandenburg. Online verfügbar unter: https://planet-beruf.de/fileadmin/assets/PDF/Uebersicht_Schulsysteme_Laender/BRA_Schulsystem.pdf. Zugriff am 10.01.2021.

Bundesministerium für Familie, Senioren, Frauen und Jugend (BMFSFJ) (2021): Gesetz zur ganztägigen Förderung von Kindern im Grundschulalter (Ganztagsförderungsgesetz – GaFöG vom 12.10.2021). Online verfügbar unter: https://www.bmfsfj.de/bmfsfj/service/gesetze/gesetz-rechtsanspruch-ganztagsbetreuung-grundschulen-178966. Zugriff am 10.01.2022.

Bund-Länder-Kommission für Bildungsplanung und Forschungsförderung (1997): Gutachten zur Vorbereitung des Programms »Steigerung der Effizienz des mathematisch- naturwissenschaftlichen Unterrichts«. Materialien zur Bildungsplanung und zur Forschungsförderung (60). Online verfügbar unter: http://sinus-transfer.uni-bayreuth.de/fileadmin/MaterialienBT/heft 60.pdf. Zugriff am 10.01.2022.

Caprara, G. V., Alessandri, G., Barbaranelli, C. & Vecchione, M. (2013). The longitudinal relations between self-esteem and affective self-regulatory efficacy. Journal of Research in Personality, 47(6), 859–870. Online verfügbar unter: https://doi.org/10.1016/j.jrp.2013.08.011. Zugriff am 10.01.2022.

Carle, U. (2000): Was bewegt die Schule? Baltmannsweiler: Schneider Hohengehren

Carle, U. (2004): Die Bedeutung von Bildungsübergängen für die kindliche Persönlichkeitsentwicklung – transdisziplinäre Überlegungen. In: Denner, L., Schumacher, E. (Hrsg.): Übergänge im Elementar- und Primarbereich reflektieren und gestalten. Beiträge zu einer grundlegenden Bildung (S. 52–74). Bad Heilbrunn: Klinkhardt.

Carle, U. (2006): Lernen im Spiel – wie Kinder sich selbst fördern. In: Höhmann, K.; Holtappels, H.-G. (Hrsg.): Ganztagsschule gestalten. Konzeption, Praxis, Impulse. Seelze: Kallmeyer-Klett (S. 114–123). Online verfügbar unter: https://www.grundschulpaedagogik.uni-bremen.de/archiv/Carle/2002/spiel_home.pdf. Zugriff am 10.01.2022.

Carle, U. & Metzen, H. (2006): Abwarten oder Rausgehen. Familienförderung und Elternbildung vor dem anstehenden und (un-) gewollten Perspektivenwechsel. Hamburg: Books on Demand.

Carle, U., Huf, C., Idel, T. & Pauling, S. (2018): Primus – Schulversuch zum längeren gemeinsamen Lernen in Primar- und Sekundarstufe. Bericht über die erste Phase der wissenschaftlichen Begleitforschung 2014-2017. Zugl. Schriftlicher Bericht des Ministeriums für Schule und Bildung des Landes Nordrhein-Westfalen für die Sitzung des Ausschusses für Schule und Bildung am 4. Juli 2018, 17. Wahlperiode, Vorlage 17/930, A15. Düsseldorf: Ministerium für Schule und Bildung NRW.

Dahrendorf, R. (1965): Bildung ist Bürgerrecht. Plädoyer für eine aktive Bildungspolitik, Bramsche/Osnabrück: Gebr. Rasch & Co./Nannen-Vlg.

Dalbert, C. (2011): Warum die durch Schülerinnen individuell und subjektiv erlebte Gerechtigkeit des Lehrerhandelns wichtig ist. Zeitschrift für Pädagogische Psychologie, 25 (1), 5–18.

Deci, E. L. & Moller, A. C. (2005): The Concept of Competence: A Starting Place for Understanding Intrinsic Motivation and Self-Determined Extrinsic Motivation. In: A. J. Elliot & C. S. Dweck (Hrsg.): Handbook of competence and motivation (S. 579–597). Guilford Publications.

Deci, E. L. & Ryan, R.M. (1993): Die Selbstbestimmungstheorie der Motivation und ihre Bedeutung für die Pädagogik. Zeitschrift für Pädagogik, 39 (2), 223–238. Online verfügbar unter: https://www.pedocs.de/volltexte/2017/11173/pdf/ZfPaed_1993_2_Deci_Ryan_Die_Selbstbestimmungstheorie_der_Motivation.pdf. Zugriff am 10.01.2022.

Denner, L. & Schumacher, E. (2014): Übergänge in Schule und Lehrerbildung. Theorie – Übergangsdidaktik – Praxis. Stuttgart: Kohlhammer.

Deutsche Presseagentur (dpa) (19.11.2013): Handwerk fordert Schulfrieden im Land. Online verfügbar unter: https://www.focus.de/regional/stuttgart/schulen-handwerk-fordert-schulfrieden-im-land_id_3173959.html. Zugriff am 10.08.2022.

Deutsche UNESCO Kommission (o.J.): Inklusive Bildung. Online verfügbar unter: https://www.unesco.de/bildung/inklusive-bildung. Zugriff am 04.03.2022.

Deutscher Ausschuß für das Erziehungs- und Bildungswesen (1959): Rahmenplan zur Umgestaltung und Vereinheitlichung des allgemeinbildenden öffentlichen Schulwesens vom 14.2.1959. Empfehlungen und Gutachten, Folge 3, Stuttgart: Klett

Deutscher Bildungsrat (1970): Empfehlungen der Bildungskommission. Strukturplan für das Bildungswesen. Stuttgart: Klett.

Diehl, C., Hunkler, Ch. & Kristen, C. (2016): Ethnische Ungleichheiten im Bildungsverlauf. Eine Einführung. In: Diehl, C., Hunkler, Ch., Kristen, C. (Hrsg.): Ethnische Ungleichheiten im Bildungsverlauf: Mechanismen, Befunde, Debatten (S. 3–31). 2016. Wiesbaden: Springer VS.

Die Landesregierung Nordrhein-Westfalen (2019): Ministerin Gebauer: Grundlegende Neuerungen bringen mehr Qualität an unsere Schulen. Pressemitteilung auf den Seiten der Staatskanzlei des Landes Nordrhein-Westfalen. Düsseldorf. Online verfügbar unter: https://www.land.nrw/de/pressemitteilung/ministerin-gebauer-grundlegende-neuerungen-bringen-mehr-qualitaet-unsere-schulen. Zugriff am 10.01.2022.

Die Senatorin für Kinder und Bildung, Freie Hansestadt Bremen (o.J.): Handreichung für die Kompetenzorientierte Leistungsrückmeldung. Online verfügbar unter: https://www.lis.bremen.de/sixcms/media.php/13/Handreichung.pdf. Zugriff am 03.06.2022.

Die Senatorin für Kinder und Bildung, Freie Hansestadt Bremen (2020): Schülerzahlen der öffentlichen und privaten allgemeinbildenden Schulen des Landes Bremen 2020/2021. Statistische Informationen. Online verfügbar unter: https://www.bildung.bremen.de/sixcms/media.php/13/Schuelerzahlen20_21_online.pdf. Zugriff am 10.01.2022.

Die Senatorin für Kinder und Bildung, Freie Hansestadt Bremen (2021a): Allgemeinbildende öffentliche Schulen. Online verfügbar unter: https://www.bildung.bremen.de/allgemeinbildende_schulen-3716. Zugriff am 10.01.2022.

Die Senatorin für Kinder und Bildung, Freie Hansestadt Bremen (2021b): Von den Grundschulen in die Gymnasien und Oberschulen. Online verfügbar unter: https://www.bildung.bremen.de/bergang-von-4-nach-5-3744. Zugriff am 12.01.2022.

Dreher, E. & Dreher, M. (1985): Wahrnehmung und Bewältigung von Entwicklungsaufgaben im Jugendalter: Fragen, Ergebnisse und Hypothesen zum Konzept einer Entwicklungs- und Pädagogischen Psychologie des Jugendalters. In: Oerter, R. (Hrsg.): Lebensbewältigung im Jugendalter (S. 30–61). Weinheim: Edition Psychologie, VCH.

Dreher, M. (1994): Entwicklungskonzepte von Jugendlichen und jungen Erwachsenen. Unterrichtswissenschaft, 22 (2), 122–137.

Drewek, P. (1989): Die Begabungsuntersuchungen Albert Huths und Karl Valentin Müllers nach 1945. Zur wissenschaftsgeschichtlichen Bedeutung des konservativen Begabungsbegriffs in der Nachkriegszeit. Zeitschrift für Pädagogik, 35 (2), 197–217. Online verfügbar unter: https://www.pedocs.de/frontdoor.php?source_opus=14510. Zugriff am 10.01.2022.

Drewek, P. (2013): Das dreigliedrige Schulsystem im Kontext der politischen Umbrüche und des demographischen Wandels im 20. Jahrhundert. Zeitschrift für Pädagogik, 59 (4), 508–525.

Dweck, C. S. & Leggett, E. L. (1988): A social-cognitive approach to motivation and personality. Psychological Review, 95(2), 256–273.

Eckerth, M. & Hanke, P. (2015): Übergänge ressourcenorientiert gestalten: Von der KiTa in die Grundschule (KinderStärken, Bd. 5). Stuttgart: Kohlhammer.

Edelstein, W., Bendig, R. & Enderlein, O. (2011): Schule: Kindeswohl, Kinderrechte, Kinderschutz. In: J. Fischer, T. Buchholz & Merten, R. (Hrsg.): Kinderschutz in gemeinsamer Verantwortung von Jugendhilfe und Schule (S. 117–140). Wiesbaden: VS Verlag.

Literaturverzeichnis

Edelstein, B. & Veith, H. (2017): Schulgeschichte nach 1945. Von der Nachkriegszeit bis zur Gegenwart. Bonn: Bundeszentrale für politische Bildung (BPB) (Dossier Bildung). Online verfügbar unter https://www.bpb.de/them en/bildung/dossier-bildung/229702/schulgeschichte-nach-1945-von-der-nac hkriegszeit-bis-zur-gegenwart/. Zugriff am 17.08.2022.

Erikson, E. H. (1982): Lebensgeschichte und historischer Augenblick. Frankfurt a. M.: Suhrkamp.

Esser, H. & Hoenig, K. (2018): Leistungsgerechtigkeit und Bildungsungleichheit. Kölner Zeitschrift Soziologie und Sozialpsychologie, 70, 419–447.

European Education and Culture Executive Agency (EACEA); Euridice Network (2021): Struktur der europäischen Bildungssysteme 2021/2022. Schematische Diagramme. Unter Mitarbeit von N. Baïdak, I. de Coster und A. Sicurella. Luxembourg: Amt für Veröffentlichungen der Europäischen Union (Eurydice – Fakten und Zahlen). Online verfügbar unter https://data.euro pa.eu/doi/10.2797/82368. Zugriff am 16.08.2022.

European Agency (2018): EASIE 2018 Dataset Cross-Country Report, focusing on the 2016/2017 school year; Online verfügbar unter: https://www.euro pean-agency.org/sites/default/files/easie_2018_dataset_cross-country_repo rt.docx. Zugriff am 10.01.2022.

Fauser, R., Pettinger, R. & Schreiber, N. (1987): Der Übergang auf weiterführende Schulen. GESIS Datenarchiv, Köln. ZA1611 Datenfile Version 1.0.0. Online verfügbar unter: https://doi.org/10.4232/1.1611. Zugriff am 14.01.2022.

Fend, H. (2000): Entwicklungspsychologie des Jugendalters. Opladen. Leske + Budrich.

Flammer, A. (2003): Entwicklungstheorien. Psychologische Theorien der menschlichen Entwicklung (3., korrigierte Auflage). Bern u. a.: Huber.

Fritzsche, S., Krüger, H.-H. & Pfaff, N. (2009): Zum Wandel von Freundschaftsbeziehungen von Kindern im Verlauf der Grundschule und am Übergang in die Sekundarstufe. Diskurs Kindheits- und Jugendforschung, 4(2), 261-278. Online verfügbar unter: https://nbn-resolving.org/urn:nbn:de:0168-ss oar-334626. Zugriff am 04.03.2022.

Fuhs, B. & Brand, D. (2013): Kinder bis 10 Jahre. In: Deinet, U. & Sturzenhecker, B. (Hrsg.): Handbuch Offene Kinder- und Jugendarbeit (S. 91–99). Wiesbaden: VS Verlag für Sozialwissenschaften.

Geißler, G. (2013): Schulgeschichte in Deutschland. Von den Anfängen bis in die Gegenwart (2. aktualisierte Auflage). Frankfurt a. M.: Peter Lang.

Gemeinschaftsschule Waldparkschule (2021): Leitbild und Vision. Online verfügbar unter: https://www.waldparkschule.de/unsere-schule/leitbild-und-vision/. Zugriff am 10.01.2022.

Gewerkschaft Erziehung und Wissenschaft (GEW) (2021): Dritter Bildungsweg. Online verfügbar unter: https://www.gew.de/aktuelles/detailseite/neuigke iten/dritter-bildungsweg/. Zugriff am 10.01.2022.

Granzow, M. (1997): Akteurskonstellationen und -verhalten beim Lehreraustausch zwischen dem Ost- und dem Westteil Berlins. In: Buchen, S., Carle, U., Döbrich, P., Hoyer, H.D. & Schönwälder, H.G. (Hrsg.): Jahrbuch für Lehrerforschung (Band 1) (S. 102–116). Weinheim: Juventa.

Griebel, W. & Niesel, R. (2005): Die Bewältigung von Übergängen zwischen Familie und Bildungseinrichtungen als Co-Konstruktion aller Beteiligten. Online verfügbar unter: https://www.kindergartenpaedagogik.de/fachartikel/gestaltung-von-uebergaengen/uebergang-von-der-familie-in-die-tagesbetre uung/1220. Zugriff am 10.01.2022.

Griebel, W. & Niesel, R. (2018): Übergänge verstehen und begleiten. Transitionen in der Bildungslaufbahn von Kindern (5. Auflage). Berlin: Cornelsen.

Grundschulverband e.V. (2019): Kinder lernen Zukunft – Anforderungen an eine zukunftsfähige Grundschule. Erschienen als Sonderdruck zum Bundesgrundschulkongress des Grundschulverbandes am 13./14.09.2019 in Frankfurt am Main und als Beilage zu Grundschule aktuell (147). Felsberg: Strube Druck & Medien OHG. Online verfügbar unter: https://grundschulverband. de/wp-content/uploads/2019/09/Anforderungen-an-eine-zukunftsfähige-G rundschule.pdf. Zugriff am 10.01.2022.

Gulde, M., Steinicke, K., Köhler-Dauner, F., Mörtl, K., Fegert, J. M. & Ziegenhain, U. (2016): Die soziale Welt der »Lückekinder« – Analyse einer vergessenen Gruppe. Kinder- und Jugendschutz in Wissenschaft und Praxis, 61(2), 43-48.

Hackl, B. (1990): Die Arbeitsschule. Geschichte und Aktualität eines Reformmodells. Wien: Verlag für Gesellschaftskritik.

Hagenauer, G. (2011): Lernfreude in der Schule. Münster: Waxmann.

Harring, M. & Schenk, D. (2018): Das Konstrukt »Jugend« – eine kritische Betrachtung. In: Kleeberg-Niepage, A. & Rademacher, S. (Hrsg.): Kindheits- und Jugendforschung in der Kritik. Erziehungswissenschaftliche und psychologische Perspektiven (S. 111–126). Wiesbaden: VS Springer.

Havighurst, R. J. (1948): Developmental Task and Education. New York: McKay.

Hehlmann, W. (1941): Pädagogisches Wörterbuch (2., überarbeite Auflage). Stuttgart: Alfred Kröner Verlag.

Heinzel, F. (2012): Methoden der Kindheitsforschung: Ein Überblick über Forschungszugänge zur kindlichen Perspektive. Weinheim: Beltz.

Helbig, M. & Nikolai, R. (2015): Die Unvergleichbaren. Der Wandel der Schulsysteme in den deutschen Bundesländern seit 1949. Bad Heilbrunn: Klinkhardt. Online verfügbar unter: https://www.pedocs.de/frontdoor.php?sour ce_opus=11095. Zugriff am 25.03.2021.

Helfferich, C. (2012): Einleitung: Von roten Heringen, Gräben und Brücken. Versuch einer Katierung von Agency-Konzepten. In S. Bethmann, C. Helfferich, H. Hoffmann & D. Niermann (Hrsg.): Agency. Die Analyse von Handlungsfähigkeit und Handlungsmacht in qualitativer Sozialforschung und Gesellschaftstheorie (S. 9–39). Weinheim: Beltz Juventa.

Hoenig, K. (2019): Soziales Kapital und Bildungserfolg. Differentielle Renditen im Bildungsverlauf. Dissertation Universität Bamberg 2017. Wiesbaden: Springer.

Hofstetter, D. (2017): Die schulische Selektion als soziale Praxis. Aushandlungen von Bildungsentscheidungen beim Übergang von der Primarschule in die Sekundarstufe I (Bildungssoziologische Beiträge). Weinheim/Basel: Beltz Juventa.

Hollenbach-Biele, N. & Klemm, K. (2020): Inklusive Bildung zwischen Licht und Schatten. Eine Bilanz nach zehn Jahren inklusiven Unterrichts. Gütersloh: Bertelsmann Stiftung. Online verfügbar unter: https://www.bertels mann-stiftung.de/fileadmin/files/BSt/Publikationen/GrauePublikationen/2 0200625_Inklusive-Bildung-Zwischen-Licht-und-Schatten_ST-IB.pdf. Zugriff am 10.01.2022.

Holzkamp, K. (1983): Grundlegung der Psychologie. Frankfurt, Main: Campus.

Hopf, C. (2009): Qualitative Interviews – ein Überblick. In: Flick, U. (Hrsg.): Qualitative Forschung: ein Handbuch (7. Auflage) (S. 349–359). Reinbek bei Hamburg: Rowohlt-Taschenbuch Verlag.

Hradil, S. (2001): Soziale Ungleichheit in Deutschland (8. Auflage). Wiesbaden: VS Verlag für Sozialwissenschaften.

Hugo, J. (2021): Eltern und Schule. Die Rolle von Eltern im Schulverhältnis als Rechtsverhältnis. Die Deutsche Schule 113. Jg. 3, 318–324.

Internationale Gesamtschule Heidelberg (2021): Schülerschaft. Online verfügbar unter: https://igh-heidelberg.com/ueber-uns/schuelerschaft?highlight =WyJiaWxkdW5nc2FuZ2Vib3QiXQ==. Zugriff am 10.01.2022.

Kinderzeit Bremen (2021): Wohin nach der Grundschule? Online verfügbar unter: https://kinderzeit-bremen.de/familienzeit/bildung/anmeldeschluss-schule-bremen/. Zugriff am 10.01.2022.

Klemm, K. (2018): »Wer aufsteigt, schafft das Tal nicht ab« – Gute Schulen für alle! Vortrag bei der Tagung »Bitte warten – Sie werden platziert«. Neue Ungleichheiten in der Bildung am 23.11.2018. Berlin: Rosa Luxemburg-Stiftung

Klemm, K. (2020): Bildungspolitische Strategien inklusiver Bildung in Deutschland. Expertise im Auftrag des AFET – Bundesverband für Erziehungshilfe

e. V. Hannover: AFET. Online verfügbar unter: https://afet-ev.de/assets/projekte/2020-03_Expertise_Prof.Dr.Klemm_ism.pdf. Zugriff am 10.01.2022.

KMK – Kultusministerkonferenz (1955): Abkommen zwischen den Ländern der Bundesrepublik zur Vereinheitlichung auf dem Gebiete des Schulwesens. Konferenz der Ministerpräsidenten am 16. Und 17.2.1955 in Düsseldorf. Berlin: FragDenStaat. Online verfügbar unter: https://fragdenstaat.de/anfrage/dusseldorfer-abkommen-von-1955/103134/anhang/1955_02_17-Duesseldorfer-Abkommen.pdf. Zugriff am 10.01.2022.

KMK – Kultusministerkonferenz (1964): Abkommen zwischen den Ländern der Bundesrepublik zur Vereinheitlichung auf dem Gebiete des Schulwesens. Hamburg am 28.10.1964. Online verfügbar unter: https://web.archive.org/web/20121015152131/http://www.kmk.org/fileadmin/veroeffentlichungen_beschluesse/1964/1964_10_28_Hamburger_Abkommen.pdf. Zugriff am 18.08.2022.

KMK – Kultusministerkonferenz (2011): Inklusive Bildung von Kindern und Jugendlichen mit Behinderungen in Schulen (Beschluss der Kultusministerkonferenz vom 20.10.2011). Online verfügbar unter: http://www.kmk.org/fileadmin/veroeffentlichungen_beschluesse/2011/2011_10_20-Inklusive-Bildung.pdf. Zugriff am 10.01.2022.

KMK – Kultusministerkonferenz (2018): Bildung und Erziehung als gemeinsame Aufgabe von Eltern und Schule (Beschluss der Kultusministerkonferenz vom 11.10.2018).Online verfügbar unter: https://www.kmk.org/fileadmin/Dateien/veroeffentlichungen_beschluesse/2018/2018_10_11-Empfehlung-Bildung-und-Erziehung.pdf. Zugriff am 10.01.2022.

KMK – Kultusministerkonferenz (2021): Ländervereinbarung über die gemeinsame Grundstruktur des Schulwesens und die gesamtstaatliche Verantwortung der Länder in zentralen bildungspolitischen Fragen. Beschluss der Kultusministerkonferenz vom 20.10.2020, in Kraft getreten am 09.02.2021. Online verfügbar: https://www.kmk.org/fileadmin/Dateien/veroeffentlichungen_beschluesse/2020/2020_10_15-Laendervereinbarung-gemeinsame-Grundstruktur.pdf. Zugriff am 10.01.2022.

Kohli, M. (1985): Die Institutionalisierung des Lebenslaufs. Historische Befunde und theoretische Argumente. Kölner Zeitschrift für Soziologie und Sozialpsychologie (37), 1–29.

Košinár, J. (2014): Professionalisierung in der Lehrerausbildung. Anforderungsbearbeitung und Kompetenzentwicklung im Referendariat. Opladen: Barbara Budrich. Studien zur Bildungsgangforschung, Band 38.

Köhler, S. & Thiersch, S. (2013): Schülerbiografien in einer dokumentarischen Längsschnittperspektive – Eine Typologie zum Wandel schulbezogener Orientierungen. Zeitschrift für Qualitative Forschung, 14 (1), 33–47.

Literaturverzeichnis

Kruse, I. (2014): Brauchen wir eine Medienverbunddidaktik? Zur Funktion kinderliterarischer Medienverbünde im Literaturunterricht der Primar- und frühen Sekundarstufe. Leseräume: Zeitschrift für Literalität in Schule und Forschung, 1 (1), 1–30. Online verfügbar unter: http://leseräume.de/wp-content/uploads/2015/10/lr-2014-1-kruse.pdf. Zugriff am 10.01.2022.

Kuckartz, U. & Rädiker, S. (2022): Qualitative Inhaltsanalyse. Methoden, Praxis, Computerunterstützung. (5. Auflage). Weinheim und Basel: Beltz Juventa (Grundlagentexte Methoden).

Landesinstitut für Schulentwicklung (LiS) & Statistisches Landesamt Baden-Württemberg (2018): Bildungsberichterstattung 2018. Stuttgart. Online verfügbar unter: https://ibbw.kultus-bw.de/site/pbs-bw-km-root/get/documents_E-2143826180/KULTUS.Dachmandant/KULTUS/Dienststellen/ibbw/Systemanalysen/Bildungsberichterstattung/Bildungsberichte/Bildungsbericht_2018/Bildungsbericht_BW_2018.pdf. Zugriff am 10.01.2022.

Landratsamt Bodenseekreis (2020): Schulsystem. Überblick zum Schulsystem in Baden-Württemberg. Online verfügbar unter: https://integreat.app/bodenseekreis/de/kita-schule-bildung/schule/schulsystem. Zugriff am 10.01.2022.

Lange-Quassowski, J.B. (1979): Neuordnung oder Restauration? Das Demokratiekonzept der amerikanischen Besatzungsmacht und die politische Sozialisation der Westdeutschen: Wirtschaftsordnung – Schulstruktur – Politische Bildung. Wiesbaden: VS Verlag für Sozialwissenschaften.

Lehmann, R.H. (2011): Expertise zur Frage der Vier- oder Sechsjährigkeit der Grundschule. In: Konrad-Adenauer-Stiftung (Hrsg.): KAS Neuerscheinungen. (S. 91–115). St. Augustin/ Berlin: KAS. Online verfügbar unter: https://www.kas.de/c/document_library/get_file?uuid=d26f7aa1-9028-8d80-cbe4-25a48bfd2e37&groupId=252038. Zugriff am 14.01.2022.

Leschinsky, A. (2005): Vom Bildungsrat (nach) zu PISA. Eine zeitgeschichtliche Studie zur deutschen Bildungspolitik. Zeitschrift für Pädagogik, 51 (6), 818–839.

Maaz, K., Baeriswyl, F. & Trautwein, U. (2011): Herkunft zensiert. Leistungsdiagnostik und soziale Ungleichheiten in der Schule. Vodafone Stiftung Deutschland.

Maaz, K., Hasselhorn, M., Idel, T.S., Klieme, E., Lütje-Klose, B., Stanat, P., Neumann, M., Bachsleitner, A., Lühe, J. & Schipolowski, S. (2019): Zentrale Befunde und Empfehlungen. In dies. (Hrsg.): Zweigliedrigkeit und Inklusion im empirischen Fokus: Ergebnisse der Evaluation der Bremer Schulreform (S. 217–228). Münster: Waxmann.

Mahoney, J. (2000): Path dependence in historical sociology. Theory & Society 29 (4), 507–548.

Literaturverzeichnis

Martens, J. & Obenland, W. (2017): Die Agenda 2030. Globale Zukunftsziele für nachhaltige Entwicklung. Vollständig aktualisierte und überarbeitete Neuauflage, Redaktionsschluss: 30. September 2017. Bonn: Global Policy Forum. Online verfügbar unter https://neu.globalpolicy.org/sites/default/files/Agenda_2030_online.pdf. Zugriff am 17.08.2022.

Maschke, S. & Stecher, L. (2010): In der Schule. Vom Leben, Leiden und Lernen in der Schule. Wiesbaden: Springer VS.

Mayring, P. (2010): Qualitative Inhaltsanalyse: Grundlagen und Techniken (11. Auflage). Weinheim: Beltz Verlag.

Mays, D. (2017): Zur Notwendigkeit einer selbstkonzeptsensiblen und ökologisch systemischen Reform der Übergangskonzepte zwischen der Förderschule für emotionale und soziale Entwicklung und der Allgemeinen Schule. In: Link, P. C. & Stein, R. (Hrsg.): Schulische Inklusion und Übergänge (S. 21–37). Berlin: Frank und Timme GmbH Verlag für wissenschaftliche Literatur

Mays, D., Franke, S., Metzner, F., Boyle, C., Jindal-Snape, D., Schneider, L., Zielemanns, H., Pawils, S. & Wichmann, M. (2018): School belonging and successful transition practice – academic self-concept and achievement motivation in primary school students needing additional support in socio-emotional development at transition to secondary school. In: Allen, K. & Boyle, C. (Hrsg.): Pathways to school belonging (S. 168–187). Rotterdam: Sense Publishers.

Mays, D., Zielemanns, H., Franke S., Wichmann, M. & Metzner F. (2018): Der Übergang von der Grundschule auf die weiterführende Schule im Kontext inklusiver Bildung. Ein Blick in die Forschung und Praxis. In: Porsch, R. (Hrsg.): Der Übergang von der Grundschule auf weiterführende Schulen: Grundlagen für die Lehrerausbildung, Fortbildung und Praxis (S. 139–164.) Münster: Waxmann Verlag.

Melzer, W. & Adomat, D. (1998): Der Hauptschulbildungsgang in den neuen Bundesländern – Entwicklungen. In: Bronder, D. J., Ipfling, H.J. & Zenke, K. G. (Hrsg.): Handbuch Hauptschulbildungsgang. Erster Band: Grundlegung (S. 41–54). Bad Heilbrunn: Klinkhardt.

Merkle, T. & Wippermann, C. (2008): Eltern unter Druck: Selbstverständnisse, Befindlichkeiten und Bedürfnisse von Eltern in verschiedenen Lebenswelten. (Hrsg. v. C., Henry-Huthmacher & Ch., Borchard, M.). Stuttgart: Lucius & Lucius.

Metzger, L. (1952): Aufnahmeprüfung in die Sexta. Offener Brief an die Gesellschaft für Bürgerrechte. Amtsblatt des Hessischen Ministers für Erziehung und Volksbildung. Wiesbaden.

Michael, B. & Schepp, H.H. (Hrsg.) (1993): Die Schule in Staat und Gesellschaft. Dokumente zur deutschen Schulgeschichte im 19. und 20. Jahrhundert. Göttingen, Zürich: Muster-Schmidt.

Miller, S. & Velten, K. (2015): Kinderstärkende Pädagogik in der Grundschule (KinderStärken, Bd. 6), Stuttgart: Kohlhammer.

Ministerium für Bildung, Jugend und Sport des Landes Brandenburg (MBJS) des Landes Brandenburg (o.J.): Sonderpädagogische Förderung. Online verfügbar unter: https://mbjs.brandenburg.de/bildung/gute-schule/sonderpaedagogische-foerderung.html. Zugriff am 10.01.2022.

Ministerium für Bildung, Jugend und Sport des Landes Brandenburg (MBJS) (o.J.): Übergang in die Sekundarstufe I. Online verfügbar unter: https://mbjs.brandenburg.de/bildung/allgemeinbildende-schulen/grundschule/uebergang-in-die-sekundarstufe-i.html. Zugriff am 10.01.2022.

Ministerium für Bildung, Jugend und Sport des Landes Brandenburg (MBJS) (2007): Verordnung über die Bildungsgänge der Sekundarstufe I (Sekundarstufenverordnung – Sek I-V) vom 2. August 2007, §4. Online verfügbar unter: https://bravors.brandenburg.de/verordnungen/sek_i_v. Zugriff am 10.01.2022.

Ministerium für Bildung, Jugend und Sport des Landes Brandenburg (MBJS) (2018): Handreichung zur Durchführung des sonderpädagogischen Feststellungsverfahrens. Online verfügbar unter: https://mbjs.brandenburg.de/media_fast/6288/final_handreichung_2018.pdf. Zugriff am 10.01.2022.

Ministerium des Inneren, für Digitalisierung und Kommunen Baden-Württemberg (2020): Übergang in weiterführende Schulen. Stuttgart: Serviceportal Baden-Württemberg. Online verfügbar unter: https://www.service-bw.de/lebenslage/-/sbw/bergang+in+weiterfuehrende+Schulen-5001333-lebenslage-0. Zugriff am 10.01.2022.

Ministerium für Kultus, Jugend und Sport Baden-Württemberg (2019): Grundschule – von der Grundschule in die weiterführende Schule. Stuttgart. Online verfügbar unter: https://km-bw.de/site/pbs-bw-km-root/get/documents_E-695614930/KULTUS.Dachmandant/KULTUS/KM-Homepage/Publikationen%202019/2019 Grundschule SCREEN.pdf. Zugriff am 10.01.2022.

Ministerium für Kultus, Jugend und Sport Baden-Württemberg (2020): Bildungswege in Baden-Württemberg. Abschlüsse und Anschlüsse Schuljahr 2020/2021. Stuttgart. Online verfügbar unter: https://km-bw.de/site/pbs-bw-km-root/get/documents_E402483470/KULTUS.Dachmandant/KULTUS/KM-Homepage/Publikationen%202019/BiWe_BaWu%CC%88_2020_web.pdf. Zugriff am 10.01.2022.

Ministerium für Kultus, Jugend und Sport Baden-Württemberg (2021): Verwaltungsvorschrift des Kultusministeriums über das Aufnahmeverfahren für die auf der Grundschule aufbauenden Schularten; Orientierungsstufe. Verwaltungsvorschrift vom 4. November 2015, Az: 33/31-6810.1/572 in der Fassung vom 09.03.2021, GABl. 2021, S. 186. Stuttgart: Landesrecht Baden-Württemberg Bürgerservice. Online verfügbar unter: http://www.landesrecht-bw.de/jportal/?quelle=jlink&docid=VVBW-VVBW000012466&psml=bsbawueprod.psml&max=true. Zugriff am 10.01.2022.

Ministerium für Schule und Bildung des Landes Nordrhein-Westfalen (MSB) (2012): Verordnung über die Ausbildung und die Abschlussprüfungen in der Sekundarstufe I (Ausbildungs- und Prüfungsordnung Sekundarstufe I – APO-S I). Online verfügbar unter: https://bass.schul-welt.de/12691.htm. Zugriff am 10.01.2022.

Ministerium für Schule und Weiterbildung des Landes Nordrhein-Westfalen (MSB) (2016a): Sonderpädagogische Förderschwerpunkte in NRW. Ein Blick aus der Wissenschaft in die Praxis: Lernen, Sprache, Emotionale und soziale Entwicklung, Geistige Entwicklung, Körperliche und motorische Entwicklung, Hören und Kommunikation, Sehen, Autismus, Chronische Kranke. Düsseldorf: MSB. Online verfügbar unter: https://broschuerenservice.nrw.de/default/files?download_page=0&product_id=320&files=download/pdf/kor-kompendium-druckfassung-stand01-07-2016-pdf_von_sonderpaedagogische-foerderschwerpunkte-in-nrw_vom_staatskanzlei_2291.pdf. Zugriff am 10.01.2022.

Ministerium für Schule und Bildung des Landes Nordrhein-Westfalen (MSB) (2016b): Verordnung über die sonderpädagogische Förderung, den Hausunterricht und die Schule für Kranke (Ausbildungsordnung sonderpädagogische Förderung – AO-SF). Vom 29. April 2005 zuletzt geändert durch Verordnung vom 1. Juli 2016 (SGV. NRW. 223). Online verfügbar unter: https://bass.schul-welt.de/6225.htm. Zugriff am 10.01.2022.

Ministerium für Schule und Bildung des Landes Nordrhein-Westfalen (MSB) (2019): Pressemeldung vom 13.08.2019. Programm »Kreativpotentiale entfalten NRW« zur Stärkung kultureller Bildung. Schulministerium und Stiftung Mercator verlängern Programm und unterstützen Schulen bis Ende 2022 mit 1,5 Millionen Euro. Düsseldorf: Pressestelle Staatskanzlei. Online verfügbar unter https://www.schulministerium.nrw/presse/pressemitteilungen/ministerin-gebauer-grundlegende-neuerungen-bringen-mehr-qualitaet-unsere. Zugriff am 17.08.2022.

Ministerium für Schule und Bildung des Landes Nordrhein-Westfalen (MSB) (2020): Sonderpädagogische Förderung in Nordrhein-Westfalen. Statistische Daten und Kennziffern zur Inklusion – 2019/20. Statistische Übersicht 410. Düsseldorf: Schulministerium NRW. Online verfügbar unter: https://www-

schulministerium-nrw-de.prod-drupal.nrw.de/system/files/media/document/file/Inklusion_2019.pdf. Zugriff am 18.08.2020.
Ministerium für Schule und Bildung des Landes Nordrhein-Westfalen (MSB) (2021): Schulgesetz für das Land Nordrhein-Westfalen (Schulgesetz NRW – SchulG). Auszüge online verfügbar unter: https://www.schulentwicklung.nrw.de/q/inklusive-schulische-bildung/schulkultur/grundlagen/index.html. Zugriff am 18.08.2022.
Ministerium für Wissenschaft, Kunst und Volksbildung (Hrsg.) (1931): Zentralblatt für die gesamte Unterrichts-Verwaltung in Preußen, 73 (4). Frankfurt am Main: DIPF ScriptaPaedagogica. Online verfügbar unter: https://scripta.bbf.dipf.de/viewer/image/985843438_0073/80/#topDocAnchor. Zugriff am 10.01.2022.
Mismahl, A. (2021): Schulform PRIMUS. Ein möglicher Weg zur »Schule für alle«?! In ISA-NRW 2021-2, S. 24–29. Online verfügbar unter: https://ggg-web.de/nw-diskurs/nw-publikationen/nw-isa/1603-nw-isa-2021-2-erschienen. Zugriff am 18.08.2021.
Müller, K. V. (1950a): Zur Frage der Umweltstabilität der Schulbegabung. Die Sammlung (5), 300–307.
Müller, K. V. (1950b): Das soziale Verhalten als Komponente der Sozialsiebung. Die Sammlung (5), 550–560.
National Coalition Deutschland – Netzwerk zur Umsetzung der UN-Kinderrechtskonvention e. V. (o. J.). Webseite des Netzwerks zur Umsetzung der UN-Kinderrechtskonvention in Deutschland mit rund 100 Mitgliedsorganisationen Online verfügbar unter: https://netzwerk-kinderrechte.de/. Zugriff am 17.08.2022.
Neuenschwander, M. P., Rösselet, S., Niederbacher, E. & Rottermann, B. (2018): Bezugsgruppeneffekte auf das Fähigkeitsselbstkonzept Deutsch vor und nach dem Übertritt in die Sekundarstufe I. Psychologie in Erziehung und Unterricht, 66 (2019) 1, Preprint Online. Online verfügbar unter: https://www.reinhardt-journals.de/index.php/peu/article/view/3437. Zugriff am 10.01.2022.
Niemack, J. (2019): Schutzfaktoren bei Kindern vor dem Übergang in die Sekundarstufe – Ergebnisse aus der STRESSStudie. Diskurs Kindheits- und Jugendforschung. S. 73–94. Online verfügbar unter: https://doi.org/10.3224/diskurs.v14i1.05. Zugriff am 14.01.2022.
Niesel, R. & Griebel, W. (2015): Übergänge ressourcenorientiert gestalten: Von der Familie in die Kindertagesbetreuung (KinderStärken, Bd. 3). Stuttgart: Kohlhammer.
Nurmi, J.E. (2005): Thinking About and Acting Upon the Future: Development of Future Orientation Across the Life Span. In: Strathman, A. & Joireman, J.

(Hrsg.): Understanding behavior in the context of time: Theory, research, and application (S. 31–57). Lawrence Erlbaum Associates Publishers.

OECD (2016): PISA 2015 – Ergebnisse im Fokus. Online verfügbar unter: https://www.oecd.org/pisa/pisaproducts/pisainfocus/PIF-67-(ger).pdf. Zugriff am 10.01.2022.

Oevermann, U. (2015): Sozialisationsprozesse als Dynamik der Strukturgesetzlichkeit der ödipalen Triade und als Prozesse der Erzeugung des Neuen durch Krisenbewältigung. In: Garz, D. & Zizek, B. (Hrsg.): Wie wir zu dem werden, was wir sind: Sozialisations-, biographie- und bildungstheoretische Aspekte (S. 15–71). Wiesbaden: Springer VS.

Ogrodowski, J. (2021): Mit Kindern den Übergang auf die weiterführende Schule reflektieren – Sichtweisen von Viertklässler*innen auf die selektiven Schulstrukturen. In: Böhme, N. et al. (Hrsg.): Mythen, Widersprüche und Gewissheiten der Grundschulforschung. Eine wissenschaftliche Bestandsaufnahme nach 100 Jahren Grundschule (S. 133–138). Wiesbaden: Springer Verlag.

Oswald, H. (2009): Anerkennung durch Gleichaltrige in Kindheit und Jugend. Soziale Passagen, 1(2), 177–191.

Petersen, D. (2016): Anpassungsleistungen und Konstruktionsprozesse beim Grundschulübergang. Wiesbaden: Springer VS. Online verfügbar unter: https://link.springer.com/book/10.1007/978-3-658-11466-4. Zugriff am 10. 01.2022.

Picht, G. (1964): Die Deutsche Bildungskatastrophe. Olten/Freiburg i. Brsg.: Walter.

Porsch, R. (2018): Kooperation von Lehrkräften im Übergang von der Grundschule auf weiterführende Schulen. Zur professionellen Zusammenarbeit an und zwischen Schulen. In: Porsch, R (Hrsg.): Der Übergang von Grundschulen auf weiterführende Schulen (S. 231–250). Münster: Waxmann.

Prengel, A. (2019): Pädagogische Beziehungen zwischen Anerkennung, Verletzung und Ambivalenz (2., überarbeitete und erweiterte Auflage). Opladen: Barbara Budrich.

Preuss-Lausitz, U. (1993): Die Kinder des Jahrhunderts. Zur Pädagogik der Vielfalt im Jahr 2000. Weinheim: Beltz.

Preuss- Lausitz, U. (2014): Fragen auf dem Weg der inklusiven Schulentwicklung. In: Peters, S. & Widmer-Rockstroh, U. (Hrsg.): Gemeinsam unterwegs zur inklusiven Schule (S. 46–55). Frankfurt am Main: Grundschulverband.

Quenzel, G. (2010): Das Konzept der Entwicklungsaufgaben zur Erklärung von Bildungsmisserfolg. In: Quenzel, G. & Hurrelmann, K. (Hrsg.): Bildungsverlierer. Neue Ungleichheiten (S. 123–136). Wiesbaden: VS Verlag.

Rolff, H.-G. (2016): Chancengleichheit oder Chancengerechtigkeit? Ohne klare Begriffe keine klaren Sachen. nds 4-2016, S. 14. Online verfügbar unter: https://www.nds-zeitschrift.de/fileadmin/user_upload/nds_2016/nds_4-2016/PDFs_4/nds_4-2016-Web.pdf. Zugriff am 10.01.22.

Roth, H. (1952): Begabung und Begaben. Über das Problem der Umwelt in der Begabungsentfaltung. Die Sammlung, 7, 395–407.

Rotter, J.B. (1966): Generalized expectancies for internal versus external control of reinforcement. Psychological Monographs. 33 (1), 1966, 300–303.

Ryan, R. M. & Deci, E. L. (2000): Intrinsic and extrinsic motivations: Classic definitions and new directions. Contemporary Educational, 25, 54–67.

Samtleben, C., Lott, Y. & Müller, K.-U. (2020): Auswirkungen der Ort-Zeit-Flexibilisierung von Erwerbsarbeit auf informelle Sorgearbeit im Zuge der Digitalisierung. Expertise für den Dritten Gleichstellungsbericht der Bundesregierung. Online verfügbar unter: https://www.dritter-gleichstellungsbericht.de/. Zugriff am 10.01.2022.

Schiefele, U. & Schaffner, E. (2021): Motivation. In: E. Wild & J. Möller (Hrsg.): Pädagogische Psychologie (3. Auflage) (S. 161–185). Berlin, Heidelberg: Springer.

Schroth, N. (o. J.): Kompetenzorientierte Leistungsrückmeldung an Grundschulen. Freie Hansestadt Bremen: Die Senatorin für Kinder und Bildung. Online verfügbar unter: https://www.lis.bremen.de/sixcms/media.php/13/KompoLei-Info Eltern.pdf. Zugriff am 10.01.2022.

Schulgesetz für Baden-Württemberg (SchG) (in der Fassung vom 1. August 1983). Stuttgart: Landesrecht Baden-Württemberg Bürgerservice. Online verfügbar unter: http://www.landesrecht-bw.de/jportal/?quelle=jlink&query=SchulG+BW&psml=bsbawueprod.psml&max=true&aiz=true. Zugriff am 10.01.2022.

Schumann, B. (2010): Inklusive Bildung in den nordischen Ländern im Kontext gesellschaftlicher Entwicklung. Zeitschrift für Inklusion 4 (2). Online verfügbar unter https://www.inklusion-online.net/index.php/inklusion-online/article/view/138/138. Zugriff am 17.08.2022.

Schwarzer, R. (2000): Streß, Angst und Handlungsregulation (4., überarbeitete Auflage). Stuttgart: Kohlhammer.

Schwarzer, R. & Jerusalem, M. (2002): Das Konzept der Selbstwirksamkeit. Zeitschrift für Pädagogik, 44. Beiheft, 28–53.

Seifert, A. & Wiedenhorn, T. (2018): Grundschulpädagogik. Paderborn: Schöningh.

Seiffge-Krenke, I. & Gelhaar, T. (2008): Does Successful Attainment of Developmental Tasks Lead to Happiness and Success in Later Developmental

Tasks? A Test of Havighurst's (1948) theses. Journal of Adolescence, 31 (1), 33–52.

Seitz, S. & Scheidt, K. (2012): Vom Reichtum inklusiven Unterrichts – Sechs Ressourcen zur Weiterentwicklung. Zeitschrift für Inklusion, (1-2). Online verfügbar unter: https://www.inklusion-online.net/index.php/inklusion-online/article/view/62. Zugriff am 10.01.2022.

Serke, B. (2019): Schulisches Wohlbefinden in inklusiven und exklusiven Schulmodellen. Eine empirische Studie zur Wahrnehmung und Förderung des schulischen Wohlbefindens von Kindern mit sonderpädagogischem Förderbedarf Lernen. Bad Heilbrunn: Klinkhardt Forschung. Zgl. Dissertation unter dem Titel »Die Wahrnehmung und Förderung des schulischen Wohlbefindens von Lernenden mit sonderpädagogischem Förderbedarf im Bereich Lernen in exklusiven und inklusiven Schulmodellen aus der Perspektive verschiedener Akteure«. Universität Bielefeld 2018.

SGB VIII, Das Achte Buch Sozialgesetzbuch – Kinder und Jugendhilfe – in der Fassung der Bekanntmachung vom 11. September 2012 (BGBl. I S. 2022), das zuletzt durch Artikel 8 Absatz 4 des Gesetzes vom 16. Juni 2021 (BGBl. I S. 1810) geändert worden ist.

Sixt, M. (2018): Wahl der Schulart und Schulinfrastruktur, Die Bedeutung der räumlichen Verteilung von Schulen bei der Wahl der Schulart am Übergang von der Primar- in die Sekundarstufe. In: M. Sixt, M. Bayer & D. Müller (Hrsg.): Bildungsentscheidungen und lokales Angebot. Die Bedeutung der Infrastruktur für Bildungsentscheidungen im Lebensverlauf (S. 87–115). Münster: Waxmann.

SPD (1959): Godesberger Programm: Grundsatzprogramm der Sozialdemokratischen Partei Deutschlands. Beschlossen auf dem Außerordentlichen Parteitag der Sozialdemokratischen Partei Deutschlands in Bad Godesberg vom 13. bis 15. November 1959, Archiv des Instituts für Zeitgeschichte München, Druckschriftensammlung, Dn 012-002(a). Online verfügbar unter: https://www.spd.de/fileadmin/Dokumente/Beschluesse/Grundsatzprogramme/godesberger_programm.pdf. Zugriff am 12.01.2022.

Stähling, R. (2018): Lernen ohne Brüche. Erfahrungen aus der PRIMUS-Schule Berg Fidel/Geist. In: Gutzmann, M. & Lassek, M. (Hrsg.): Kinder beim Übergang begleiten. Von der Anschlussfähigkeit zur gemeinsamen Verantwortung. Beiträge zur Reform der Grundschule (Bd. 145) (S. 231–238). Frankfurt: Grundschulverband.

Stähling, R. & Wenders, B. (2021): Worin unsere Stärke besteht. Eine inklusive Modellschule im sozialen Brennpunkt. Gießen: Psychosozial-Verlag (im Erscheinen).

Literaturverzeichnis

Stangl, W. (2021a): Stichwort: ›Selbstwirksamkeit – Online Lexikon für Psychologie und Pädagogik‹. Online Lexikon für Psychologie und Pädagogik. Online verfügbar unter: https://lexikon.stangl.eu/1535/selbstwirksamkeit-selbstwirksamkeitserwartung. Zugriff am 10.01.2022.

Stangl, W. (2021b): Stichwort: ›Bildungsaspiration – Online Lexikon für Psychologie und Pädagogik‹. Online Lexikon für Psychologie und Pädagogik. Online verfügbar unter: https://lexikon.stangl.eu/23101/bildungsaspiration. Zugriff am 10.01.2022.

Statista (2008): Anteil der Schüler nach Schulart in Deutschland von 1952 bis 2005. Online verfügbar unter: https://de.statista.com/statistik/daten/studie/76115/umfrage/anteil-der-schueler-nach-schulart-in-deutschland-seit-1952/. Zugriff am 10.01.2022.

Statistisches Landesamt Baden-Württemberg (2020): Allgemeinbildende Schulen, Schulen nach Schularten. Stuttgart. Online verfügbar unter: https://www.statistik-bw.de/BildungKultur/SchulenAllgem/abschulen.jsp. Zugriff am 10.01.2022.

Stöhr, I. & Sixt, M. (2018): Exkurs: Schulwege im Kontext von Belastung und Beanspruchung. In: M. Sixt, M. Bayer & D. Müller (Hrsg.): Bildungsentscheidungen und lokales Angebot. Die Bedeutung der Infrastruktur für Bildungsentscheidungen im Lebensverlauf (S. 115–135). Münster: Waxmann.

Storck, J. (2015): Auswirkungen des Übergangs von der Grundschule in die Sekundarstufe I auf das Wohlbefinden und Selbstkonzept von Schülerinnen und Schülern. Kassel: Kassel University Press.

Sydow, J., Schreyögg, G. & Koch, J. (2009): Organizational path dependence: Opening the black box. Academy of Management Review, 34, 689–709.

Thole, W., Göbel, S. & Milbradt, B. (2013): Kinder und Kindheiten im Blick unterschiedlicher Fachkulturen. In: M. Stamm & D. Edelmann (Hrsg.): Handbuch frühkindliche Bildungsforschung (S. 23–36). Wiesbaden: Springer Fachmedien.

UN-Behindertenrechtskonvention (UN-BRK) (2008): Übereinkommen über die Rechte von Menschen mit Behinderungen. Demokratie braucht Inklusion. Die amtliche, gemeinsame Übersetzung von Deutschland, Österreich, Schweiz und Lichtenstein. Online verfügbar unter: https://www.institut-fuer-menschenrechte.de/fileadmin/Redaktion/PDF/DB_Menschenrechtsschutz/CRPD/CRPD_Konvention_und_Fakultativprotokoll.pdf. Zugriff am 10.01.2022.

UN-Kinderrechtskonvention (UN-KRK) (1989): Konvention über die Rechte des Kindes. Online verfügbar unter: https://www.unicef.de/blob/194402/3828b8c72fa8129171290d21f3de9c37/d0006-kinderkonvention-neu-data.pdf. Zugriff am 10.01.2022.

van Ackeren, I. (2002): Von FIMS und FISS bis TIMSS und PISA. Schulleistungen in Deutschland im historischen und internationalen Vergleich. Die Deutsche Schule – Zeitschrift für Erziehungswissenschaft, Bildungspolitik und pädagogische Praxis, 94 (2), 157–175. Online verfügbar unter: https://www.uni-due.de/imperia/md/content/bifo/ackeren_isabell_van_-_2002_-_von_fims_und_fiss_bis_timss_und_pisa.pdf. Zugriff am 10.01.2022.

van Ophuysen, S. (2008): Zur Veränderung der Schulfreude von Klasse 4 bis 7. Eine Längsschnittanalyse schulformspezifischer Effekte von Ferien und Grundschulübergang. Zeitschrift für Pädagogische Psychologie, 22, 293–306.

van Ophuysen S, Schürer S, Bloh B. (2021): Die Gestaltung des Übergangs zur Weiterführenden Schule – Welche Maßnahmen wurden und werden an Grundschulen in NRW praktiziert? Zeitschrift für Grundschulforschung, open access, 1-19. Online verfügbar unter: https://doi.org/10.1007/s42278-020-00101-8. Zugriff am 10.01.2022.

Velten, K (2020): HandlungsSpielRäume. Selbstwirksamkeit von Kindern im Übergang von der Kindertageseinrichtung in die Grundschule. In: Empirische Forschung im Elementar- und Primarbereich, Bd. 7. Bad Heilbrunn: Klinkhardt.

Verband der Deutschen Hochschulen/Deutscher Philologenverband (1931): Hochschulreform und wissenschaftliche Ausbildung der Philologen. Denkschrift des Verbandes der Deutschen Hochschulen und des Deutschen Philologenverbands. Leipzig: Quelle & Meyer.

Vieluf, U. (2021): Gemeinschaftsschule Berlin – Prototyp einer inklusiven Schule? Die Schule für alle. DSfa GGG Magazin, 2021 (1), 25–31.

Völkel, P. (2015): Kinderstärken – Kinder stärken. Entwicklung, Lernen und Förderung der Jüngsten. Erziehung und Bildung ressourcenorientiert gestalten (KinderStärken, Bd. 2). Stuttgart: Kohlhammer.

Wacker, A. & Bohl, T. (2016): Schulsystem und Gemeinschaftsschule in Baden-Württemberg. In: Bohl, T.; Wacker, A. (Hrsg.): Die Einführung der Gemeinschaftsschule in Baden-Württemberg. Abschlussbericht der wissenschaftlichen Begleitforschung (WissGem) (S. 27–46). Münster: Waxmann.

Walper, S. (2021): Eltern und Schule – Chancen der Zusammenarbeit besser nutzen! Die Deutsche Schule 113. Jg, (2021) 3, 336–347.

Walther, A. & Stauber, B. (2007): Übergänge im Lebenslauf und Biographie. Vergesellschaftung und Modernisierung aus subjektorientierter Perspektive. In: Stauber, B.; Pohl, A.; Walther, A. (Hrsg.): Subjektorientierte Übergangsforschung. Rekonstruktion und Unterstützung biografischer Übergänge junger Erwachsener (S. 19–40). Weinheim, München: Juventa (Übergangs- und Bewältigungsforschung)

Literaturverzeichnis

Wikipedia (2020): Das deutsches Schulsystem. Online verfügbar unter: https://commons.wikimedia.org/w/index.php?curid=355890. Zugriff am 10.01.2022.

Wikipedia (2021): DDR Schulsystem. Online verfügbar unter: https://commons.wikimedia.org/w/index.php?curid=11929032. Zugriff am 10.01.2022.

Zentrum für Schulqualität und Lehrerbildung Baden-Württemberg, ZSL (o.J.): Bildungspläne B-W, Übersicht SBBZ. Stuttgart. Online verfügbar unter: https://www.bildungsplaene-bw.de/,Lde/4561443. Zugriff am 10.01.2022.

Zook Report (1946): Report of the United States Education Mission to Germany, Dep. of State Publication 2664, European Series 16: Washington D.C.